三角学系列

解三角形

黄汉禹 编

◎ 三角形的基本元素之间的关系
◎ 解三角形
◎ 在几何学方面的应用
◎ 在物理学方面的应用
◎ 证明有关的恒等式和不等式

哈尔滨工业大学出版社
HARBIN INSTITUTE OF TECHNOLOGY PRESS

内容简介

解三角形是三角学的一个重要内容. 本书首先介绍了三角形的元素之间的关系, 为解三角形提供理论依据. 然后比较详细地讨论了三角形的解法. 最后举例说明了三角学在几何学、物理学、测量、航海等方面的应用, 以及有关的恒等式和不等式的证明.

本书适合初、高中师生及数学爱好者参考阅读.

图书在版编目(CIP)数据

解三角形/黄汉禹编. —哈尔滨:哈尔滨工业大学出版社,2014.1(2024.6重印)
ISBN 978-7-5603-4255-9

Ⅰ.①解… Ⅱ.①黄… Ⅲ.①三角形-研究 Ⅳ.①O124

中国版本图书馆 CIP 数据核字(2013)第 240652 号

JIE SANJIAOXING

策划编辑	刘培杰　张永芹	
责任编辑	张永芹　钱辰琛	
封面设计	孙茵艾	
出版发行	哈尔滨工业大学出版社	
社　　址	哈尔滨市南岗区复华四道街 10 号　邮编 150006	
传　　真	0451-86414749	
网　　址	http://hitpress.hit.edu.cn	
印　　刷	哈尔滨博奇印刷有限公司	
开　　本	787 mm×960 mm　1/16　印张 18.75　字数 206 千字	
版　　次	2014 年 1 月第 1 版　2024 年 6 月第 2 次印刷	
书　　号	ISBN 978-7-5603-4255-9	
定　　价	48.00 元	

(如因印装质量问题影响阅读,我社负责调换)

目 录

第 1 章 三角形的元素和各元素之间的关系 //1
　§1　三角形的基本元素之间的关系　//2
　§2　三角形各种元素之间的关系　//29
　练习 1　//59

第 2 章 解三角形　//65
　§1　解直角三角形　//66
　§2　解斜三角形的基本情形　//75
　§3　解斜三角形的特殊情形　//96
　练习 2　//127

第 3 章 三角学的应用　//133
　§1　在几何学方面的应用　//133
　§2　在物理学方面的应用　//157
　§3　在测量方面的应用　//162
　§4　在航海方面的应用　//167
　§5　证明有关的恒等式和不等式　//169
　练习 3　//201

部分练习题答案　//213
　练习 2　//213
　练习 3　//217

编辑手记　//219

三角形的元素和各元素之间的关系

第 1 章

我们知道,三角形的边、角、角平分线、中线、高等都是它的元素.通常把三角形的边和角叫作它的基本元素,把三角形的其他元素叫作它的非基本元素.

在三角学中,为了术语的简略起见,一个元素和它的量数,通常用同一个术语来表示.例如,如果 A,B,C 是已知三角形的三个顶点,我们就用字母 A,B,C 分别表示以 A,B,C 为顶点的角,并且表示角的量数;用字母 a,b,c 分别表示角 A,B,C 的对边,并且表示边的长度.(图 1.1(a))

我们还约定,如果一个直角三角形的三个顶点分别是 A,B,C,那么 C 是直角的顶点,斜边是 c.(图 1.1(b))

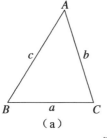 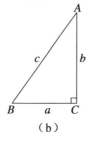

(a)   (b)

图 1.1

解三角形

在平面几何学中,我们已经知道,三角形的基本元素的允许值的范围由下列两个条件确定:

1) $A>0, B>0, C>0$,并且 $A+B+C=\pi$;也就是说,三角形的三个角的值都是正的,并且它们的和是 π.

2) $a>0, b>0, c>0$,并且 $a+b>c, b+c>a, c+a>b$;也就是说,三角形的三边的长度都是正的,并且任意两边的和大于第三边.

下面我们来研究三角形的元素之间的关系.

§1 三角形的基本元素之间的关系

三角形的基本元素之间的关系最主要的有下列几种.

一、正弦定理

正弦定理 在一个三角形中,各边和它的对角的正弦的比相等. 用式子来表示,就是

$$\frac{a}{\sin A} = \frac{b}{\sin B} = \frac{c}{\sin C}$$

证法一 分析:要证明三角形的各边和它的对角的正弦的比相等,只要证明各边和它的对角的正弦的比都等于某一个常数就可以了.

证法如下:先证明不论 A 是锐角、钝角,还是直角,$\dfrac{a}{\sin A}$ 的值都等于 $2R$,R 是外接圆的半径.

1) 如图 1.2(a),在 $\triangle ABC$ 中,设 A 是锐角. 作三角形的外接圆 O,设它的半径为 R,并且作直径 BD. 联结 CD. 在 Rt$\triangle BCD$ 中

第 1 章　三角形的元素和各元素之间的关系

$$BC = BD \cdot \sin D$$

就是 $\qquad a = 2R\sin D$

因为 $\qquad \angle D = \angle A$

所以 $\qquad a = 2R\sin A$

所以 $\qquad \dfrac{a}{\sin A} = 2R$

2）如图 1.2(b)，在 $\triangle ABC$ 中，设 A 是钝角．作三角形的外接圆 O，设它的半径是 R，并且作直径 BD．联结 CD．在 Rt$\triangle BCD$ 中

$$BC = BD \cdot \sin D$$

就是 $\qquad a = 2R\sin D$

因为 $\qquad \angle D + \angle A = 180°$

所以 $\qquad \sin D = \sin(180° - A) = \sin A$

所以 $\qquad a = 2R\sin A$

所以 $\qquad \dfrac{a}{\sin A} = 2R$

3）如图 1.2(c)，在 $\triangle ABC$ 中，设 A 是直角．那么，在 Rt$\triangle ABC$ 中

$$a = 2R = 2R\sin 90° = 2R\sin A$$

所以 $\qquad \dfrac{a}{\sin A} = 2R$

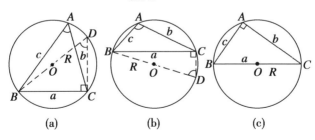

图 1.2

解三角形

这就是说,不论 A 是锐角、钝角,还是直角,$\dfrac{a}{\sin A}$ 是一个定值,它等于 $2R$.

同理可得
$$\dfrac{b}{\sin B}=2R$$
$$\dfrac{c}{\sin C}=2R$$

由此可得
$$\dfrac{a}{\sin A}=\dfrac{b}{\sin B}=\dfrac{c}{\sin C}$$

证法二 如图 1.3,不论 $\triangle ABC$ 是怎样的三角形,我们都可以建立以 A 为原点,AC 为 x 轴的正方向的坐标系.

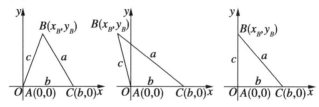

图 1.3

设点 B 的坐标是 (x_B,y_B),那么
$$y_B=c\sin A$$

或者
$$y_B=a\sin C$$

所以
$$c\sin A=a\sin C$$

所以
$$\dfrac{a}{\sin A}=\dfrac{c}{\sin C}$$

同理可得
$$\dfrac{a}{\sin A}=\dfrac{b}{\sin B}$$

第1章 三角形的元素和各元素之间的关系

所以
$$\frac{a}{\sin A} = \frac{b}{\sin B} = \frac{c}{\sin C}$$

证法三 如图 1.4,在已知 △ABC 的三边 AB, BC 和 AC 上,分别取从 A 向 B,从 B 向 C 和从 A 向 C 为正方向,这样,就得到三个向量 $\overrightarrow{AB}, \overrightarrow{BC}$ 和 $\overrightarrow{AC}$,而且

$$\overrightarrow{AB} + \overrightarrow{BC} = \overrightarrow{AC}$$

经过点 C 作直线 l 垂直于 AC,不妨设直线 l 的向上方向为正方向.

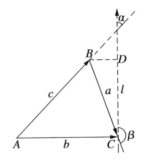

图 1.4

根据关于向量的射影定理:一个向量在某一个轴上的射影,等于这个向量的模乘以这个轴和这个向量之间的夹角的余弦,可以得到

$\overrightarrow{AB}$ 在 l 轴上的射影 $= |AB|\cos \alpha$
$= |AB|\cos(90° - A)$
$= c\sin A$

$\overrightarrow{BC}$ 在 l 轴上的射影 $= |BC|\cos \beta$
$= |BC|\cos(180° - \angle BCD)$
$= -|BC|\cos \angle BCD$

解三角形

$$= -|BC|\cos(90°-\angle ACB)$$
$$= -a\sin C$$

$\overrightarrow{AC}$ 在 l 轴上的射影为 0.

因为有限个向量的和在某一个轴上的射影,等于每个向量在这个轴上的射影的和,所以

$$c\sin A - a\sin C = 0$$

所以
$$\frac{a}{\sin A} = \frac{c}{\sin C}$$

同理可得
$$\frac{a}{\sin A} = \frac{b}{\sin B}$$

所以
$$\frac{a}{\sin A} = \frac{b}{\sin B} = \frac{c}{\sin C}$$

推论 三角形的任意一边和它的对角的正弦的比,等于这个三角形的外接圆的直径.

很明显,这个推论在正弦定理的第一个证法中已得到证明.

关于正弦定理还必须注意以下两点:

1) 从正弦定理和它的推论可以得到其他一些关系式,如

$$a = 2R\sin A, b = 2R\sin B, c = 2R\sin C$$
$$\frac{a}{\sin A} = \frac{b}{\sin B}, \frac{b}{\sin B} = \frac{c}{\sin C}, \frac{c}{\sin C} = \frac{a}{\sin A}$$
$$\vdots$$

这些关系式,在解题过程中经常要用到.

2) 正弦定理与三角形的内角和定理之间的关系是彼此独立的. 也就是说,从前者不能推导出后者,反之亦然. 这样,两者就构成了一个独立的关系式组

第1章　三角形的元素和各元素之间的关系

$$\begin{cases} A+B+C=\pi \\ \dfrac{a}{\sin A}=\dfrac{b}{\sin B}=\dfrac{c}{\sin C} \end{cases}$$

通常把这个关系式组称为基本关系式组.

从这个关系式组可以推导出其他一些定理,所以它非常重要.

下面我们举例说明怎样应用正弦定理来证明某些恒等式.

例1 在 $\triangle ABC$ 中,求证:

1) $\dfrac{a+b}{c}=\dfrac{\cos\dfrac{A-B}{2}}{\sin\dfrac{C}{2}}$;

2) $\dfrac{a-b}{c}=\dfrac{\sin\dfrac{A-B}{2}}{\cos\dfrac{C}{2}}$.

证明 1) 因为

$$a=2R\sin A, b=2R\sin B, c=2R\sin C$$

所以

$$\frac{a+b}{c}=\frac{\sin A+\sin B}{\sin C}$$

$$=\frac{2\sin\dfrac{A+B}{2}\cos\dfrac{A-B}{2}}{2\sin\dfrac{C}{2}\cos\dfrac{C}{2}}=\frac{\cos\dfrac{A-B}{2}}{\sin\dfrac{C}{2}}$$

即有

$$\frac{a+b}{c}=\frac{\cos\dfrac{A-B}{2}}{\sin\dfrac{C}{2}}$$

解三角形

2)因为

$$\frac{a-b}{c} = \frac{\sin A - \sin B}{\sin C}$$

$$= \frac{2\cos\dfrac{A+B}{2}\sin\dfrac{A-B}{2}}{2\sin\dfrac{C}{2}\cos\dfrac{C}{2}} = \frac{\sin\dfrac{A-B}{2}}{\cos\dfrac{C}{2}}$$

所以

$$\frac{a-b}{c} = \frac{\sin\dfrac{A-B}{2}}{\cos\dfrac{C}{2}}$$

上面这两个式子通常叫作莫尔威德(Mollweide,德国数学家)公式.

这两个公式表示三角形的六个基本元素之间的关系. 在解三角形时,往往用它们来进行验算.

例2 在 $\triangle ABC$ 中,求证

$$\frac{a^2-b^2}{\cos A+\cos B} + \frac{b^2-c^2}{\cos B+\cos C} + \frac{c^2-a^2}{\cos C+\cos A} = 0$$

证明 由正弦定理的推论,得

$$\frac{a^2-b^2}{\cos A+\cos B}$$

$$= \frac{(2R\sin A)^2 - (2R\sin B)^2}{\cos A+\cos B}$$

$$= \frac{4R^2(\sin A+\sin B)(\sin A-\sin B)}{\cos A+\cos B}$$

$$= \frac{4R^2 \cdot 2\sin\dfrac{A+B}{2}\cos\dfrac{A-B}{2} \cdot 2\cos\dfrac{A+B}{2}\sin\dfrac{A-B}{2}}{2\cos\dfrac{A+B}{2}\cos\dfrac{A-B}{2}}$$

$$= 8R^2\sin\dfrac{A+B}{2}\sin\dfrac{A-B}{2} = -4R^2(\cos A - \cos B)$$

第1章 三角形的元素和各元素之间的关系

所以 $\dfrac{a^2-b^2}{\cos A+\cos B}=-4R^2(\cos A-\cos B)$

同理可得

$$\dfrac{b^2-c^2}{\cos B+\cos C}=-4R^2(\cos B-\cos C)$$

$$\dfrac{c^2-a^2}{\cos C+\cos A}=-4R^2(\cos C-\cos A)$$

所以

$$\dfrac{a^2-b^2}{\cos A+\cos B}+\dfrac{b^2-c^2}{\cos B+\cos C}+\dfrac{c^2-a^2}{\cos C+\cos A}=0$$

像例2这种类型的题目,要求证明三个分式的和等于零,而这三个分式的特点是,如果把每个分式的分子中的字母按 a,b,c 的顺序轮换,分母中的字母按 A,B,C 的顺序轮换,那么,第一个分式就变成第二个分式,第二个分式就变成第三个分式,第三个分式就变成第一个分式.证明时,一般应用正弦定理先把其中一个分式化成只含有角的三角函数的式子,并把它化简,这样,根据同样的道理,很容易把其余两个分式也化成只含有角的三角函数的式子,由此就可以得到要求证明的结果.

二、余弦定理

余弦定理 三角形任一边的平方,等于其他两边平方的和减去这两边与它们夹角的余弦的积的两倍.用式子来表示,就是

$$a^2=b^2+c^2-2bc\cos A$$
$$b^2=a^2+c^2-2ac\cos B$$
$$c^2=a^2+b^2-2ab\cos C$$

证法一 由三角形的内角和定理,得
$$A=180°-(B+C)$$

解三角形

所以 $\sin A = \sin(B+C)$

就是 $\sin A = \sin B\cos C + \cos B\sin C$

所以
$\sin^2 A$
$= (\sin B\cos C + \cos B\sin C)^2$
$= \sin^2 B\cos^2 C + 2\sin B\cos C\cos B\sin C + \cos^2 B\sin^2 C$
$= \sin^2 B(1-\sin^2 C) + 2\sin B\sin C\cos B\cos C +$
  $(1-\sin^2 B)\sin^2 C$
$= \sin^2 B + \sin^2 C + 2\sin B\sin C\cos B\cos C - 2\sin^2 B\sin^2 C$
$= \sin^2 B + \sin^2 C + 2\sin B\sin C(\cos B\cos C - \sin B\sin C)$
$= \sin^2 B + \sin^2 C + 2\sin B\sin C\cos(B+C)$

因为 $\cos(B+C) = -\cos A$

所以 $\sin^2 A = \sin^2 B + \sin^2 C - 2\sin B\sin C\cos A$

两边都乘以 $(2R)^2$,得

$(2R\sin A)^2 = (2R\sin B)^2 + (2R\sin C)^2 -$
  $2(2R\sin B)(2R\sin C)\cos A$

由正弦定理的推论,得

$a^2 = b^2 + c^2 - 2bc\cos A$

同理可得

$b^2 = a^2 + c^2 - 2ac\cos B$
$c^2 = a^2 + b^2 - 2ab\cos C$

证法二 分析:要证明在 △ABC 中,等式

$a^2 = b^2 + c^2 - 2bc\cos A$

是成立的,可以就角 A 可能存在的不同情形,就是当 A 是锐角、钝角,或者是直角时,分别进行考察.

证法如下:

1)在 △ABC 中,设 A 是锐角(图 1.5(a)).作边 AB 上的高 CD.由平面几何学可以知道

第1章　三角形的元素和各元素之间的关系

$$a^2 = b^2 + c^2 - 2c \cdot AD$$

而 $\quad AD = b\cos A$

所以 $\quad a^2 = b^2 + c^2 - 2bc\cos A$

2）在 $\triangle ABC$ 中,设 A 是钝角（图 1.5(b)）.作边 AB 上的高 CD. 由平面几何学可以知道

$$a^2 = b^2 + c^2 + 2c \cdot AD$$

而 $\quad AD = b\cos(180° - \angle CAB) = -b\cos A$

所以 $\quad a^2 = b^2 + c^2 - 2bc\cos A$

3）在 $\triangle ABC$ 中,设 A 是直角（图 1.5(c)）.那么,边 AB 上的高就是 CA. 所以,BA 和 BD 重合. 由勾股定理,可以知道

$$a^2 = b^2 + c^2$$

而 $\quad \cos A = \cos 90° = 0$

所以 $\quad 2bc\cos A = 0$

所以 $\quad a^2 = b^2 + c^2 - 2bc\cos A$

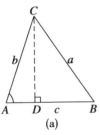
(a)

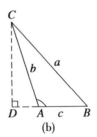
(b)

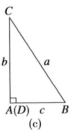
(c)

图 1.5

因此,不论 A 是锐角、钝角,还是直角,等式

$$a^2 = b^2 + c^2 - 2bc\cos A$$

总是成立的.

同理可得

$$b^2 = a^2 + c^2 - 2ac\cos B$$

解三角形

$$c^2 = a^2 + b^2 - 2ab\cos C$$

证法三 如图 1.6,不论 $\triangle ABC$ 是怎样的三角形,我们都可以建立以 A 为原点,AC 为 x 轴的正方向的坐标系. 这样,点 A 的坐标是 $(0,0)$,点 C 的坐标是 $(b,0)$,点 B 的坐标如用 C,A 两个元素来表示,就是 $(c\cos A, c\sin A)$.

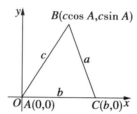

图 1.6

因为 $|BC| = a$,由两点距离公式,得

$$\begin{aligned}
a^2 &= (c\cos A - b)^2 + (c\sin A - 0)^2 \\
&= c^2\cos^2 A - 2bc\cos A + b^2 + c^2\sin^2 A \\
&= b^2 + c^2(\cos^2 A + \sin^2 A) - 2bc\cos A \\
&= b^2 + c^2 - 2bc\cos A
\end{aligned}$$

所以
$$a^2 = b^2 + c^2 - 2bc\cos A$$
同理可得
$$b^2 = a^2 + c^2 - 2ac\cos B$$
$$c^2 = a^2 + b^2 - 2ab\cos C$$

关于余弦定理,还必须注意以下两点:

1)从余弦定理可以得到下列用三角形的边来表示它的角的余弦的公式

$$\cos A = \frac{b^2 + c^2 - a^2}{2bc}$$
$$\cos B = \frac{a^2 + c^2 - b^2}{2ac}$$

第1章 三角形的元素和各元素之间的关系

$$\cos C = \frac{a^2+b^2-c^2}{2ab}$$

这些公式非常有用.

2) 余弦定理概括了平面几何学中的勾股定理及其推广定理.

在平面几何学中,我们知道:

在 $\triangle ABC$ 中,如果 C 是直角,那么 $c^2 = a^2 + b^2$. 这就是勾股定理.

在 $\triangle ABC$ 中,如果 C 是锐角,那么 $c^2 = a^2 + b^2 - 2bb'$;如果 C 是钝角,那么 $c^2 = a^2 + b^2 + 2bb'$,这里,b' 是 a 在 b 上的射影.这就是勾股定理的推广定理.

而余弦定理把它们统一为
$$c^2 = a^2 + b^2 - 2ab\cos C$$

很明显,其中 $a\cos C = b'$,并有

$$\begin{cases} 当 C 是直角时, b' = 0 \\ 当 C 是锐角时, b' > 0 \\ 当 C 是钝角时, b' < 0 \end{cases}$$

例3 在 $\triangle ABC$ 中,求证
$$\frac{\cos A}{a} + \frac{\cos B}{b} + \frac{\cos C}{c} = \frac{a^2+b^2+c^2}{2abc}$$

证法一 因为
$$\cos A = \frac{b^2+c^2-a^2}{2bc}$$

等式两边都除以 a,得
$$\frac{\cos A}{a} = \frac{b^2+c^2-a^2}{2abc}$$

同理可得
$$\frac{\cos B}{b} = \frac{a^2+c^2-b^2}{2abc}$$

解三角形

$$\frac{\cos C}{c} = \frac{a^2+b^2-c^2}{2abc}$$

所以 $\dfrac{\cos A}{a} + \dfrac{\cos B}{b} + \dfrac{\cos C}{c} = \dfrac{a^2+b^2+c^2}{2abc}$

证法二 因为
$$a^2 = b^2 + c^2 - 2bc\cos A$$
$$b^2 = c^2 + a^2 - 2ca\cos B$$
$$c^2 = a^2 + b^2 - 2ab\cos C$$

所以
$$a^2 + b^2 + c^2$$
$$= b^2 + c^2 - 2bc\cos A + c^2 + a^2 - 2ca\cos B +$$
$$a^2 + b^2 - 2ab\cos C$$
$$= 2(a^2+b^2+c^2) - 2(bc\cos A + ac\cos B + ab\cos C)$$

所以
$$a^2 + b^2 + c^2 = 2(bc\cos A + ac\cos B + ab\cos C)$$

两边都除以 $2abc$，得

$$\frac{a^2+b^2+c^2}{2abc} = \frac{2(bc\cos A + ac\cos B + ab\cos C)}{2abc}$$

$$= \frac{\cos A}{a} + \frac{\cos B}{b} + \frac{\cos C}{c}$$

就是

$$\frac{\cos A}{a} + \frac{\cos B}{b} + \frac{\cos C}{c} = \frac{a^2+b^2+c^2}{2abc}$$

上述两种证法，都是从分析所要证明的式子的特点着手的. 证法一是要证明等式的左边等于右边. 因为右边只是边和边的关系，所以先应用余弦定理的推论，把左边的 $\dfrac{\cos A}{a}, \dfrac{\cos B}{b}, \dfrac{\cos C}{c}$ 分别化成边和边的关系，然后再化简. 而证法二是要证明等式的右边等于它的

第 1 章 三角形的元素和各元素之间的关系

左边. 因为左边有角的余弦函数,所以先应用余弦定理,把右边的 a^2,b^2,c^2 分别化成其他两边和它们夹角的余弦的关系,然后再化简. 这样的思考方法,是我们在证题过程中经常要用到的.

例 4 在 $\triangle ABC$ 中,求证
$$b^2\cos 2C + 2bc\cos(B-C) + c^2\cos 2B = a^2$$

证明 可知

$$\begin{aligned}
左边 &= b^2(\cos^2 C - \sin^2 C) + 2bc\cos B\cos C + \\
&\quad 2bc\sin B\sin C + c^2(\cos^2 B - \sin^2 B) \\
&= b^2\cos^2 C + 2bc\cos B\cos C + c^2\cos^2 B - \\
&\quad b^2\sin^2 C + 2bc\sin B\sin C - c^2\sin^2 B \\
&= (b\cos C + c\cos B)^2 - (b\sin C - c\sin B)^2 \\
&= \left(b \cdot \frac{a^2+b^2-c^2}{2ab} + c \cdot \frac{a^2+c^2-b^2}{2ac}\right)^2 - 0 \\
&= \left[\frac{1}{2a}(a^2+b^2-c^2+a^2+c^2-b^2)\right]^2 \\
&= \left(\frac{1}{2a} \cdot 2a^2\right)^2 \\
&= a^2
\end{aligned}$$

所以 左边 = 右边
这就是说,原等式成立.

三、射影定理

射影定理 在三角形中,任何一边等于其他两边分别乘以它们与这一边夹角的余弦的积的和. 用式子来表示,就是
$$a = b\cos C + c\cos B$$
$$b = a\cos C + c\cos A$$
$$c = a\cos B + b\cos A$$

证法一 因为

解三角形

$$A = 180° - (B + C)$$

所以　　$\sin A = \sin[180° - (B + C)] = \sin(B + C)$

就是　　　　$\sin A = \sin B\cos C + \cos B\sin C$

两边都乘以 $2R$,得

$$2R\sin A = 2R\sin B\cos C + 2R\sin C\cos B$$

应用正弦定理的推论,得

$$a = b\cos C + c\cos B$$

同理可得

$$b = a\cos C + c\cos A$$
$$c = a\cos B + b\cos A$$

证法二 分析:这里要证明的是,三角形中任何一边等于其他两边在这条边上射影的和. 容易知道,如果 B 和 C 都是锐角,那么不论 A 是锐角、钝角,还是直角, b 和 c 在 a 上的射影都落在 a 上;如果 C(或 B)是钝角或直角,那么 b(或 c)在 a 上的射影落在 a 的延长线上. 所以,要证明 a 等于 b 和 c 在 a 上的射影的和,可以就 C 可能存在的三种不同情形来考察.

证法如下:1) 如图 1.7(a),在 △ABC 中,设 C 是锐角,B 也是锐角,这时,不论 A 是锐角、钝角,还是直角,作边 BC 上的垂线 AD,AD 一定交 BC 于一点,设为点 D. 这样,就得到

$$a = BD + DC$$

而

$$BD = c\cos B$$
$$DC = b\cos C$$

所以　　　　　$a = c\cos B + b\cos C$

2) 如图 1.7(b),在 △ABC 中,设 B 和 C 中有一个角是钝角,不妨设 C 是钝角. 这时,A 一定是锐角,作边

第1章 三角形的元素和各元素之间的关系

BC 上的垂线 AD，AD 一定与 BC 的延长线交于一点，设为点 D. 这样，就得到
$$a = BD - DC$$
而
$$BD = c\cos B$$
$$DC = b\cos(180° - \angle ACB) = -b\cos C$$
所以
$$a = c\cos B - (-b\cos C)$$
$$= c\cos B + b\cos C$$
就是
$$a = c\cos B + b\cos C$$

3）如图 1.7(c)，在△ABC 中，设 C 是直角，那么
$$a = c\cos B$$
而
$$\cos C = \cos 90° = 0$$
所以
$$b\cos C = 0$$
所以
$$a = c\cos B + b\cos C$$

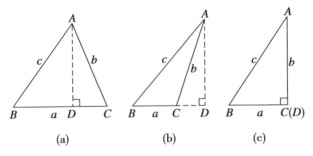

(a)　　(b)　　(c)

图 1.7

因此，不论 C 是锐角、钝角，还是直角，等式
$$a = c\cos B + b\cos C$$
总是成立的.

同理可得
$$b = c\cos A + a\cos C$$

解三角形

$$c = a\cos B + b\cos A$$

证法三 在已知 $\triangle ABC$ 的三边 AB, BC 和 AC 上,分别取从 B 向 A、从 B 向 C 和从 A 向 C 为正方向(图 1.8),这样,就得到三个向量 $\overrightarrow{BA}, \overrightarrow{BC}$ 和 $\overrightarrow{AC}$,并且

$$\overrightarrow{BA} + \overrightarrow{AC} = \overrightarrow{BC}$$

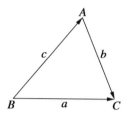

图 1.8

根据关于向量的射影定理,可以知道

$$\overrightarrow{BC}\text{的射影} = \overrightarrow{BA}\text{的射影} + \overrightarrow{AC}\text{的射影}$$

因为

$$\overrightarrow{BC}\text{在轴}\,BC\,\text{上的射影} = |BC|\cos 0° = a$$

$$\overrightarrow{BA}\text{在轴}\,BC\,\text{上的射影} = |BA|\cos B = c\cos B$$

$$\overrightarrow{AC}\text{在轴}\,BC\,\text{上的射影} = |AC|\cos C = b\cos C$$

$$a = c\cos B + b\cos C$$

同理可得

$$b = a\cos C + c\cos A$$
$$c = a\cos B + b\cos A$$

这里,还必须指出,不论是射影定理,还是余弦定理,都是阐述三角形中边和角的余弦之间的关系,因而

有的书上称前者为第一余弦定理,后者为第二余弦定理. 射影定理也很重要,在证明三角形的某些边角之间关系的恒等式时,应用它会使问题变得简单.

例5 在 $\triangle ABC$ 中,求证
$$(b+c)\cos A + (c+a)\cos B + (a+b)\cos C = a+b+c$$

证明 由射影定理,得
$$a = b\cos C + c\cos B$$
$$b = a\cos C + c\cos A$$
$$c = a\cos B + b\cos A$$

所以
$$a+b+c = b\cos C + c\cos B + a\cos C + c\cos A + a\cos B + b\cos A$$

即
$$(b+c)\cos A + (c+a)\cos B + (a+b)\cos C = a+b+c$$

这个题目也可以应用余弦定理来证明,但过程比较繁. 读者不妨试一试.

四、对上述三个定理的研讨

前面我们介绍了正弦定理、余弦定理和射影定理,为了进一步理解这三个定理,并为今后解三角形奠定理论基础,现就以下一些问题进行研讨.

1. 关于每个定理的三个关系式之间的独立性问题

我们知道,每个定理都可以写成三个关系式. 那么,这些关系式之间有什么关系呢? 它们是各自独立的,还是相互从属的?

我们先来考察正弦定理.

因为 $\dfrac{a}{\sin A} = \dfrac{b}{\sin B} = \dfrac{c}{\sin C}$

解三角形

就有
$$\frac{a}{\sin A} = \frac{b}{\sin B}$$
$$\frac{b}{\sin B} = \frac{c}{\sin C}$$
$$\frac{c}{\sin C} = \frac{a}{\sin A}$$

很明显,从这三个关系式中的任意两个关系式,可以推导出第三个关系式.这就是说,这三个关系式之间是相互从属的.但是,其中的任意两个之间的关系,却是各自独立的.因为我们不能从任意两个关系式中的一个推导出另一个来.而任意两个关系式与三角形的内角和定理构成了一个独立的关系式组,如

$$\begin{cases} A + B + C = 180° \\ \dfrac{a}{\sin A} = \dfrac{b}{\sin B} \\ \dfrac{b}{\sin B} = \dfrac{c}{\sin C} \end{cases}$$

这就是前面提到过的独立的基本关系式组.

再看余弦定理.如同正弦定理一样,其中任意两个之间的关系是各自独立的.它们连同三角形的内角和定理一起构成了另一个独立的关系式组,如

$$\begin{cases} A + B + C = 180° \\ a^2 = b^2 + c^2 - 2bc\cos A \\ b^2 = a^2 + c^2 - 2ac\cos B \end{cases}$$

由这个独立的关系式组,可以推导出余弦定理的第三个关系式.它的推导过程如下

$$\cos C = \cos[180° - (A + B)]$$
$$= -\cos(A + B)$$

$$= \sin A \sin B - \cos A \cos B$$
$$= \sqrt{(1-\cos^2 A)(1-\cos^2 B)} - \cos A \cos B$$

而
$$\cos A = \frac{b^2 + c^2 - a^2}{2bc}$$
$$\cos B = \frac{a^2 + c^2 - b^2}{2ac}$$

代入上式,得

$$\cos C$$
$$= \sqrt{\left[1-\left(\frac{b^2+c^2-a^2}{2bc}\right)^2\right]\left[1-\left(\frac{a^2+c^2-b^2}{2ac}\right)^2\right]} - \frac{b^2+c^2-a^2}{2bc} \cdot \frac{a^2+c^2-b^2}{2ac}$$
$$= \sqrt{\frac{[(2bc)^2-(b^2+c^2-a^2)^2][(2ac)^2-(a^2+c^2-b^2)^2]}{16a^2b^2c^4}} - \frac{(b^2+c^2-a^2)(a^2+c^2-b^2)}{4abc^2}$$
$$= \sqrt{\frac{[(b+c)^2-a^2][a^2-(b-c)^2][(a+c)^2-b^2][b^2-(a-c)^2]}{16a^2b^2c^4}} - \frac{(b^2+c^2-a^2)(a^2+c^2-b^2)}{4abc^2}$$
$$= \frac{1}{4abc^2}\left[\sqrt{(a+b+c)^2(b+c-a)^2(a+b-c)^2(a-b+c)^2} - (b^2+c^2-a^2)(a^2+c^2-b^2)\right]$$
$$= \frac{1}{4abc^2}\left[(a+b+c)(b+c-a)(a+b-c)(a-b+c) - (b^2+c^2-a^2)(a^2+c^2-b^2)\right]$$
$$= \frac{1}{4abc^2}\left[2(a^2c^2+b^2c^2-c^4)\right]$$

解三角形

$$= \frac{a^2+b^2-c^2}{2ab}$$

所以 $\cos C = \dfrac{a^2+b^2-c^2}{2ab}$

就是 $c^2 = a^2 + b^2 - 2ab\cos C$

同理,射影定理的任意两个关系式和三角形的内角和定理,也构成一个独立的关系式组,如

$$\begin{cases} A+B+C=180° \\ a=c\cos B + b\cos C \\ b=a\cos C + c\cos A \end{cases}$$

从这个关系式组可以得出射影定理的第三个关系式. 读者可以自行推导.

研究上述三个定理的关系式的独立性问题,有着重要意义. 可以看到,无论哪一个独立关系式组里,都有 $A+B+C=180°$ 这个关系式. 这说明,无论上述三个定理中的哪一个定理,都推导不出三角形的内角和定理. 同时,每个独立关系式组中都含有边的元素. 这就告诉我们,构成一个三角形要有三个独立条件,其中至少要有一条边.

2. 关于基本关系式的个数问题

我们可以看到,正弦定理和余弦定理所表明的,都是三角形的六个基本元素中的四个元素之间的关系,而射影定理则是三角形的六个基本元素中的五个元素之间的关系. 现在要研究的是,正弦定理和余弦定理,是否包括了三角形的六个基本元素中的四个元素之间的一切关系;而射影定理,是否包括了三角形的六个基本元素中的五个元素之间的一切关系.

我们知道,从六个元素中取四个元素的组合的种

第1章 三角形的元素和各元素之间的关系

数共有 $C_6^4 = 15$;也就是说,从三角形的三条边和三个角中,任意取出四个元素所能构成的关系式应当有 15 个. 而这 15 个关系式可以分为三类:取三条边和一个角的,有 $C_3^3 \cdot C_3^1 = 3$(种);取两条边和两个角的,有 $C_3^2 \cdot C_3^2 = 9$(种);取一条边和三个角的,有 $C_3^1 \cdot C_3^3 = 3$(种). 这三类关系式如下:

三边、一角,有 $C_3^3 \cdot C_3^1 = 3$(种). 这种情形就是余弦定理:

1) $a^2 = b^2 + c^2 - 2bc\cos A$;

2) $b^2 = a^2 + c^2 - 2ac\cos B$;

3) $c^2 = a^2 + b^2 - 2ab\cos C$.

两边、两角,有 $C_3^2 \cdot C_3^2 = 9$(种). 这种情形就是正弦定理:

1) $\dfrac{a}{\sin A} = \dfrac{b}{\sin B}$;

2) $\dfrac{b}{\sin B} = \dfrac{c}{\sin C}$;

3) $\dfrac{c}{\sin C} = \dfrac{a}{\sin A}$;

或者:

4) $\dfrac{a}{\sin A} = \dfrac{b}{\sin(A+C)}$;

5) $\dfrac{b}{\sin B} = \dfrac{c}{\sin(A+B)}$;

6) $\dfrac{c}{\sin C} = \dfrac{a}{\sin(B+C)}$;

7) $\dfrac{a}{\sin(B+C)} = \dfrac{b}{\sin B}$;

8) $\dfrac{b}{\sin(A+C)} = \dfrac{c}{\sin C}$;

9) $\dfrac{c}{\sin(A+B)} = \dfrac{a}{\sin A}.$

一边、三角,有 $C_3^1 \cdot C_3^3 = 3$(种). 不存在这样的关系式.

因为含有一条边和三个角只有如下三种情形:
1) a, A, B, C;
2) b, A, B, C;
3) c, A, B, C.

而在含有这样四个元素的关系式中,如果知道了三个角,就无法求出第四个元素——边来. 这就是说,这样的关系式是根本不存在的.

由此可知,正弦定理、余弦定理包括了三角形中六个基本元素中取四个元素的所有可能具有的关系.

由于从三角形的六个基本元素中取五个元素的关系式,按组合数公式,共有 $C_6^5 = 6$(个),也就是只有六种情形. 其中包括含有三条边和两个角的三个关系式,这就是射影定理;而含有两条边和三个角的关系式显然是不存在的. 这就是说,射影定理包括了三角形中六个基本元素中取五个元素的所有可能具有的关系.

综上所述,可以知道,对于任意三角形来说,含有四个或者五个基本元素的所有可能具有的关系式,只有上述三个定理.

3. 关于这三个定理的等价性问题

在前面证明定理的过程中,我们已经介绍过怎样由正弦定理导出余弦定理和射影定理. 那么,是否可以从其中的任意一个定理出发,推导出其他两个定理呢?我们说这是可以的. 下面来进行这方面的推导.

第1章 三角形的元素和各元素之间的关系

1）由余弦定理推导出正弦定理．

证明：由余弦定理，得

$$a^2 = b^2 + c^2 - 2bc\cos A \qquad ①$$
$$b^2 = a^2 + c^2 - 2ac\cos B \qquad ②$$

式①－②，得

$$a^2 - b^2 = b^2 - a^2 - 2bc\cos A + 2ac\cos B$$
$$2(a^2 - b^2) = 2c(a\cos B - b\cos A)$$

所以

$$c = \frac{a^2 - b^2}{a\cos B - b\cos A} \qquad ③$$

式③代入式①，得

$$a^2 = b^2 + \left(\frac{a^2 - b^2}{a\cos B - b\cos A}\right)^2 - 2b\left(\frac{a^2 - b^2}{a\cos B - b\cos A}\right)\cos A$$

所以

$$(a^2 - b^2) - \left(\frac{a^2 - b^2}{a\cos B - b\cos A}\right)^2 + 2b\left(\frac{a^2 - b^2}{a\cos B - b\cos A}\right)\cos A = 0$$

$$(a^2 - b^2)(a\cos B - b\cos A)^2 - (a^2 - b^2)^2 + 2b(a^2 - b^2)(a\cos B - b\cos A)\cos A = 0$$

$$(a^2 - b^2)[(a\cos B - b\cos A)^2 - (a^2 - b^2) + 2b(a\cos B - b\cos A)\cos A] = 0$$

$$(a^2 - b^2)(a^2\cos^2 B - a^2 + b^2 - b^2\cos^2 A) = 0$$

$$(a^2 - b^2)[b^2(1 - \cos^2 A) - a^2(1 - \cos^2 B)] = 0$$

所以 $\quad (a^2 - b^2)(b^2\sin^2 A - a^2\sin^2 B) = 0$

如果 $a^2 - b^2 = 0$，那么 $a = b$，就有

$$A = B$$

解三角形

所以
$$\frac{a}{\sin A} = \frac{b}{\sin B}$$

如果 $a^2\sin^2 B - b^2\sin^2 A = 0$,因为 $a,b,\sin A,\sin B$ 都是正数,所以
$$a\sin B = b\sin A$$

就是
$$\frac{a}{\sin A} = \frac{b}{\sin B}$$

同理可得正弦定理的其他两个关系式.

由余弦定理推导出射影定理,读者可以自行完成.

2)由射影定理推导出正弦定理.

证明:由射影定理,得
$$a = b\cos C + c\cos B \quad ④$$
$$b = a\cos C + c\cos A \quad ⑤$$
$$c = a\cos B + b\cos A \quad ⑥$$

由④·a - ⑤·b,得
$$a^2 - b^2 = ac\cos B - bc\cos A$$

所以
$$c = \frac{a^2 - b^2}{a\cos B - b\cos A}$$

代入式⑥,得
$$\frac{a^2 - b^2}{a\cos B - b\cos A} = a\cos B + b\cos A$$
$$a^2 - b^2 = a^2\cos^2 B - b^2\cos^2 A$$
$$a^2(1 - \cos^2 B) = b^2(1 - \cos^2 A)$$
$$a^2\sin^2 B = b^2\sin^2 A$$

因为 $a,b,\sin A,\sin B$ 都是正数,所以
$$a\sin B = b\sin A$$

就是
$$\frac{a}{\sin A} = \frac{b}{\sin B}$$

同理可得正弦定理的其他两个关系式.

第1章 三角形的元素和各元素之间的关系

由射影定理推导出余弦定理,读者可以自行完成.

我们知道,如果两个命题 A 和 B,从 A 可以推导出 B,且从 B 可以推导出 A,那么这两个命题称为互为等价命题. 上述情况表明,正弦定理、余弦定理、射影定理中任何一个可以推导出其他两个,所以它们彼此之间是等价的.

4. 关于这三个定理的逆定理问题

我们已经知道,任何一个三角形的边和角之间的关系都满足正弦定理、余弦定理、射影定理. 现在我们提出一个与此相反,并且具有重要意义的问题,就是:如果有三个正数 a,b,c 和三个小于 $180°$ 的正角 A,B,C,它们满足上述三个定理中的任意一个,那么,这三个数所对应的线段和这三个角是否一定能够构成唯一的三角形呢?

定理 如果有三个正数 a,b,c 和三个小于 $180°$ 的正角 A,B,C,并且它们满足上述三个定理中任意一个,那么 a,b,c 三个数所对应的线段和三个角 A,B,C 一定能够构成唯一的三角形.

分析:要证明这个命题是正确的,首先,必须证明 a,b,c 中任意两数的和大于第三数,就是 a,b,c 三数所对应的线段一定可以构成一个三角形;其次,要证明这个三角形的三个角一定是 A,B,C.

证明 1)因为三个定理彼此等价,所以不妨假设这六个元素满足余弦定理,就是

$$a^2 = b^2 + c^2 - 2bc\cos A$$

因为 $\qquad |\cos A| < 1$

所以 $\qquad b^2 + c^2 - 2bc\cos A < b^2 + c^2 + 2bc$

解三角形

就是 $$b^2 + c^2 - 2bc\cos A < (b+c)^2$$
所以 $$a^2 < (b+c)^2$$
因为
$$a > 0$$
$$b + c > 0$$
所以
$$a < b + c$$
同理可得
$$b < a + c$$
$$c < a + b$$

这就是说,a,b,c 所对应的线段一定能够构成一个三角形.

2)设 A' 是边 a 的对角,那么由余弦定理,得
$$a^2 = b^2 + c^2 - 2bc\cos A'$$
但假设
$$a^2 = b^2 + c^2 - 2bc\cos A$$
所以
$$\cos A' = \cos A$$
因为 A 和 A' 都是 $0°$ 到 $180°$ 之间的角,所以
$$A' = A$$

这就是说,边 a 的对角一定是 A.

同理可得:边 b 的对角一定是 B,边 c 的对角一定是 C.

由此可知,这六个元素能够构成唯一的三角形.

关于这个逆定理的问题非常重要. 也只有证明了上述逆定理是存在的,我们才可以应用这些定理来解三角形.

第1章 三角形的元素和各元素之间的关系

§2 三角形各种元素之间的关系

前面我们讨论了三角形的六个基本元素之间的关系,也就是正弦定理、余弦定理和射影定理.这些定理表明的是三角形边角关系中最基本的,也是最重要的关系.这不只是因为它们在应用上的广泛性,而且,以这些定理为基础,还可以推导出其他的三角形元素之间的关系式.

一、正切定理

正切定理 三角形中任意两边的和与它们的差的比,等于它们所对角的和的一半的正切与这两角差的一半的正切的比.用式子来表示,就是

$$\frac{a+b}{a-b} = \frac{\tan\dfrac{A+B}{2}}{\tan\dfrac{A-B}{2}}$$

$$\frac{b+c}{b-c} = \frac{\tan\dfrac{B+C}{2}}{\tan\dfrac{B-C}{2}}$$

$$\frac{c+a}{c-a} = \frac{\tan\dfrac{C+A}{2}}{\tan\dfrac{C-A}{2}}$$

证法一 因为

$$\frac{a}{\sin A} = \frac{b}{\sin B}$$

就是

$$\frac{a}{b} = \frac{\sin A}{\sin B}$$

解三角形

所以
$$\frac{a+b}{a-b} = \frac{\sin A + \sin B}{\sin A - \sin B}$$

$$= \frac{2\sin\dfrac{A+B}{2}\cos\dfrac{A-B}{2}}{2\cos\dfrac{A+B}{2}\sin\dfrac{A-B}{2}}$$

$$= \frac{\tan\dfrac{A+B}{2}}{\tan\dfrac{A-B}{2}}$$

所以
$$\frac{a+b}{a-b} = \frac{\tan\dfrac{A+B}{2}}{\tan\dfrac{A-B}{2}}$$

同理可得

$$\frac{b+c}{b-c} = \frac{\tan\dfrac{B+C}{2}}{\tan\dfrac{B-C}{2}}$$

$$\frac{c+a}{c-a} = \frac{\tan\dfrac{C+A}{2}}{\tan\dfrac{C-A}{2}}$$

这个定理还可以应用几何方法来证明.

证法二 如图 1.9,在 $\triangle ABC$ 中,不妨设 $a > b$,延长 BC 到 D,使 $CD = b$,在 BC 上取一点 K,使 $CK = b$,那么
$$BD = a + b$$
$$BK = a - b$$

第1章 三角形的元素和各元素之间的关系

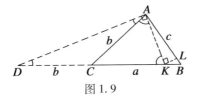

图 1.9

联结 AD, AK，那么

$$\angle CDA = \angle CAD = \frac{\angle ACB}{2}$$

$$\angle CKA = \angle CAK = 90° - \frac{\angle ACB}{2}$$

$$\angle KAB = \angle CAB - \angle CAK = \angle CAB - \left(90° - \frac{\angle ACB}{2}\right)$$

$$= \frac{2\angle CAB - 180° + \angle ACB}{2}$$

$$= \frac{\angle CAB - [180° - (\angle CAB + \angle ACB)]}{2}$$

$$= \frac{\angle CAB - \angle B}{2}$$

经过 K 作 AD 的平行线交 AB 于 L. 在 $\triangle BAD$ 中，因为

$$LK /\!/ AD$$

所以 $\triangle LKB \backsim \triangle ADB$

所以 $\dfrac{BK}{BD} = \dfrac{LK}{AD}$

而

$$BK = a - b$$
$$BD = a + b$$

所以 $\dfrac{LK}{AD} = \dfrac{a-b}{a+b}$

在 $\triangle DAK$ 中，因为

31

解三角形

$$\angle DAK = \angle ADK + \angle AKD$$

所以 $\angle DAK = 90°$

所以 $\angle AKL = \angle DAK = 90°$

在 Rt△AKL 中

$$LK = AK\tan\angle KAB = AK\tan\frac{\angle CAB - \angle B}{2}$$

在 Rt△DAK 中

$$AD = AK\cot\frac{\angle ACB}{2} = AK\tan\frac{\angle CAB + \angle B}{2}$$

所以 $\dfrac{a-b}{a+b} = \dfrac{LK}{AD} = \dfrac{AK\tan\dfrac{\angle CAB - \angle B}{2}}{AK\tan\dfrac{\angle CAB + \angle B}{2}}$

就是 $\dfrac{a+b}{a-b} = \dfrac{\tan\dfrac{A+B}{2}}{\tan\dfrac{A-B}{2}}$

例6 设三角形两边的和是这两边的差的2倍,它们的夹角是 $45°$,证明其他两角的差的一半的正切值等于 $\dfrac{1+\sqrt{2}}{2}$.

证明 如图 1.10,在 △ABC 中,已知 $a + b = 2(a - b), C = 45°$.

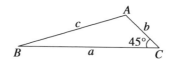

图 1.10

由正切定理,得

第1章 三角形的元素和各元素之间的关系

$$\frac{a+b}{a-b} = \frac{\tan\frac{A+B}{2}}{\tan\frac{A-B}{2}} = \frac{\cot\frac{45°}{2}}{\tan\frac{A-B}{2}}$$

所以 $\tan\dfrac{A-B}{2} = \dfrac{a-b}{a+b}\cot\dfrac{45°}{2} = \dfrac{1}{2}\cot\dfrac{45°}{2}$

而 $\cot\dfrac{45°}{2} = \dfrac{\sqrt{1+\cos 45°}}{\sqrt{1-\cos 45°}} = 1+\sqrt{2}$

所以 $\tan\dfrac{A-B}{2} = \dfrac{1+\sqrt{2}}{2}$

二、半角定理

半角定理 在 $\triangle ABC$ 中,三个角的半角的正切和三边之间有如下的关系

$$\tan\frac{A}{2} = \frac{1}{p-a}\sqrt{\frac{(p-a)(p-b)(p-c)}{p}}$$

$$\tan\frac{B}{2} = \frac{1}{p-b}\sqrt{\frac{(p-a)(p-b)(p-c)}{p}}$$

$$\tan\frac{C}{2} = \frac{1}{p-c}\sqrt{\frac{(p-a)(p-b)(p-c)}{p}}$$

其中 $p = \dfrac{1}{2}(a+b+c)$ ①

证明 $\tan\dfrac{A}{2} = \dfrac{\sin\dfrac{A}{2}}{\cos\dfrac{A}{2}}$. 因为

$$\sin\frac{A}{2} > 0$$

---

① 有的书上用 S 表示三角形的周长的一半,而用 Δ 表示三角形的面积. 本书则用 p 表示前者,而用 S 表示后者.

解三角形

$$\cos\frac{A}{2} > 0$$

所以

$$\sin\frac{A}{2} = \sqrt{\frac{1-\cos A}{2}} = \sqrt{\frac{1}{2}\left(1 - \frac{b^2+c^2-a^2}{2bc}\right)}$$

$$= \sqrt{\frac{a^2-(b-c)^2}{4bc}}$$

$$= \sqrt{\frac{(a+b-c)(a-b+c)}{4bc}}$$

因为

$$p = \frac{1}{2}(a+b+c)$$

所以

$$a-b+c = 2(p-b)$$
$$a+b-c = 2(p-c)$$

所以

$$\sin\frac{A}{2} = \sqrt{\frac{(p-b)(p-c)}{bc}}$$

而

$$\cos\frac{A}{2} = \sqrt{\frac{1+\cos A}{2}} = \sqrt{\frac{1}{2}\left(1 + \frac{b^2+c^2-a^2}{2bc}\right)}$$

$$= \sqrt{\frac{(b+c)^2-a^2}{4bc}}$$

$$= \sqrt{\frac{(b+c+a)(b+c-a)}{4bc}}$$

$$= \sqrt{\frac{p(p-a)}{bc}}$$

所以

$$\tan\frac{A}{2} = \frac{\sin\frac{A}{2}}{\cos\frac{A}{2}} = \frac{\sqrt{\frac{(p-b)(p-c)}{bc}}}{\sqrt{\frac{p(p-a)}{bc}}}$$

第1章 三角形的元素和各元素之间的关系

$$= \sqrt{\frac{(p-b)(p-c)}{p(p-a)}}$$

$$= \frac{1}{p-a}\sqrt{\frac{(p-a)(p-b)(p-c)}{p}}$$

所以　　$\tan\dfrac{A}{2} = \dfrac{1}{p-a}\sqrt{\dfrac{(p-a)(p-b)(p-c)}{p}}$

同理可得

$$\tan\frac{B}{2} = \frac{1}{p-b}\sqrt{\frac{(p-a)(p-b)(p-c)}{p}}$$

$$\tan\frac{C}{2} = \frac{1}{p-c}\sqrt{\frac{(p-a)(p-b)(p-c)}{p}}$$

从上面的证明过程中,我们可以得到用三角形的三条边表示半角的正弦和半角的余弦的公式

$$\sin\frac{A}{2} = \sqrt{\frac{(p-b)(p-c)}{bc}}$$

$$\cos\frac{A}{2} = \sqrt{\frac{p(p-a)}{bc}}$$

同理可得

$$\sin\frac{B}{2} = \sqrt{\frac{(p-a)(p-c)}{ac}}$$

$$\sin\frac{C}{2} = \sqrt{\frac{(p-a)(p-b)}{ab}}$$

$$\cos\frac{B}{2} = \sqrt{\frac{p(p-b)}{ac}}$$

$$\cos\frac{C}{2} = \sqrt{\frac{p(p-c)}{ab}}$$

下面我们来研究 $\sqrt{\dfrac{(p-a)(p-b)(p-c)}{p}}$ 的几何意义.

解三角形

如图 1.11,在 △ABC 中,作内切圆 O,设它的半径是 r,切 BC,CA 和 AB 分别于 D,E 和 F,并且 AF = x,BD = y,CE = z. 那么

$$\tan\frac{A}{2} = \frac{r}{x}$$

而 $\quad 2x + 2y + 2z = a + b + c$

所以 $\quad 2x + 2(y+z) = a + b + c$

因为 $\quad y + z = a$

所以 $\quad 2x + 2a = 2p$

所以 $\quad x = p - a$

所以 $\quad \tan\dfrac{A}{2} = \dfrac{r}{p-a}$

因为 $\quad \tan\dfrac{A}{2} = \dfrac{1}{p-a}\sqrt{\dfrac{(p-a)(p-b)(p-c)}{p}}$

所以 $\quad \dfrac{r}{p-a} = \dfrac{1}{p-a}\sqrt{\dfrac{(p-a)(p-b)(p-c)}{p}}$

所以 $\quad r = \sqrt{\dfrac{(p-a)(p-b)(p-c)}{p}}$

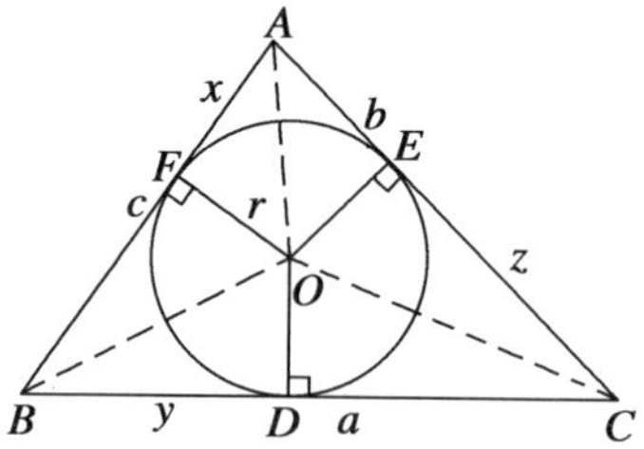

图 1.11

这就是说,半角定理中的因子 $\sqrt{\dfrac{(p-a)(p-b)(p-c)}{p}}$ 是三角形的内切圆的半径 r. 这就是 $\sqrt{\dfrac{(p-a)(p-b)(p-c)}{p}}$

第1章 三角形的元素和各元素之间的关系

的几何意义.

例7 在△ABC中,求证

$$\tan\frac{A}{2}\cdot\tan\frac{B}{2}+\tan\frac{B}{2}\cdot\tan\frac{C}{2}+\tan\frac{C}{2}\cdot\tan\frac{A}{2}=1$$

证明 由半角定理,得

$$\tan\frac{A}{2}\cdot\tan\frac{B}{2}=\frac{p-c}{p} \qquad (1)$$

$$\tan\frac{B}{2}\cdot\tan\frac{C}{2}=\frac{p-a}{p} \qquad (2)$$

$$\tan\frac{C}{2}\cdot\tan\frac{A}{2}=\frac{p-b}{p} \qquad (3)$$

由(1)+(2)+(3)得

$$\tan\frac{A}{2}\cdot\tan\frac{B}{2}+\tan\frac{B}{2}\cdot\tan\frac{C}{2}+\tan\frac{C}{2}\cdot\tan\frac{A}{2}$$

$$=\frac{p-c}{p}+\frac{p-a}{p}+\frac{p-b}{p}$$

$$=\frac{3p-(a+b+c)}{p}$$

$$=\frac{3p-2p}{p}=1$$

所以

$$\tan\frac{A}{2}\cdot\tan\frac{B}{2}+\tan\frac{B}{2}\cdot\tan\frac{C}{2}+\tan\frac{C}{2}\cdot\tan\frac{A}{2}=1$$

这个题目也可以利用 $\tan(\frac{A}{2}+\frac{B}{2})=\cot\frac{C}{2}$ 的关系得到证明. 读者可以自行推导.

三、三角形的面积的公式

1. 用三角形的两边和它们的夹角来表示它的面积

定理 三角形的面积,等于它的两边与这两边夹角的正弦的乘积的一半.

解三角形

证明 如图1.12,在$\triangle ABC$中,已知两边b,c和它们的夹角A.现在来证明不论A是锐角、钝角,还是直角,这个命题总是正确的.

1)如图1.12(a),在$\triangle ABC$中,设A是锐角.作边AB上的高CD,D在AB上.于是
$$S = \frac{1}{2}c \cdot CD$$

而在$\text{Rt}\triangle ACD$中
$$CD = b\sin A$$

所以
$$S = \frac{1}{2}bc\sin A$$

2)如图1.12(b),在$\triangle ABC$中,设A是钝角.作边AB上的高CD,那么D在BA的延长线上.于是
$$S = \frac{1}{2}c \cdot CD$$

而在$\text{Rt}\triangle ACD$中
$$CD = b\sin(180° - \angle CAB)$$
$$= b\sin\angle CAB$$

所以
$$S = \frac{1}{2}bc\sin A$$

3)如图1.12(c),在$\triangle ABC$中,设A是直角.那么
$$S = \frac{1}{2}bc$$

因为
$$\frac{1}{2}bc = \frac{1}{2}bc\sin 90° = \frac{1}{2}bc\sin A$$

所以
$$S = \frac{1}{2}bc\sin A$$

因此,不论A是锐角、钝角,还是直角,等式
$$S = \frac{1}{2}bc\sin A$$

第1章　三角形的元素和各元素之间的关系

总是成立的.

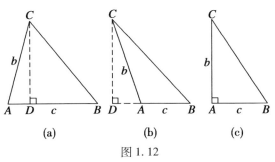

图 1.12

同理可得

$$S = \frac{1}{2}ac\sin B$$

$$S = \frac{1}{2}ab\sin C$$

必须注意,上述公式就是已知三角形的两边和它们的夹角,求此三角形的面积的公式.关于三角形面积的计算,应用很广泛,而这个公式是求三角形面积的主要公式,所以更为重要.

2. 用三角形的两角和一边来表示它的面积

设在 $\triangle ABC$ 中,已知两角和一边,那么,用已知角和边来表示这个三角形的面积 S 的公式是

$$S = \frac{a^2 \sin B \sin C}{2\sin A}$$

$$S = \frac{b^2 \sin C \sin A}{2\sin B}$$

$$S = \frac{c^2 \sin A \sin B}{2\sin C}$$

其中的第三个角可以应用三角形的内角和定理求得.

注:因为已知三角形的两个角,应用三角形的内角

解三角形

和定理很容易得出第三个角来,所以上述公式中的已知量,实际上是两角和一边.

证明:设在 $\triangle ABC$ 中,已知 A,B 和 a.

因为
$$\frac{a}{\sin A} = \frac{b}{\sin B}$$

所以
$$b = \frac{a\sin B}{\sin A}$$

因为
$$S = \frac{1}{2}ab\sin C$$

所以
$$S = \frac{1}{2}a\sin C \cdot \frac{a\sin B}{\sin A} = \frac{a^2\sin B\sin C}{2\sin A}$$

同理可得
$$S = \frac{b^2\sin C\sin A}{2\sin B}$$

$$S = \frac{c^2\sin A\sin B}{2\sin C}$$

必须注意,在证明上述公式的过程中,假设的条件是,已知两角和其中一角的对边,但由于应用三角形的内角和定理可以求出第三个角,所以这个公式就是已知三角形的两角和任意一边,求它的面积的公式.

还必须指出,如果遇到已知三角形的两角和它们的夹边,也就是上述情形的特例,那么上述公式可以分别改写成

$$S = \frac{c^2\sin A\sin B}{2\sin(A+B)}$$

$$S = \frac{a^2\sin B\sin C}{2\sin(B+C)}$$

$$S = \frac{b^2\sin A\sin C}{2\sin(A+C)}$$

很明显,这是因为

第1章 三角形的元素和各元素之间的关系

$$C = 180° - (A + B)$$
$$\sin C = \sin(A + B)$$

代入上述最后一个公式,就得到

$$S = \frac{c^2 \sin A \sin B}{2\sin(A + B)}$$

同理可得其他两个式子.

3. 用三角形的三边来表示它的面积

设在 $\triangle ABC$ 中,已知三边,那么用已知边来表示这个三角形的面积的公式是

$$S = \sqrt{p(p-a)(p-b)(p-c)}$$

证明:由前文中的图 1.11,可以知道

$$S = S_{\triangle BOC} + S_{\triangle COA} + S_{\triangle AOB}$$
$$= \frac{1}{2}ar + \frac{1}{2}br + \frac{1}{2}cr$$
$$= \frac{r}{2}(a + b + c)$$
$$= rp$$

而

$$r = \sqrt{\frac{(p-a)(p-b)(p-c)}{p}}$$

所以

$$S = rp = p \cdot \sqrt{\frac{(p-a)(p-b)(p-c)}{p}}$$
$$= \sqrt{p(p-a)(p-b)(p-c)}$$

所以 $S = \sqrt{p(p-a)(p-b)(p-c)}$

这就是已知三边求三角形面积的公式,在平面几何课程中也已证明过. 这个公式最早出现在希腊数学家海伦(Heron,约 1 世纪)所著的书中,所以通常把它叫作海伦公式. 我国南宋时期秦九韶(约 13 世纪初叶

解三角形

至中叶)也发现了类似的求三角形面积的方法,他把三角形的三边分别叫作大斜、中斜、小斜(图 1.13),在他所著的《数书九章》(1247 年)卷五中说:"以小斜幂并大斜幂减中斜幂,余半之,自乘于上;以小斜幂乘大斜幂,减上,余四约之,为实;一为从隅,开平方得积."如果把这段文字写成公式,就是

$$S = \sqrt{\frac{1}{4}\left[c^2 a^2 - \left(\frac{c^2 + a^2 - b^2}{2}\right)^2\right]}$$

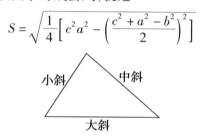

图 1.13

这个公式和海伦公式比较,形异而实同. 当时秦九韶把这个求三角形面积的方法叫作三斜求积. 因此可以称这个公式为三斜求积公式.

上述三个求三角形面积的公式,是已知三角形的基本元素求三角形面积的三个主要公式. 下面我们还将在例题中,应用这些公式和定理推导出其他的一些求三角形面积的公式.

例 8 已知 $\triangle ABC$,求证:

1) $S = 2R^2 \sin A \sin B \sin C$;

2) $S = p^2 \tan \dfrac{A}{2} \tan \dfrac{B}{2} \tan \dfrac{C}{2}$.

证明 1)因为

$$S = \frac{1}{2} bc \sin A$$

而

第 1 章　三角形的元素和各元素之间的关系

$$b = 2R\sin B$$
$$c = 2R\sin C$$

所以
$$S = \frac{1}{2} \cdot 2R\sin B \cdot 2R\sin C \cdot \sin A$$
$$= 2R^2 \sin A \sin B \sin C$$

所以
$$S = 2R^2 \sin A \sin B \sin C$$

2）由半角定理，得

$$\tan \frac{A}{2} = \sqrt{\frac{(p-b)(p-c)}{p(p-a)}}$$

$$\tan \frac{B}{2} = \sqrt{\frac{(p-a)(p-c)}{p(p-b)}}$$

$$\tan \frac{C}{2} = \sqrt{\frac{(p-a)(p-b)}{p(p-c)}}$$

所以

$$p^2 \tan \frac{A}{2} \tan \frac{B}{2} \tan \frac{C}{2}$$
$$= p^2 \cdot \sqrt{\frac{(p-b)(p-c)}{p(p-a)}} \cdot$$
$$\sqrt{\frac{(p-a)(p-c)}{p(p-b)}} \cdot \sqrt{\frac{(p-a)(p-b)}{p(p-c)}}$$
$$= p^2 \sqrt{\frac{(p-a)(p-b)(p-c)}{p^3}}$$
$$= \sqrt{\frac{p^4}{p^3}(p-a)(p-b)(p-c)}$$
$$= \sqrt{p(p-a)(p-b)(p-c)}$$
$$= S$$

所以
$$S = p^2 \tan \frac{A}{2} \tan \frac{B}{2} \tan \frac{C}{2}$$

这里,可以看到,1)中的式子是用已知三角形的三个角和它的外接圆半径来表示它的面积的公式,而2)中的式子是用三角形的三个角和它的周长的一半来表示它的面积的公式. 但是,后者含有三角形的所有六个基本元素,所以应用起来很不方便. 一般来说,在解出三角形并求出它的面积以后,用这个公式来进行验算还是可以的.

四、三角形的高的公式

1. 用三角形的三边来表示它的高

设在 $\triangle ABC$ 中(图 1.14),已知三边 a,b,c. 如果这三边上的高分别是 h_a, h_b 和 h_c,那么,用已知边表示三条高的公式是

$$h_a = \frac{2}{a}\sqrt{p(p-a)(p-b)(p-c)}$$

$$h_b = \frac{2}{b}\sqrt{p(p-a)(p-b)(p-c)}$$

$$h_c = \frac{2}{c}\sqrt{p(p-a)(p-b)(p-c)}$$

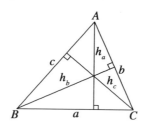

图 1.14

证明:因为

$$S = \frac{1}{2}ah_a$$

第 1 章　三角形的元素和各元素之间的关系

所以
$$h_a = \frac{2S}{a}$$

而
$$S = \sqrt{p(p-a)(p-b)(p-c)}$$

所以
$$h_a = \frac{2}{a}\sqrt{p(p-a)(p-b)(p-c)}$$

同理可得
$$h_b = \frac{2}{b}\sqrt{p(p-a)(p-b)(p-c)}$$
$$h_c = \frac{2}{c}\sqrt{p(p-a)(p-b)(p-c)}$$

这就是已知三角形的三边,求它的高的公式.

2. 用三角形的边和角来表示它的高

在 $\triangle ABC$ 中,用边和角来表示它的三高条 h_a,h_b,h_c 的公式是
$$h_a = b\sin C,\text{或者 } h_a = c\sin B$$
$$h_b = a\sin C,\text{或者 } h_b = c\sin A$$
$$h_c = a\sin B,\text{或者 } h_c = b\sin A$$

以上公式,利用图 1.14,很容易得到证明.

容易看到,从这些公式还可以得出,用三角形的角和外接圆半径来表示它的高的公式
$$h_a = 2R\sin B\sin C$$
$$h_b = 2R\sin A\sin C$$
$$h_c = 2R\sin A\sin B$$

应用这些公式也可以证得正弦定理. 读者可以自行推导.

五、三角形的中线的公式

用三角形的三边来表示它的中线.

设在 $\triangle ABC$ 中(图 1.15),已知三边 a,b,c,如果这三边上的中线分别是 m_a,m_b,m_c,那么,用已知边表示

解三角形

三条中线的公式是

$$m_a = \frac{1}{2}\sqrt{2(b^2+c^2)-a^2}$$

$$m_b = \frac{1}{2}\sqrt{2(a^2+c^2)-b^2}$$

$$m_c = \frac{1}{2}\sqrt{2(a^2+b^2)-c^2}$$

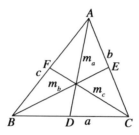

图 1.15

证明：在 $\triangle ABD$ 中，应用余弦定理，得

$$m_a^2 = c^2 + \left(\frac{a}{2}\right)^2 - 2c\left(\frac{a}{2}\right)\cos B$$

$$= c^2 + \frac{a^2}{4} - ac\cos B$$

因为 $\cos B = \dfrac{a^2+c^2-b^2}{2ac}$

所以

$$m_a^2 = c^2 + \frac{a^2}{4} - ac\left(\frac{a^2+c^2-b^2}{2ac}\right)$$

$$= \frac{1}{4}(4c^2 + a^2 - 2a^2 - 2c^2 + 2b^2)$$

$$= \frac{1}{4}[2(b^2+c^2) - a^2]$$

所以 $m_a = \dfrac{1}{2}\sqrt{2(b^2+c^2)-a^2}$

第1章 三角形的元素和各元素之间的关系

同理可得
$$m_b = \frac{1}{2}\sqrt{2(a^2+c^2)-b^2}$$
$$m_c = \frac{1}{2}\sqrt{2(a^2+b^2)-c^2}$$

这就是已知三角形的三边,求它的中线的公式.

从上面的证明过程中可以看到
$$m_a^2 = c^2 + \frac{a^2}{4} - ac\cos B$$
$$= \frac{1}{4}(4c^2 + a^2 - 4ac\cos B)$$

所以
$$m_a = \frac{1}{2}\sqrt{4c^2 + a^2 - 4ac\cos B}$$

同理可得
$$m_b = \frac{1}{2}\sqrt{4a^2 + b^2 - 4ab\cos C}$$
$$m_c = \frac{1}{2}\sqrt{4b^2 + c^2 - 4bc\cos A}$$

同样的,我们还可以得到
$$m_a = \frac{1}{2}\sqrt{4b^2 + a^2 - 4ab\cos C}$$
$$m_b = \frac{1}{2}\sqrt{4c^2 + b^2 - 4bc\cos A}$$
$$m_c = \frac{1}{2}\sqrt{4a^2 + c^2 - 4ac\cos B}$$

上述公式的推导,请读者自己完成.

以上这些公式,就是用三角形的两边和它们的夹角来表示其中一边上的中线的公式.

用三角形的三边来表示它的中线的公式,还可以用其他方法证明.下面我们按图形作适当的提示,详细的推导请读者自己完成.

1) 如图 1.16,把边 BC 上的中线 AD 延长到 E,使 $DE = AD = m_a$. 联结 BE, CE,得 $\square ABEC$. 这样,根据平行四边形两对角线的平方和等于各边的平方和,就可以求得 m_a.

2) 如图 1.17,以点 B 为原点,边 BC 为 x 轴的正方向,建立坐标系. 这样,A, B, C 三点的坐标分别是 $(c\cos B, c\sin B), (0, 0), (a, 0)$,$BC$ 的中点 D 的坐标是 $\left(\dfrac{a}{2}, 0\right)$. 这样,应用两点间距离公式和余弦定理就可以求得 m_a.

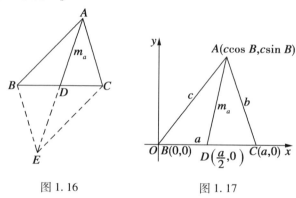

图 1.16 图 1.17

六、三角形的内角平分线的公式

1. 用三角形的三边来表示它的内角平分线

设在 $\triangle ABC$ 中(图 1.18),已知三边 a, b, c,如果三个角 A, B 和 C 的平分线分别是 t_a, t_b 和 t_c,那么,用已知边表示三条内角平分线的公式是

$$t_a = \dfrac{2}{b+c}\sqrt{bcp(p-a)}$$

$$t_b = \dfrac{2}{a+c}\sqrt{acp(p-b)}$$

第 1 章　三角形的元素和各元素之间的关系

$$t_c = \frac{2}{a+b}\sqrt{abp(p-c)}$$

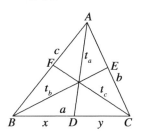

图 1.18

证明:设 AD 是角 A 的平分线,并且 $BD = x, DC = y$. 那么,在 $\triangle ADC$ 中,由余弦定理,得

$$t_a^2 = b^2 + y^2 - 2by\cos C \qquad ①$$

根据三角形内角平分线的性质,得

$$\frac{c}{b} = \frac{x}{y}$$

所以
$$\frac{c+b}{b} = \frac{x+y}{y}$$

因为
$$x + y = a$$

所以
$$\frac{c+b}{b} = \frac{a}{y}$$

所以
$$y = \frac{ab}{b+c} \qquad ②$$

式②代入式①,得

$$t_a^2 = b^2 + \left(\frac{ab}{b+c}\right)^2 - 2b\left(\frac{ab}{b+c}\right)\cos C$$

$$= \frac{b^2}{(b+c)^2}\left[b^2 + c^2 + 2bc + a^2 - 2a(b+c)\cos C\right]$$

因为
$$\cos C = \frac{a^2 + b^2 - c^2}{2ab}$$

解三角形

所以
$$t_a^2 = \frac{b^2}{(b+c)^2}\left[a^2+b^2+c^2+2bc-2a(b+c)\cdot\frac{a^2+b^2-c^2}{2ab}\right]$$
$$=\frac{bc}{(b+c)^2}(b^2+c^2+2bc-a^2)$$
$$=\frac{bc}{(b+c)^2}(a+b+c)(b+c-a)$$
$$=\frac{bc}{(b+c)^2}\cdot 2p\cdot 2(p-a)$$
$$=\frac{4}{(b+c)^2}\cdot bcp(p-a)$$

所以
$$t_a=\frac{2}{b+c}\sqrt{bcp(p-a)}$$

同理可得
$$t_b=\frac{2}{a+c}\sqrt{acp(p-b)}$$
$$t_c=\frac{2}{a+b}\sqrt{abp(p-c)}$$

这就是已知三边求三角形内角平分线的公式.

2. 用三角形的边和角来表示它的内角平分线

在△ABC 中,如果三个角 A,B 和 C 的平分线分别是 t_a,t_b 和 t_c,那么,用边和角表示三条内角平分线的公式是

$$t_a=\frac{b\sin C}{\cos\frac{C-B}{2}}$$

$$t_b=\frac{c\sin A}{\cos\frac{A-C}{2}}$$

$$t_c=\frac{a\sin B}{\cos\frac{B-A}{2}}$$

第1章 三角形的元素和各元素之间的关系

证明:如前文中图 1.18,由正弦定理,得

$$\frac{t_a}{\sin B} = \frac{c}{\sin \angle ADB}$$

所以
$$t_a = \frac{c\sin B}{\sin \angle ADB}$$

因为
$$\angle ADB = 180° - B - \frac{A}{2}$$
$$= 180° - B - \frac{180° - (B+C)}{2}$$
$$= 90° - \frac{B-C}{2}$$

所以
$$t_a = \frac{c\sin B}{\sin\left(90° - \frac{B-C}{2}\right)}$$
$$= \frac{c\sin B}{\cos\frac{B-C}{2}}$$

所以
$$t_a = \frac{c\sin B}{\cos\frac{B-C}{2}}$$

或者
$$t_a = \frac{b\sin C}{\cos\frac{C-B}{2}}$$

同理可得用边和角表示 t_b 和 t_c 的公式. 读者可以自行推导.

七、三角形的外角平分线的公式

用三角形的三边来表示它的外角平分线.

设在 $\triangle ABC$ 中(图 1.19),已知三边 a,b,c,如果三个角 A,B 和 C 的外角平分线分别是 t'_a, t'_b 和 t'_c,那么,

解三角形

用已知边表示三条外角平分线的公式是

$$t'_a = \frac{2}{|c-b|}\sqrt{bc(p-b)(p-c)}$$

$$t'_b = \frac{2}{|a-c|}\sqrt{ac(p-a)(p-c)}$$

$$t'_c = \frac{2}{|a-b|}\sqrt{ab(p-a)(p-b)}$$

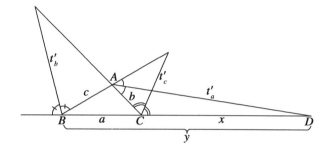

图 1.19

证明:设角 A 的外角的平分线交 BC 的延长线于 D,并且设 $CD=x$,$DB=y$,那么,由三角形的外角平分线的性质,得

$$\frac{c}{b} = \frac{y}{x}$$

所以

$$\frac{c-b}{c} = \frac{y-x}{y}$$

因为

$$y - x = a$$

所以

$$\frac{c-b}{c} = \frac{a}{y}$$

所以

$$y = \frac{ac}{c-b} \qquad ③$$

在 $\triangle ABC$ 中,由余弦定理,得

第1章 三角形的元素和各元素之间的关系

$$\cos\angle ABC = \frac{a^2+c^2-b^2}{2ac} \qquad ④$$

在 $\triangle ABD$ 中,由余弦定理,得

$$(t'_a)^2 = c^2 + y^2 - 2cy\cos\angle ABC \qquad ⑤$$

把式③和式④代入式⑤,得

$$(t'_a)^2 = c^2 + \left(\frac{ac}{c-b}\right)^2 - 2c\left(\frac{ac}{c-b}\right)\left(\frac{a^2+c^2-b^2}{2ac}\right)$$

$$= \frac{c}{(c-b)^2}[c(c-b)^2 + a^2c - (c-b)(a^2+c^2-b^2)]$$

$$= \frac{bc}{(c-b)^2}[a^2-(b-c)^2]$$

$$= \frac{bc}{(c-b)^2}(a+b-c)(a-b+c)$$

$$= \frac{bc}{(c-b)^2} \cdot 2(p-c) \cdot 2(p-b)$$

$$= \frac{4}{(c-b)^2} \cdot bc(p-b)(p-c)$$

所以
$$t'_a = \frac{2}{|c-b|}\sqrt{bc(p-b)(p-c)}$$

同理可得
$$t'_b = \frac{2}{|a-c|}\sqrt{ac(p-a)(p-c)}$$

$$t'_c = \frac{2}{|a-b|}\sqrt{ab(p-a)(p-b)}$$

这就是已知三边,求三角形的外角平分线的公式.这里,还可以看到,在公式中,$c \neq b, a \neq c, a \neq b$.这是因为,如果三角形的三条边中有两条边相等,那么,这个三角形就成了等腰三角形,而等腰三角形顶角的外角的平分线平行于底边,也就是说,等腰三角形顶角的外

角的平分线和底边没有交点,所以,在这种情况下,外角的平分线的长根本不存在.

八、三角形的内切圆半径的公式

1. 用三角形的三边来表示它的内切圆的半径

设在 $\triangle ABC$ 中,已知三边 a, b, c,那么,用已知边表示内切圆半径 r 的公式是

$$r = \sqrt{\frac{(p-a)(p-b)(p-c)}{p}}$$

这个公式,在半角定理处已经得到证明. 这里不再重复.

2. 用三角形的边和角来表示它的内切圆的半径

设在 $\triangle ABC$ 中,已知三边和一角,那么,用已知边和角表示内切圆半径 r 的公式是

$$r = (p-a)\tan\frac{A}{2}$$

$$r = (p-b)\tan\frac{B}{2}$$

$$r = (p-c)\tan\frac{C}{2}$$

很明显,这个公式可以从半角定理导出.

九、三角形的外接圆半径的公式

1. 用三角形的边和角来表示它的外接圆的半径

设在 $\triangle ABC$ 中,已知一边和它的对角,那么用已知边和角来表示它的外接圆的半径 R 的公式是

$$R = \frac{a}{2\sin A}, R = \frac{b}{2\sin B}, R = \frac{c}{2\sin C}$$

很明显,这几个公式可以从正弦定理的推论导出.

2. 用三角形的三边来表示它的外接圆的半径

设在 $\triangle ABC$ 中,已知三边 a, b, c,那么,用已知边

第1章　三角形的元素和各元素之间的关系

表示外接圆半径 R 的公式是

$$R = \frac{abc}{4\sqrt{p(p-a)(p-b)(p-c)}}$$

证明：因为

$$R = \frac{a}{2\sin A}$$

而

$$S = \frac{1}{2}bc\sin A$$

就是

$$\sin A = \frac{2S}{bc}$$

所以

$$R = \frac{a}{2\sin A} = \frac{abc}{4S}$$

$$= \frac{abc}{4\sqrt{p(p-a)(p-b)(p-c)}}$$

这就是已知三角形的三边，求它的外接圆半径的公式．

这个公式也可以这样来证明：

因为

$$\sin\frac{A}{2} = \sqrt{\frac{(p-b)(p-c)}{bc}}$$

$$\cos\frac{A}{2} = \sqrt{\frac{p(p-a)}{bc}}$$

所以

$$\sin A = 2\sin\frac{A}{2}\cos\frac{A}{2}$$

$$= \frac{2}{bc}\sqrt{p(p-a)(p-b)(p-c)}$$

所以

解三角形

$$R = \frac{a}{2\sin A} = \frac{abc}{4\sqrt{p(p-a)(p-b)(p-c)}}$$

(上面这一个证明的详细过程请读者自己完成).

从上面的证明过程中,我们已经得到用三角形的三边和面积表示外接圆半径的公式

$$R = \frac{abc}{4S}$$

十、三角形的旁切圆半径的公式

用三角形的三边来表示它的旁切圆的半径.

设在 $\triangle ABC$ 中(图 1.20),已知三边 a,b,c,如果切于这三边的旁切圆的半径分别是 r_a, r_b 和 r_c. 那么,用已知边来表示三个旁切圆的半径的公式是

$$r_a = \sqrt{\frac{p(p-b)(p-c)}{p-a}}$$

$$r_b = \sqrt{\frac{p(p-a)(p-c)}{p-b}}$$

$$r_c = \sqrt{\frac{p(p-a)(p-b)}{p-c}}$$

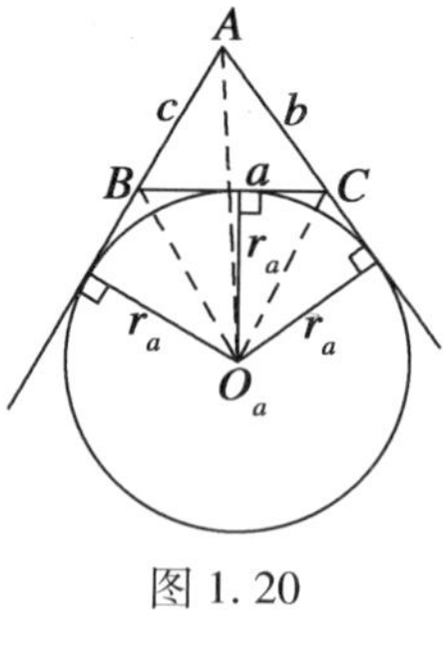

图 1.20

证明:可知

$$S = S_{\triangle ABO_a} + S_{\triangle ACO_a} - S_{\triangle BCO_a}$$

第1章 三角形的元素和各元素之间的关系

$$= \frac{1}{2}cr_a + \frac{1}{2}br_a - \frac{1}{2}ar_a$$

$$= \frac{1}{2}r_a(b+c-a)$$

$$= \frac{1}{2}r_a \cdot 2(p-a)$$

$$= r_a(p-a)$$

$$r_a = \frac{S}{p-a}$$

而 $\quad S = \sqrt{p(p-a)(p-b)(p-c)}$

所以 $\quad r_a = \sqrt{\dfrac{p(p-b)(p-c)}{p-a}}$

同理可得

$$r_b = \sqrt{\frac{p(p-a)(p-c)}{p-b}}$$

$$r_c = \sqrt{\frac{p(p-a)(p-b)}{p-c}}$$

这就是用三边来表示旁切圆半径的公式.

上面我们研究了三角形的各种元素之间的关系. 可以看到, 三角形的非基本元素都可以用基本元素来表示. 现在将用三角形的三边来表示它的非基本元素的公式列于表1.1中.

表1.1

元 素	公 式
高	$h_a = \dfrac{2}{a}\sqrt{p(p-a)(p-b)(p-c)}$ $h_b = \dfrac{2}{b}\sqrt{p(p-a)(p-b)(p-c)}$ $h_c = \dfrac{2}{c}\sqrt{p(p-a)(p-b)(p-c)}$

解三角形

续表

元　素	公　式
中　线	$m_a = \dfrac{1}{2}\sqrt{2(b^2+c^2)-a^2}$ $m_b = \dfrac{1}{2}\sqrt{2(a^2+c^2)-b^2}$ $m_c = \dfrac{1}{2}\sqrt{2(a^2+b^2)-c^2}$
内角平分线	$t_a = \dfrac{2}{b+c}\sqrt{bcp(p-a)}$ $t_b = \dfrac{2}{a+c}\sqrt{acp(p-b)}$ $t_c = \dfrac{2}{a+b}\sqrt{abp(p-c)}$
外角平分线	$t'_a = \dfrac{2}{|c-b|}\sqrt{bc(p-b)(p-c)}$ $t'_b = \dfrac{2}{|a-c|}\sqrt{ac(p-a)(p-c)}$ $t'_c = \dfrac{2}{|a-b|}\sqrt{ab(p-a)(p-b)}$
外接圆半径	$R = \dfrac{abc}{4\sqrt{p(p-a)(p-b)(p-c)}}$
内切圆半径	$r = \sqrt{\dfrac{(p-a)(p-b)(p-c)}{p}}$
旁切圆半径	$r_a = \sqrt{\dfrac{p(p-b)(p-c)}{p-a}}$ $r_b = \sqrt{\dfrac{p(p-a)(p-c)}{p-b}}$ $r_c = \sqrt{\dfrac{p(p-a)(p-b)}{p-c}}$

第1章 三角形的元素和各元素之间的关系

练 习 1

1. 在 $\triangle ABC$ 中,求证:

(1) $\dfrac{a+mb}{a-nb} = \dfrac{\sin A + m\sin B}{\sin A - n\sin B}$;

(2) $\sqrt{\dfrac{xa^2+yab+zb^2}{xa^2-yab+zb^2}} = \sqrt{\dfrac{x\sin^2 A + y\sin A\sin B + z\sin^2 B}{x\sin^2 A - y\sin A\sin B + z\sin^2 B}}$;

(3) $a\cos A + b\cos B = c\cos(A-B)$;

(4) $a\sin(B-C) + b\sin(C-A) + c\sin(A-B) = 0$;

(5) $\dfrac{\sin(A-B)}{\sin(A+B)} = \dfrac{a^2-b^2}{c^2}$;

(6) $(b+c)\sqrt{bc\sin B\sin C} = b^2\sin C + c^2\sin B$;

(7) $a^2(\cos^2 B - \cos^2 C) + b^2(\cos^2 C - \cos^2 A) + c^2 \cdot (\cos^2 A - \cos^2 B) = 0$;

(8) $\dfrac{1+\cos(A-B)\cos C}{\sin(A-C)\sin B} = \dfrac{a^2+b^2}{a^2-c^2}$;

(9) $\dfrac{(\cos B + \cos C)(1 + 2\cos A)}{1 + \cos A - 2\cos^2 A} = \dfrac{b+c}{a}$;

(10) $\cot A + \cot B = \dfrac{c}{b\sin A}$.

2. 在 $\triangle ABC$ 中,求证:

(1) $c(a\cos B - b\cos A) = a^2 - b^2$;

(2) $(a+b)\cos C + (b+c)\cos A + (c+a)\cos B = a+b+c$;

(3) $\dfrac{\cos B}{\cos C} = \dfrac{c - b\cos A}{b - c\cos A}$;

解三角形

$(4) \dfrac{b^2 \cos A}{a} + \dfrac{c^2 \cos B}{b} + \dfrac{a^2 \cos C}{c} = \dfrac{a^4 + b^4 + c^4}{2abc}$;

$(5) a^{\frac{1}{2}}(b^{\frac{3}{2}} + c^{\frac{3}{2}})\cos A + b^{\frac{1}{2}}(c^{\frac{3}{2}} + a^{\frac{3}{2}})\cos B + c^{\frac{1}{2}} \cdot (a^{\frac{3}{2}} + b^{\frac{3}{2}})\cos C = a^{\frac{1}{2}}b^{\frac{1}{2}}c^{\frac{1}{2}}(a^{\frac{1}{2}} + b^{\frac{1}{2}} + c^{\frac{1}{2}})$;

$(6) \dfrac{a - c\cos B}{b - c\cos A} = \dfrac{\sin B}{\sin A}$;

$(7) \dfrac{a\cos B - b\cos A}{\sin(A - B)} = \dfrac{c}{\sin C}$;

$(8) \dfrac{a}{b} - \dfrac{b}{a} = c\left(\dfrac{\cos B}{b} - \dfrac{\cos A}{a}\right)$;

$(9) \dfrac{a}{\cos B} - \dfrac{b}{\cos A} = \cos C\left(\dfrac{b}{\cos B} - \dfrac{a}{\cos A}\right)$;

$(10) \dfrac{\cos A}{b} - \dfrac{\cos B}{a} = \dfrac{\cos C}{c}\left(\dfrac{\sin B}{\sin A} - \dfrac{\sin A}{\sin B}\right)$;

$(11) \dfrac{\tan A}{\tan B} = \dfrac{c^2 + a^2 - b^2}{b^2 + c^2 - a^2}$.

3. 在 $\triangle ABC$ 中,求证:

$(1) \tan A = \dfrac{a\sin C}{b - a\cos C}$;

$(2) b^2 \sin 2C + c^2 \sin 2B = 2bc\sin A$;

$(3) (b^2 - c^2)\cot A + (c^2 - a^2)\cot B + (a^2 - b^2) \cdot \cot C = 0$;

$(4) \dfrac{\sin 2A}{a^2(b^2 + c^2 - a^2)} = \dfrac{\sin 2B}{b^2(c^2 + a^2 - b^2)} = \dfrac{\sin 2C}{c^2(a^2 + b^2 - c^2)}$.

4. 如图,设 O 是 $\triangle ABC$ 中的一点,并且 $\angle OAC = \angle OCB = \angle OBA = \alpha$,求证: $\cot \alpha = \cot A + \cot B + \cot C$.

第1章 三角形的元素和各元素之间的关系

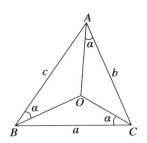

4 题图

5. 证明余弦定理与射影定理的等价性.

6. 在 $\triangle ABC$ 中,求证:

(1) $a\cos\dfrac{B}{2}\cos\dfrac{C}{2}=p\sin\dfrac{A}{2}$;

(2) $b\cos^2\dfrac{C}{2}+c\cos^2\dfrac{B}{2}=p$;

(3) $1-\tan\dfrac{A}{2}\tan\dfrac{C}{2}=\dfrac{b}{p}$;

(4) $(a+b+c)\left(\tan\dfrac{B}{2}+\tan\dfrac{C}{2}\right)=2a\cot\dfrac{A}{2}$;

(5) $(p-a)\tan\dfrac{A}{2}=(p-b)\tan\dfrac{B}{2}=(p-c)\tan\dfrac{C}{2}$;

(6) $\cot\dfrac{A}{2}+\cot\dfrac{B}{2}+\cot\dfrac{C}{2}=\dfrac{p}{p-a}\cot\dfrac{A}{2}$;

(7) $\dfrac{a^2(p-a)}{\cos^2\dfrac{A}{2}}+\dfrac{b^2(p-b)}{\cos^2\dfrac{B}{2}}+\dfrac{c^2(p-c)}{\cos^2\dfrac{C}{2}}=2abc$;

(8) $\dfrac{\cot\dfrac{B}{2}+\cot\dfrac{C}{2}}{\cot\dfrac{A}{2}}=\dfrac{a}{p-a}$;

解三角形

(9) $\dfrac{\cot\dfrac{A}{4} - \csc\dfrac{A}{2}}{\cot\dfrac{B}{2} + \cot\dfrac{C}{2}} = \dfrac{p-a}{a}$；

(10) $4(bc\cos^2\dfrac{A}{2} + ca\cos^2\dfrac{B}{2} + ab\cos^2\dfrac{C}{2}) = (a+b+c)^2$.

7. 求证：$\triangle ABC$ 的面积 S 可以用下列各式来表示.

(1) $S = \dfrac{abc}{4R}$；

(2) $S = R a \sin B \sin C$；

(3) $S = \dfrac{a^2}{2(\cot B + \cot C)}$；

(4) $S = \dfrac{a^2 - b^2}{2} \cdot \dfrac{\sin A \sin B}{\sin(A-B)}$；

(5) $S = \dfrac{2abc}{a+b+c} \cos\dfrac{A}{2} \cos\dfrac{B}{2} \cos\dfrac{C}{2}$；

(6) $S = p(p-a) \tan\dfrac{A}{2}$；

(7) $S = \dfrac{a^2[\cos(B-C) + \cos A]}{4\sin A}$；

(8) $S = Rr(\sin A + \sin B + \sin C)$；

(9) $S = \sqrt{r r_a r_b r_c}$；

(10) $S = \dfrac{r_a r_b r_c}{\sqrt{r_a r_b + r_b r_c + r_c r_a}}$.

8. 设三角形三边分别是 $a+b, b+c, c+a$，并且 $abc = 1$，求证：$S = \sqrt{a+b+c}$.

第 1 章 三角形的元素和各元素之间的关系

9. 在 $\triangle ABC$ 中,求证

$$8S^2(\cot^2 A + \cot^2 B + \cot^2 C + 1) = a^4 + b^4 + c^4$$

10. 在 $\triangle ABC$ 中,求证:

(1) $\dfrac{1}{h_a} + \dfrac{1}{h_b} + \dfrac{1}{h_c} = \dfrac{p}{S}$;

(2) $\dfrac{h_a^2}{h_b h_c} + \dfrac{h_b^2}{h_a h_c} + \dfrac{h_c^2}{h_a h_b} = \dfrac{bc}{a^2} + \dfrac{ac}{b^2} + \dfrac{ab}{c^2}.$

11. 求证:在 $\triangle ABC$ 中,边 a 上的中线

$$m_a = \dfrac{1}{2}\sqrt{b^2 + c^2 + 2bc\cos A}$$

12. 在 $\triangle ABC$ 中,求证:

(1) $4(m_a^2 + m_b^2 + m_c^2) = 3(a^2 + b^2 + c^2)$;

(2) $16(m_a^2 m_b^2 + m_b^2 m_c^2 + m_c^2 m_a^2) = 9(a^2 b^2 + b^2 c^2 + c^2 a^2)$;

(3) $16(m_a^4 + m_b^4 + m_c^4) = 9(a^4 + b^4 + c^4).$

13. 求证:在 $\triangle ABC$ 中,角 A 的平分线和它的外角平分线分别是

$$t_a = \dfrac{2bc\cos\dfrac{A}{2}}{b + c}$$

$$t_a' = \dfrac{2bc\sin\dfrac{A}{2}}{|b - c|}$$

14. 在 $\triangle ABC$ 中,求证:

(1) $r_a r_b r_c = r p^2$;

解三角形

(2) $r_a r_b + r_b r_c + r_c r_a = p^2$;

(3) $\dfrac{1}{r_a} + \dfrac{1}{r_b} + \dfrac{1}{r_c} = \dfrac{1}{r}$;

(4) $\dfrac{1}{r^2} + \dfrac{1}{r_a^2} + \dfrac{1}{r_b^2} + \dfrac{1}{r_c^2} = \dfrac{a^2 + b^2 + c^2}{S^2}$;

(5) $\tan^2 \dfrac{A}{2} + \tan^2 \dfrac{B}{2} + \tan^2 \dfrac{C}{2} = \dfrac{r(r_a^2 + r_b^2 + r_c^2)}{r_a r_b r_c}$;

(6) $\dfrac{1}{Rr} = 2\left(\dfrac{1}{ab} + \dfrac{1}{bc} + \dfrac{1}{ca}\right)$;

(7) $\dfrac{r}{R} = \dfrac{a\cos A + b\cos B + c\cos C}{a + b + c}$.

解三角形

第 2 章

解三角形,就是由三角形的足够个数的已知元素来求出它的未知的基本元素(通常还包括三角形的面积),或者确定所求的基本元素根本不存在.它是三角学的重要内容之一.这是因为,很多比较复杂的几何图形(平面的或立体的)的元素的计算,一般都可以归结到一串三角形的元素的计算,而且,不少有关物理、测量、工程等方面的问题,都要涉及三角形的解法.

为研究解三角形作准备,在上一章里我们介绍了三角形各元素之间的关系.下面将比较详细地讨论三角形的解法,首先是直角三角形的解法,其次是斜三角形的解法.对于三角形的解法,我们先讨论基本情形,也就是已知三个元素都是基本元素来求解三角形的问题;然后讨论特殊情形,也就是已知三个元素中至少有一个不是基本元素,根据这样的已知元素来求解三角形的问题.

解三角形

§1 解直角三角形

我们知道,直角三角形是斜三角形的特殊情形,所以斜三角形的所有边角之间的关系都适合于直角三角形.但由于直角三角形的三个角中有一个是直角,它的边角关系就比较简单,如在 Rt$\triangle ABC$ 中(图 2.1),C 是直角,那么,由三角形的内角和定理,得

$$A + B = 90° \qquad ①$$

由正弦定理,得

$$a = c\sin A \qquad ②$$
$$b = c\sin B \qquad ③$$

由射影定理,得

$$b = c\cos A \qquad ④$$
$$a = c\cos B \qquad ⑤$$

由余弦定理,得

$$c^2 = a^2 + b^2 \qquad ⑥$$

等.容易看到,关系式②,③,④,⑤,同在平面几何学中根据锐角的三角函数的定义所得到的,是完全一致的.

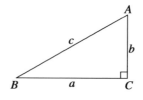

图 2.1

从这些关系式可以看到,对一个直角三角形来说,

第2章 解三角形

只要知道了两个元素,其中至少有一条边,就可以求出它的其他未知的元素.据此,解直角三角形的问题可以分为两类,一类是已知一条边和一个锐角,另一类是已知两条边.下面就这两类问题分别进行讨论.

一、已知一条边和一个锐角,解直角三角形

1. 已知斜边和一个锐角

设在 Rt$\triangle ABC$ 中,已知 c 和 A,解这个直角三角形.

解:由已知,有
$$B = 90° - A$$
$$a = c\sin A$$
$$b = c\cos A$$
$$S = \frac{1}{2}ab = \frac{1}{2}c^2 \sin A \cos A$$

就是
$$S = \frac{1}{4}c^2 \sin 2A$$

2. 已知一条直角边和一个锐角

设在 Rt$\triangle ABC$ 中,已知 a 和 A,解这个直角三角形.

解:由已知,有
$$B = 90° - A$$
$$b = \frac{a}{\tan A} = a\cot A$$
$$c = \frac{a}{\sin A}$$
$$S = \frac{1}{2}ab = \frac{1}{2}a^2 \cot A$$

解三角形

二、已知两条边,解直角三角形

1. 已知两条直角边

设在 Rt△ABC 中,已知 a 和 b,解这个直角三角形.

解:由已知,有

$$c = \sqrt{a^2 + b^2}$$

$$\tan A = \frac{a}{b}$$

所以

$$A = \arctan \frac{a}{b}$$

$$B = 90° - A$$

$$S = \frac{1}{2}ab$$

2. 已知一条直角边和斜边

设在 Rt△ABC 中,已知 a 和 c,解这个直角三角形.

解:由已知,有

$$b = \sqrt{c^2 - a^2}$$

$$\sin A = \frac{a}{c}$$

所以

$$A = \arcsin \frac{a}{c}$$

$$B = 90° - A$$

$$S = \frac{1}{2}ab$$

现将上述直角三角形的解法列于表 2.1 中.

第 2 章 解三角形

表 2.1

已知条件		解　法
一条边和一个锐角	斜边 c 和锐角 A	$B=90°-A, a=c\sin A$ $b=c\cos A, S=\dfrac{1}{4}c^2\sin 2A$
	直角边 a 和锐角 A	$B=90°-A, b=a\cot A$ $c=\dfrac{a}{\sin A}, S=\dfrac{1}{2}a^2\cot A$
两条边	直角边 a 和 b	$c=\sqrt{a^2+b^2}, A=\arctan\dfrac{a}{b}$ $B=90°-A, S=\dfrac{1}{2}ab$
	直角边 a 和斜边 c	$b=\sqrt{c^2-a^2}, A=\arcsin\dfrac{a}{c}$ $B=90°-A, S=\dfrac{1}{2}ab$

例 1 已知在 Rt $\triangle ABC$ 中（图 2.2），$a=1$，$A=15°$，解这个直角三角形．

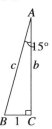

图 2.2

解 由已知，有
$$B=90°-15°=75°$$
$$b=\dfrac{a}{\tan A}=\dfrac{1}{\tan 15°}=\dfrac{1}{\tan(45°-30°)}$$
$$=\dfrac{1+\tan 45°\tan 30°}{\tan 45°-\tan 30°}=2+\sqrt{3}$$

解三角形

$$c = \frac{a}{\sin A} = \frac{1}{\sin 15°} = \frac{1}{\sin(45° - 30°)}$$
$$= \frac{1}{\sin 45° \cos 30° - \cos 45° \sin 30°}$$
$$= \sqrt{6} + \sqrt{2}$$
$$S = \frac{1}{2}ab = \frac{1}{2}(2 + \sqrt{3})$$

例 2 已知在 $\text{Rt}\triangle ABC$ 中(图 2.3),$c = 4\sqrt{2}$,$b = 2\sqrt{6}$,解这个直角三角形.

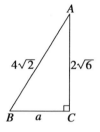

图 2.3

解 由已知,有
$$\cos A = \frac{b}{c} = \frac{2\sqrt{6}}{4\sqrt{2}} = \frac{\sqrt{3}}{2}$$

所以
$$A = 30°$$
$$B = 90° - 30° = 60°$$
$$a = \sqrt{c^2 - b^2} = \sqrt{32 - 24} = 2\sqrt{2}$$
$$S = \frac{1}{2}ab = \frac{1}{2} \times 2\sqrt{2} \times 2\sqrt{6} = 4\sqrt{3}$$

必须注意,在解三角形时,要尽量应用已知的元素,这样,可以使所得的结果比较可靠.但是,为了计算上的方便,而又在不影响结果的可靠性的情形下,也可

第 2 章　解三角形

以采用一些解题中所得的数据,如例 1 中计算三角形的面积,就没有按照前文中的表 2.1 所示的公式,而是把解题中所得的 b 的值代入公式 $S = \dfrac{1}{2}ab$ 中求出来的.

以上的一些例子,都是已经知道直角三角形的两个基本元素,求解直角三角形的问题.这是直角三角形解法中的简单情形.但是,在解实际问题中,往往会遇到已知条件中不只是基本元素,而还有非基本元素的问题.在这种情形下,只要根据已知条件,找出一个符合上述基本情形的直角三角形,由此可以求出原来直角三角形的某些基本元素,从而就可以解出原直角三角形.

例 3　在 Rt△ABC 中(图 2.4),已知斜边上的高 h,锐角 B,解这个直角三角形.

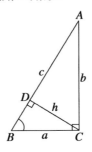

图 2.4

解　设 CD 是斜边上的高,那么,在 Rt△BCD 中

$$a = \frac{h}{\sin B}$$

$$c = \frac{a}{\cos B} = \frac{h}{\sin B \cos B} = \frac{2h}{\sin 2B}$$

$$A = 90° - B$$

解三角形

$$b = \frac{h}{\sin A} = \frac{h}{\cos B}$$

$$S = \frac{1}{2}ab = \frac{1}{2} \cdot \frac{h}{\sin B} \cdot \frac{h}{\cos B} = \frac{h^2}{\sin 2B}$$

例4 在 Rt$\triangle ABC$ 中,已知斜边被斜边上的高 h 分成两条线段 m 和 n,解这个直角三角形.

解 如图 2.5,CD 是斜边上的高,那么 $CD = h$,$AD = m, DB = n$.

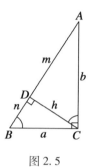

图 2.5

很明显

$$c = m + n$$

在 Rt$\triangle ADC$ 中

$$m = h\cot A = h\tan B$$

在 Rt$\triangle CDB$ 中

$$n = h\cot B$$

所以

$$\frac{m}{n} = \tan^2 B$$

因为

$$0° < B < 90°$$

所以

$$\tan B = \sqrt{\frac{m}{n}}$$

所以

$$B = \arctan\sqrt{\frac{m}{n}}$$

所以 $A = 90° - B = 90° - \arctan\sqrt{\dfrac{m}{n}}$

所以
$$a = c\sin A = (m+n)\dfrac{\sqrt{n(m+n)}}{m+n} = \sqrt{n(m+n)}$$

所以
$$b = c\cos A = (m+n)\dfrac{\sqrt{m(m+n)}}{m+n}$$
$$= \sqrt{m(m+n)}$$

所以 $S = \dfrac{1}{2}ab = \dfrac{1}{2}(m+n)\sqrt{mn}$

例 5 直角三角形的斜边是 1，两锐角的正切值的和是 $2\sqrt{2}$，解这个直角三角形．

解 如图 2.6，在 Rt$\triangle ABC$ 中
$$c = 1$$
$$\tan A + \tan B = 2\sqrt{2}$$
所以 $\tan A + \cot A = 2\sqrt{2}$
所以
$$\dfrac{\sin A}{\cos A} + \dfrac{\cos A}{\sin A} = 2\sqrt{2}$$

图 2.6

解三角形

$$\frac{\sin^2 A + \cos^2 A}{\sin A \cos A} = 2\sqrt{2}$$

$$\sin 2A = \frac{\sqrt{2}}{2}$$

因为 $0° < A < 90°$
所以 $0° < 2A < 180°$
所以 $2A = 45°$
或者 $2A = 135°$
就是 $A = 22°30'$
或者 $A = 67°30'$

所以这个问题有两组解：

如果 $A = 22°30'$，那么
$$B = 90° - 22°30' = 67°30'$$

因为 $c = 1$
所以

$$a = c\sin A = \sin 22°30' = \sqrt{\frac{1 - \cos 45°}{2}}$$

$$= \frac{\sqrt{2 - \sqrt{2}}}{2}$$

所以

$$b = c\cos A = \cos 22°30' = \sqrt{\frac{1 + \cos 45°}{2}}$$

$$= \frac{\sqrt{2 + \sqrt{2}}}{2}$$

所以

$$S = \frac{1}{2}ab = \frac{1}{2} \times \frac{\sqrt{2 - \sqrt{2}}}{2} \times \frac{\sqrt{2 + \sqrt{2}}}{2} = \frac{\sqrt{2}}{8}$$

如果 $A = 67°30'$，那么

第 2 章　解三角形

$$B = 90° - 67°30' = 22°30'$$

因为
$$c = 1$$
所以

$$a = \sin 67°30' = \cos 22°30' = \frac{\sqrt{2+\sqrt{2}}}{2}$$

$$b = \cos 67°30' = \sin 22°30' = \frac{\sqrt{2-\sqrt{2}}}{2}$$

所以
$$S = \frac{1}{2}ab = \frac{\sqrt{2}}{8}$$

从上面的例子可以看到,解直角三角形时必须注意以下两点:

1) 如果已知的两个元素都是基本元素,那么只要灵活地应用直角三角形边角之间的关系,就可以解出三角形.

由已知的基本元素求解三角形的问题,通常把它叫作三角形解法的基本情形.

2) 如果已知量中有不是三角形的基本元素,那么就要根据这些已知量和基本元素之间的关系,设法把这类问题转化为直角三角形解法的基本情形,从而解出原直角三角形.

§2　解斜三角形的基本情形

在第 1 章里,我们已经知道,如果知道了三角形的三个基本元素,其中至少有一条边,应用三角形的边角之间关系,就可以求出其他未知元素,或者判定这个三角形无解. 据此,解斜三角形的基本情形可以分为三

解三角形

类:一是已知一条边和两个角;二是已知两条边和一个角;三是已知三条边.下面我们对这三类问题分别进行讨论.

一、已知一条边和两个角,解三角形

设在 $\triangle ABC$ 中,已知 a, B 和 C,求 A, b, c, S.

分析:这里,已知两个角 B 和 C,那么应用三角形的内角和定理就可以求出第三个角 A 来.又因为已知一条边 a,所以应用正弦定理就可以求出其他两条边 b 和 c,并求出它的面积 S.

解:由已知,有

$$A = 180° - (B + C)$$

因为
$$\frac{a}{\sin A} = \frac{b}{\sin B} = \frac{c}{\sin C}$$

所以
$$b = \frac{a \sin B}{\sin A}$$

$$c = \frac{a \sin C}{\sin A}$$

$$S = \frac{a^2 \sin B \sin C}{2 \sin (B + C)}$$

这里必须指出,第一,这种类型的解三角形问题,实际上有两种情形,就是已知两角和它们的夹边与已知两角和其中一个角的对边.但由于知道了三角形的两个角,很容易求出第三个角来,这样,后面一种情形就可以转化为前面一种情形,因此没有必要把它们分成不同的类型进行研究.

第二,这种类型的解三角形问题比较简单,只要先应用三角形的内角和定理求出第三个角,再应用正弦定理就可以求出其他两条边.很明显,在这种情形下,三角形有解的充分必要条件是,两个已知角的和必须小于180°.

例6 在 $\triangle ABC$ 中,已知 $a=10, B=60°, C=45°$,解这个三角形.

解 由已知,有
$$A = 180° - (60° + 45°) = 75°$$
$$b = \frac{a\sin B}{\sin A} = \frac{10\sin 60°}{\sin 75°}$$

而
$$\begin{aligned}\sin 75° &= \sin(45° + 30°)\\ &= \sin 45°\cos 30° + \cos 45°\sin 30°\\ &= \frac{\sqrt{6}+\sqrt{2}}{4}\end{aligned}$$

所以
$$b = \frac{10\sin 60°}{\sin 75°} = \frac{5\sqrt{3}}{\frac{\sqrt{6}+\sqrt{2}}{4}} = 5(3\sqrt{2}-\sqrt{6})$$
$$c = \frac{a\sin C}{\sin A} = \frac{10\sin 45°}{\sin 75°} = 10(\sqrt{3}-1)$$
$$\begin{aligned}S &= \frac{a^2\sin B\sin C}{2\sin(B+C)} = \frac{10^2\sin 60°\sin 45°}{2\sin 105°}\\ &= 25(3-\sqrt{3})\end{aligned}$$

二、已知两条边和一个角,解三角形

1. 已知两边和它们的夹角

设在 $\triangle ABC$ 中,已知 b,c 和 A,求 B,C,a 和 S.

解法一:分析:这里,已知两边 b,c 和它们的夹角 A,所以应用余弦定理就可以求出第三边 a. 求出边 a 后,就可以再应用余弦定理(或正弦定理)求出其他两个角 B 和 C,并求出它的面积 S.

解三角形

解法如下:因为
$$a^2 = b^2 + c^2 - 2bc\cos A \; (a > 0)$$
所以
$$a = \sqrt{b^2 + c^2 - 2bc\cos A}$$
而
$$\cos B = \frac{a^2 + c^2 - b^2}{2ac}$$

把 a,b,c 的值代入上式,就可以得到 $\cos B$ 的值.再查三角函数表就可以求出 B.

由三角形的内角和定理,得
$$C = 180° - (A + B)$$
$$S = \frac{1}{2}bc\sin A$$

这里必须注意两点:

1)用余弦定理求得 a 后,也可以应用正弦定理求 B,即:因为
$$\frac{b}{\sin B} = \frac{a}{\sin A}$$
所以
$$\sin B = \frac{b\sin A}{a}$$

这样,因为 $0° < B < 180°$,所以根据 $\sin B$ 的值,可以得出两个角 B,一个是锐角,一个是钝角.这时,就要根据边 b 的大小来判定 B 是锐角还是钝角.

如果 $b < a$,或者 $b < c$,也就是说,b 不是最大的边,那么 B 一定是锐角.

如果 $b > a$,并且 $b > c$,也就是说,b 是最大的边,那么就要根据 b^2 和 $a^2 + c^2$ 的大小关系来判定:

当 $b^2 < a^2 + c^2$ 时,B 是锐角;
当 $b^2 > a^2 + c^2$ 时,B 是钝角;
当 $b^2 = a^2 + c^2$ 时,B 是直角.

还必须指出,由正弦定理求得的 $\sin B$ 的值一定

第 2 章 解三角形

满足 $0 < \sin B \leqslant 1$. 现证明如下：

因为 $(c - b\cos A)^2 \geqslant 0$

所以
$$c^2 - 2bc\cos A + b^2\cos^2 A \geqslant 0$$
$$c^2 - 2bc\cos A + b^2 - b^2\sin^2 A \geqslant 0$$
$$b^2 + c^2 - 2bc\cos A \geqslant b^2\sin^2 A$$

所以 $a^2 \geqslant b^2\sin^2 A$

所以 $a \geqslant b\sin A$

就是 $\dfrac{b\sin A}{a} \leqslant 1$

所以 $\sin B \leqslant 1$

因为 $\sin B > 0$

所以 $0 < \sin B \leqslant 1$

2）在解的过程中，$\cos B$ 一定满足 $|\cos B| < 1$. 现证明如下：

因为 $a + c > b$

所以 $(a+c)^2 > b^2$

就是 $a^2 + c^2 - b^2 > -2ac$

所以 $\dfrac{a^2 + c^2 - b^2}{2ac} > -1$

就是 $\cos B > -1$

同样的，由 $a - c < b$，可得

$$\dfrac{a^2 + c^2 - b^2}{2ac} < 1$$

所以 $\cos B < 1$

所以 $-1 < \cos B < 1$

就是 $|\cos B| < 1$

由此可见，已知两边和它们的夹角求解三角形，应用解法一所得的结果是唯一的.

解三角形

解法二:分析:因为由已知角 A 可以求出其他两角的和:$B+C$,而如果应用正切定理,又可以求出两角的差:$B-C$,这样,就可以得出 B 和 C. 从而可以求出其他未知量来.

解法如下:因为

$$\frac{b+c}{b-c} = \frac{\tan\frac{B+C}{2}}{\tan\frac{B-C}{2}}$$

而

$$\frac{B+C}{2} = 90° - \frac{A}{2}$$

所以

$$\frac{b+c}{b-c} = \frac{\tan\left(90° - \frac{A}{2}\right)}{\tan\frac{B-C}{2}}$$

这样,就得到方程组

$$\begin{cases} \tan\frac{B-C}{2} = \frac{b-c}{b+c}\cot\frac{A}{2} \\ B+C = 180° - A \end{cases}$$

这里,b,c,A 都是已知量.

解这个方程组,得 B 和 C.

因为

$$\frac{a}{\sin A} = \frac{b}{\sin B}$$

所以

$$a = \frac{b\sin A}{\sin B}$$

所以

$$S = \frac{1}{2}bc\sin A$$

这里必须注意两点:

1)边 a 还可以用下面的方法来求得.

因为

$$\frac{b}{c} = \frac{\sin B}{\sin C}$$

所以
$$\frac{b+c}{c} = \frac{\sin B + \sin C}{\sin C}$$

$$\frac{b+c}{\sin B + \sin C} = \frac{c}{\sin C}$$

所以 $\dfrac{a}{\sin A} = \dfrac{b+c}{\sin B + \sin C}$

因此
$$a = \frac{(b+c)\sin A}{2\sin\dfrac{B+C}{2}\cos\dfrac{B-C}{2}}$$

$$= \frac{(b+c)\cdot 2\sin\dfrac{A}{2}\cos\dfrac{A}{2}}{2\cos\dfrac{A}{2}\cos\dfrac{B-C}{2}} = \frac{(b+c)\sin\dfrac{A}{2}}{\cos\dfrac{B-C}{2}}$$

这里, $\cos\dfrac{B-C}{2}$ 可以由上面求得的 $\dfrac{B-C}{2}$ 的值得出.

2) 由方程组解得的 B 和 C 一定存在, 也就是 B 和 C 的大小都在 $0°\sim 180°$ 之间. 现证明如下:

因为 $\tan\dfrac{B-C}{2} = \dfrac{b-c}{b+c}\cot\dfrac{A}{2}$, 并且 $\cot\dfrac{A}{2} > 0$, 所以 $\tan\dfrac{B-C}{2}$ 和 $\dfrac{b-c}{b+c}$ 一定同号.

这里, 不妨设 $b > c$, 那么 $B > C$, 所以
$$\tan\frac{B-C}{2} > 0$$

所以 $0° < \dfrac{B-C}{2} < 90°$

设
$$\frac{B-C}{2} = \alpha \qquad ①$$

解三角形

而
$$\frac{B+C}{2}=90°-\frac{A}{2} \qquad ②$$

解式①和式②,得
$$B=90°-\frac{A}{2}+\alpha$$
$$C=90°-\frac{A}{2}-\alpha$$

而
$$0°<90°-\frac{A}{2}<90°$$
$$0°<\alpha<90°$$

所以 $\qquad 0°<B<180°$

因为 $b+c>b-c$,并且 $\cot\frac{A}{2}>0$,所以
$$(b+c)\cot\frac{A}{2}>(b-c)\cot\frac{A}{2}$$
$$\cot\frac{A}{2}>\frac{b-c}{b+c}\cot\frac{A}{2}$$

而 $\qquad \dfrac{b-c}{b+c}\cot\dfrac{A}{2}=\tan\dfrac{B-C}{2}=\tan\alpha$

所以
$$\tan\left(90°-\frac{A}{2}\right)>\tan\alpha$$
$$90°-\frac{A}{2}>\alpha$$

就是 $\qquad 90°-\dfrac{A}{2}-\alpha>0°$

所以 $\qquad C>0°$

因为 $\qquad C<B<180°$

所以 $0° < C < 180°$

这就是说,由解法二求得的 B 和 C,也是唯一的.

综上所述,可以知道,已知两边和它们的夹角求解三角形,总是有解的,并且只有一解.

例 7 在 $\triangle ABC$ 中,已知 $b=1, c=\sqrt{3}-1, A=60°$,解这个三角形.

解 这里
$$a^2 = b^2 + c^2 - 2bc\cos A$$
$$= 1^2 + (\sqrt{3}-1)^2 - 2 \times 1 \times (\sqrt{3}-1)\cos 60°$$
$$= 6 - 3\sqrt{3}$$

所以
$$a = \sqrt{6-3\sqrt{3}} = \frac{1}{2}(3\sqrt{2}-\sqrt{6})$$

$$\cos B = \frac{a^2+c^2-b^2}{2ac} = \frac{6-3\sqrt{3}+(\sqrt{3}-1)^2-1}{2 \times \frac{1}{2}(3\sqrt{2}-\sqrt{6}) \times (\sqrt{3}-1)}$$

$$= \frac{\sqrt{6}-\sqrt{2}}{4}$$

因为 $\cos B > 0$,所以 B 是锐角.

因为 $\cos 75° = \dfrac{\sqrt{6}-\sqrt{2}}{4}$

所以
$$B = 75°$$
$$C = 180° - (A+B) = 45°$$
$$S = \frac{1}{2}bc\sin A = \frac{1}{2} \times 1 \times (\sqrt{3}-1)\sin 60°$$
$$= \frac{1}{4}(3-\sqrt{3})$$

请读者试用正切定理和正弦定理来解这个三角

解三角形

形.

2. 已知两边和其中一边的对角

设在 $\triangle ABC$ 中,已知 a,b 和 A,求 c,B,C,S.

解:因为

$$\frac{a}{\sin A} = \frac{b}{\sin B}$$

所以

$$\sin B = \frac{b\sin A}{a}$$

查三角函数表,就可以得出 B. 所以

$$C = 180° - (A+B)$$

由正弦定理,得

$$c = \frac{a\sin C}{\sin A}$$

把 a,C,A 的值代入上式,就得出 c. 所以

$$S = \frac{1}{2}ab\sin C$$

对于这种类型的解三角形问题,还必须进行讨论.

从上面的解法中可以看到,角 B 的值是由下式

$$\sin B = \frac{b\sin A}{a}$$

求出的. 而式中 a,b 都是正数,A 是介于 $0°$ 和 $180°$ 之间的角,所以 $\sin A$ 的值也是正的,这样,$\sin B$ 是正值. 因此,要使角 B 有解,首先必须使 $\sin B$ 的值不大于 1,就是

$$\sin B \leqslant 1$$

就是

$$\frac{b\sin A}{a} \leqslant 1$$

$$b\sin A \leqslant a$$

这就是说,只有在 $b\sin A \leqslant a$ 时,三角形才有解,否则就无解.

下面,我们进一步来研究三角形有解时的情形.

因为当 $\sin B \leqslant 1$ 时,角 B 在 $0°$ 和 $180°$ 之间可以取两个值,一个是锐角,一个是钝角. 如果设这个锐角是 β,那么这个钝角就是 $180°-\beta$. 这样,角 B 和角 C 的值就由下面两个方程组确定

$$\begin{cases} B = \beta \\ C = 180° - (A+\beta) \end{cases} \quad ③$$

$$\begin{cases} B = 180° - \beta \\ C = \beta - A \end{cases} \quad ④$$

而这两个方程组是否成立,却决定于 A. 这样,我们就要对 A 是锐角、是直角、是钝角三种不同情形分别进行讨论.

如果 A 是锐角,因为 β 是锐角,所以

$$0° < A+\beta < 180°$$

这时,$C = 180° - (A+\beta)$ 是有意义的,也就是方程组③是成立的.

而要使方程组④成立,就要使 C 有意义,就是必须使 $C > 0$,也就是 $\beta - A > 0, \beta > A$.

因为 A 和 β 都是锐角,所以,当 $\beta > A$ 时

$$\sin \beta > \sin A$$

而 $\quad \sin \beta = \sin(180° - \beta) = \sin B = \dfrac{b\sin A}{a}$

由此可得

$$\dfrac{b\sin A}{a} > \sin A$$

因为 $\quad \sin A > 0$
所以 $\quad a < b$

解三角形

这就是说,如果 A 是锐角,那么,当 $a<b$ 时,方程组③,④都成立,这时,三角形就有两解;当 $a \geq b$ 就是 $A \geq B$ 时,方程组③成立,而方程组④不成立,这时,三角形就只有一解.

如果 A 是直角或者钝角,因为 β 是锐角,所以
$$\beta - A < 0$$
因此,方程组④就不成立. 这样就只要讨论方程组③.

要使方程组③成立,只要 $C > 0$,就是
$$180° - A - \beta > 0$$
$$180° - A > \beta$$

因为 $180° - A$ 是直角或锐角,并且 $180° - A > \beta$,所以
$$\sin(180° - A) > \sin \beta$$
就是 $\qquad \sin A > \sin \beta$

由此可得
$$\sin A > \frac{b \sin A}{a}$$
而 $\qquad \sin A > 0$
所以 $\qquad a > b$

这就是说,如果 A 是直角或者钝角时,只有在 $a > b$ 时,三角形才有解,并且只有一解;在 $a \leq b$(即 $A \leq B$)时,三角形无解.

上面讨论的结果,可以把它归纳如下

$b \sin A > a$,无解

$b \sin A \leq a \begin{cases} A < 90° \begin{cases} a \geq b, \text{一解} \\ a < b, \text{两解} \end{cases} \\ A \geq 90° \begin{cases} a > b, \text{一解} \\ a \leq b, \text{无解} \end{cases} \end{cases}$

以上还可以表示成另一种形式,如表 2.2 所示.

表 2.2

	$A \geqslant 90°$	$A < 90°$	
$a > b$	一解	一解	
$a = b$	无解	一解	
$a < b$	无解	$a > b\sin A$	两解
		$a = b\sin A$	一解
		$a < b\sin A$	无解

必须注意,上面这个讨论的结果,我们也可以从几何作图得出.例如:

已知 $a, b, \angle A$,求作三角形.

作法:作一个角等于 $\angle A$,在它的一边上取 $AC = b$;以 C 为圆心,a 为半径作弧,交 $\angle A$ 的另一边于 B;联结 CB,就得出所求的三角形.(图 2.7)

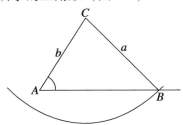

图 2.7

但是,图 2.7 实际上是按 $\angle A$ 是锐角,并且 $a > b$ 的条件作出的.那么,如果 $\angle A$ 不是锐角,而是钝角或者直角,所得的结果怎样呢? 如果 $\angle A$ 是锐角,而 $a < b$ 或者 $a = b$,又怎样呢? 等等.因此,对这个作图问题有必要加以讨论.

讨论:1) 如果 $\angle A$ 是锐角,并且 $a > b$ 或者 $a = b$,

解三角形

那么,以 C 为圆心,a 为半径作弧交 $\angle A$ 的另一边于一点,所以只可以作出一个三角形,如图 2.8. 也就是说,在这种情形下,只有一解.

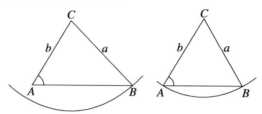

图 2.8

2)如果 $\angle A$ 是锐角,并且 $a < b$,经过顶点 C 作底边上的高 CH,那么:

①当 $a > CH$ 时,所作的弧交 $\angle A$ 的另一边于两点,所以可以作出两个三角形,如图 2.9. 也就是说,在这种情形下,有两解.

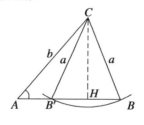

图 2.9

②当 $a = CH$ 时,所作的弧和 $\angle A$ 的另一边交于一点,所以只可以作出一个三角形,如图 2.10. 也就是说,在这种情形下,只有一解.

③当 $a < CH$ 时,所作的弧和 $\angle A$ 的另一边没有交点,所以作不出三角形,如图 2.11. 也就是说,在这种情形下,无解.

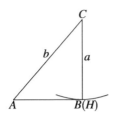

图 2.10

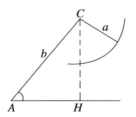

图 2.11

3) 如果 $\angle A$ 是钝角或者直角,并且 $a > b$,所作的弧交 $\angle A$ 的另一边于一点,所以只可以作出一个三角形,如图 2.12. 也就是说,在这种情形下,只有一解.

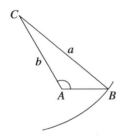
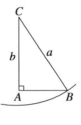

图 2.12

4) 如果 $\angle A$ 是钝角或者直角,并且 $a \leqslant b$,那么所作的弧和 $\angle A$ 的另一边没有交点,所以作不出三角形,如图 2.13. 也就是说,在这种情形下,无解.

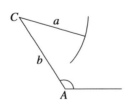
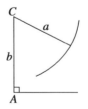

图 2.13

综上所述,可以看到,作图的结果同表 2.2 所列出

解三角形

的结论完全一致.

还必须注意,上面的解法中,我们是先求出 B 和 C 后,再求 c 的.其实,根据已知条件 a,b,A,可以直接求 c,即:因为
$$a^2 = b^2 + c^2 - 2bc\cos A$$
所以
$$c^2 - 2bc\cos A + b^2 - a^2 = 0$$
这样,就得到一个关于 c 的一元二次方程.

我们知道,要使这个方程有实数根,就要使它的判别式不小于零,就是
$$(-2b\cos A)^2 - 4(b^2 - a^2) \geq 0$$
$$b^2\cos^2 A - b^2 + a^2 \geq 0$$
$$a^2 - b^2(1 - \cos^2 A) \geq 0$$
$$a^2 \geq b^2 \sin^2 A$$

因为 $a,b,\sin A$ 都是正数,所以
$$a \geq b\sin A$$

这就是说,当 $a \geq b\sin A$ 时,c 有实数根;当 $a < b\sin A$ 时,c 没有实数根.也就是说,只有在 $a \geq b\sin A$ 时,三角形才可能有解;当 $a < b\sin A$ 时,三角形一定无解.

下面进一步来讨论三角形有解时的情形,也就是要研究在 $a \geq b\sin A$ 的条件下,这个方程的根的情形.

设方程的两个根是 c_1 和 c_2.由根与系数的关系,得
$$\begin{cases} c_1 + c_2 = 2b\cos A \\ c_1 \cdot c_2 = b^2 - a^2 \end{cases}$$

1)当 $c_1 \cdot c_2 < 0$ 时,c_1 和 c_2 异号,也就是方程有一个根是正根.这就是说,当 $b^2 - a^2 < 0$,就是 $b < a$ 时,c_1 和 c_2 中有一个是正根,三角形就有一解.

第 2 章 解三角形

2）当 $c_1 \cdot c_2 = 0$ 时，方程变成
$$c^2 - (2b\cos A)c = 0$$
解这个方程，得
$$c_1 = 0$$
$$c_2 = 2b\cos A$$
如果这个方程有正根，那么 c_2 就是正根，而当 $c_2 > 0$ 时，$\cos A > 0$. 这就是说，当 $c_1 \cdot c_2 = 0$ 并且 A 是锐角时，三角形有一解.

3）当 $c_1 \cdot c_2 > 0$ 时，c_1 和 c_2 同号，这时，这个方程有没有正根决定于 $c_1 + c_2 = 2b\cos A$. 如果 $c_1 + c_2 > 0$，那么，c_1 和 c_2 都是正的，就是方程有两个正根，并且 $\cos A > 0$；如果 $c_1 + c_2 < 0$，那么，c_1 和 c_2 都是负的，就是方程没有正根，而 $\cos A < 0$. 这就是说，当 $c_1 \cdot c_2 > 0$，并且 A 是锐角时，三角形有两解；当 $c_1 \cdot c_2 > 0$，而 A 是钝角时，三角形就无解.

例8 已知下列条件，判定三角形有几个解：

1）$a = 209, b = 181, A = 121°14'$；
2）$a = 181, b = 209, A = 121°14'$；
3）$a = 282, b = 562, A = 30°$.

解 1）根据题设条件，得
$$a > b$$
$$A > 90°$$
所以三角形有一解.

2）根据题设条件，得
$$a < b$$
$$A > 90°$$
所以三角形无解.

3）根据题设条件，得

解三角形

$$a < b$$
$$A < 90°$$

因为
$$a = 282$$
$$b\sin A = 562 \cdot \sin 30° = 281$$

所以
$$a > b\sin A$$

所以三角形有两解.

例9 在$\triangle ABC$中,已知$a = 10, b = 5\sqrt{6}, A = 45°$,解这个三角形.

解 根据题设条件,得
$$a < b$$
$$A < 90°$$

而
$$b\sin A = 5\sqrt{6} \times \frac{\sqrt{2}}{2} = 5\sqrt{3}$$

所以
$$a > b\sin A$$

所以三角形有两解.

由正弦定理,得
$$\sin B = \frac{b\sin A}{a}$$

所以
$$\sin B = \frac{5\sqrt{6} \cdot \sin 45°}{10} = \frac{\sqrt{3}}{2}$$

所以
$$B_1 = 60°$$
$$B_2 = 120°$$
$$C_1 = 180° - (A + B_1) = 75°$$
$$C_2 = 180° - (A + B_2) = 15°$$
$$c_1 = \frac{a\sin C_1}{\sin A} = \frac{10\sin 75°}{\sin 45°} = 5(\sqrt{3} + 1)$$

$$c_2 = \frac{a\sin C_2}{\sin A} = \frac{10\sin 15°}{\sin 45°} = 5(\sqrt{3}-1)$$

$$S_1 = \frac{1}{2}ab\sin C_1 = \frac{1}{2} \cdot 10 \cdot 5\sqrt{6} \cdot \sin 75°$$

$$= \frac{25}{2}(3+\sqrt{3})$$

$$S_2 = \frac{1}{2}ab\sin C_2 = \frac{1}{2} \cdot 10 \cdot 5\sqrt{6} \cdot \sin 15°$$

$$= \frac{25}{2}(3-\sqrt{3})$$

所以,三角形的两组解是

$$\begin{cases} c_1 = 5(\sqrt{3}+1) \\ B_1 = 60° \\ C_1 = 75° \\ S_1 = \frac{25}{2}(3+\sqrt{3}) \end{cases} \text{和} \begin{cases} c_2 = 5(\sqrt{3}-1) \\ B_2 = 120° \\ C_2 = 15° \\ S_2 = \frac{25}{2}(3-\sqrt{3}) \end{cases}$$

三、已知三边,解三角形

设在 $\triangle ABC$ 中,已知 a,b,c,求 A,B,C,S.

分析:这里,要求的是三个角,而已知三条边,所以,应用余弦定理或者半角定理就可以解出了.

解法一:由余弦定理,得

$$\cos A = \frac{b^2+c^2-a^2}{2bc}$$

查三角函数表,就得出 A.

同理可以得出 B. 所以

$$C = 180° - (A+B)$$

$$S = \sqrt{p(p-a)(p-b)(p-c)}$$

解法二:由已知,有

解三角形

$$\tan\frac{A}{2} = \frac{1}{p-a}\sqrt{\frac{(p-a)(p-b)(p-c)}{p}}$$

查三角函数表得到 $\frac{A}{2}$ 的值,从而就可以得出 A.

同理可以得出 B 和 C.

由海伦公式求得三角形的面积.

这种类型的解三角形问题,只要已知三边中,任意两边的和大于第三边,那么三角形有且仅有一解. 解题时必须注意以下几点:

1) 不论采用哪一种解法,第三个角都可以应用三角形的内角和定理求得. 但也不妨应用余弦定理或半角定理求出三个角后,再应用三角形的内角和定理进行验算.

2) 不论采用哪一种解法求得 A 以后,其他两个角都可以应用正弦定理求出. 但必须注意 B 和 C 是锐角还是钝角. 为了避免发生错误,可以根据在一个三角形中,大边对大角,小边对小角的几何性质,由小到大地顺次求出各个角来.

3) 在应用半角定理求三个角时,也可以应用三边表示半角的正弦或余弦的公式,但用后者不如用前者来得方便. 这是因为,半角定理的三个公式中有着相同的因子,在求第一个角时算出这个因子的数值后,求其他两个时就可以应用这个结果了.

4) 比较两种解法,解法二较为合适. 这是因为,三角形的任意一个内角的半角总是大于 0 而小于 $\frac{\pi}{2}$,而在区间 $(0, \frac{\pi}{2})$ 内,当一个角的大小起变化时,它的正弦、余弦函数的值的变化比较小,但它的正切函数的值

的变化相对地要大得多,因此,用正切定理来解所得的结果就比较准确. 虽然如此,但在解题时,还要看已知数据,如果已知数据是简单的整数或特殊的无理数(如$\sqrt{3},\sqrt{2}$等),那么应用余弦定理来解也很方便.

例 10 在 $\triangle ABC$ 中,已知三边 $a=\sqrt{6}, b=2, c=\sqrt{3}+1$,解这个三角形.

解 这里
$$\cos A = \frac{b^2+c^2-a^2}{2bc} = \frac{2^2+(\sqrt{3}+1)^2-(\sqrt{6})^2}{2 \times 2 \times (\sqrt{3}+1)} = \frac{1}{2}$$
所以
$$A = 60°$$
同理可得
$$\cos B = \frac{a^2+c^2-b^2}{2ac} = \frac{(\sqrt{6})^2+(\sqrt{3}+1)^2-2^2}{2 \times \sqrt{6} \times (\sqrt{3}+1)}$$
$$= \frac{\sqrt{2}}{2}$$
所以
$$B = 45°$$
$$C = 180° - (A+B) = 75°$$
$$S = \frac{1}{2}bc\sin A = \frac{1}{2} \times 2 \times (\sqrt{3}+1)\sin 60°$$
$$= \frac{1}{2}(\sqrt{3}+3)$$

读者可以试用半角定理解上例,并比较一下,哪种解法简便.

例 11 已知三角形的三边分别是 x^2+x+1, x^2-1 和 $2x+1(x>1)$,求这个三角形的最大角.

解 先确定三角形的最大边
$$(x^2+x+1) - (x^2-1) = x+2$$

解三角形

$$(x^2+x+1)-(2x+1)=x^2-x=x(x-1)$$

由题设 $x>1$,那么 $x+2>0, x(x-1)>0$. 所以
$$(x^2+x+1)-(x^2-1)>0$$
$$(x^2+x+1)-(2x+1)>0$$

这就是说,x^2+x+1 是最大边. 所以,它所对的角是最大角. 设这个最大角是 A,那么

$$\cos A = \frac{(x^2-1)^2+(2x+1)^2-(x^2+x+1)^2}{2(x^2-1)(2x+1)}$$
$$= -\frac{2x^3+x^2-2x-1}{2(2x^3-2x+x^2-1)} = -\frac{1}{2}$$

所以 $\qquad A = 120°$

这就是说,这个三角形的最大角是 $120°$.

上面我们较详细地讨论了解斜三角形的三种基本情形. 下面来研究解斜三角形的其他情形.

§3 解斜三角形的特殊情形

在上一节里,我们研究了解斜三角形的三种基本情形. 这三种情形都是已知三角形的三个基本元素(其中至少有一条边),求解三角形的问题. 现在来看解斜三角形的特殊情形. 这就是,在已知的三个元素中至少有一个不是基本元素,求解三角形. 遇到这类解三角形的问题,只要根据已知条件,分析三角形各元素之间的关系,再应用定理和公式,设法把问题转化为解三角形的基本情形,从而就可以解出原三角形. 下面我们按已知条件中含有角的元素的个数,把问题归并为四类,进行讨论.

第 2 章 解三角形

为了简单起见,在下列例题中,如果已知条件是用字母表示的,我们就只分析怎样把解三角形的特殊情形转化为解三角形的三种基本情形之一,而对解的过程和结果不加以详细叙述了.

一、在已知三角形的两个角(或角的函数式)的情形下解三角形

例 12 在 $\triangle ABC$ 中,已知 A, B 和周长 $2p$,解这个三角形.

解 由已知,有
$$C = 180° - (A+B)$$
因为
$$\frac{a}{\sin A} = \frac{b}{\sin B} = \frac{c}{\sin C}$$
所以
$$\frac{a}{\sin A} = \frac{a+b+c}{\sin A + \sin B + \sin C}$$
已知
$$a+b+c = 2p$$
而
$$\sin A + \sin B + \sin C$$
$$= 2\sin\frac{A+B}{2}\cos\frac{A-B}{2} + 2\sin\frac{A+B}{2}\cos\frac{A+B}{2}$$
$$= 2\sin\frac{A+B}{2}\left(\cos\frac{A-B}{2} + \cos\frac{A+B}{2}\right)$$
$$= 4\sin\frac{A+B}{2}\cos\frac{A}{2}\cos\frac{B}{2}$$
$$= 4\cos\frac{A}{2}\cos\frac{B}{2}\cos\frac{C}{2}$$
所以
$$a = \frac{2p}{4\cos\frac{A}{2}\cos\frac{B}{2}\cos\frac{C}{2}} \cdot \sin A$$

解三角形

$$= \frac{p\sin\dfrac{A}{2}}{\cos\dfrac{B}{2}\cos\dfrac{C}{2}}$$

同理可得

$$b = \frac{p\sin\dfrac{B}{2}}{\cos\dfrac{A}{2}\cos\dfrac{C}{2}}$$

$$c = \frac{p\sin\dfrac{C}{2}}{\cos\dfrac{A}{2}\cos\dfrac{B}{2}}$$

$$S = \frac{1}{2}bc\sin A$$

$$= \frac{1}{2}\cdot\frac{p\sin\dfrac{B}{2}}{\cos\dfrac{A}{2}\cos\dfrac{C}{2}}\cdot\frac{p\sin\dfrac{C}{2}}{\cos\dfrac{A}{2}\cos\dfrac{B}{2}}\cdot 2\sin\dfrac{A}{2}\cos\dfrac{A}{2}$$

$$= p^2\tan\dfrac{A}{2}\tan\dfrac{B}{2}\tan\dfrac{C}{2}$$

显然,当 $p>0, A+B<180°$ 时,三角形有唯一解.

例 13 在 $\triangle ABC$ 中,已知角 B,C 和角 A 的平分线 t_a,解这个三角形.

解 如图 2.14,AD 是角 A 的平分线.

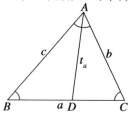

图 2.14

又有 $A = 180° - (B + C)$.

在 $\triangle ABD$ 中

$$\frac{c}{\sin\left[180° - \left(B + \frac{A}{2}\right)\right]} = \frac{t_a}{\sin B} = \frac{BD}{\sin\frac{A}{2}}$$

所以

$$c = \frac{t_a \sin\left(B + \frac{A}{2}\right)}{\sin B}$$

$$BD = \frac{t_a \sin\frac{A}{2}}{\sin B}$$

在 $\triangle ACD$ 中

$$\frac{b}{\sin\left[180° - \left(C + \frac{A}{2}\right)\right]} = \frac{t_a}{\sin C} = \frac{DC}{\sin\frac{A}{2}}$$

所以

$$b = \frac{t_a \sin\left(C + \frac{A}{2}\right)}{\sin C}$$

$$DC = \frac{t_a \sin\frac{A}{2}}{\sin C}$$

$$a = BD + DC = \frac{t_a \sin\frac{A}{2}}{\sin B} + \frac{t_a \sin\frac{A}{2}}{\sin C}$$

$$= \frac{t_a \sin\frac{A}{2}(\sin B + \sin C)}{\sin B \sin C}$$

$$= \frac{t_a \sin\frac{A}{2} \cdot 2\sin\frac{B+C}{2}\cos\frac{B-C}{2}}{\sin B \sin C}$$

解三角形

$$= \frac{t_a \sin A \cos \frac{B-C}{2}}{\sin B \sin C}$$

所以
$$a = \frac{t_a \sin A \cos \frac{B-C}{2}}{\sin B \sin C}$$

$$S = \frac{1}{2}ab\sin C$$

$$= \frac{1}{2} \cdot \frac{t_a \sin A \cos \frac{B-C}{2}}{\sin B \sin C} \cdot \frac{t_a \sin\left(\frac{A}{2}+C\right)}{\sin C} \cdot \sin C$$

$$= \frac{t_a^2 \sin A \sin\left(\frac{A}{2}+C\right)\cos \frac{B-C}{2}}{2\sin B \sin C}$$

例 14 在 $\triangle ABC$ 中，已知 B 和外接圆的半径 R，并且 $\frac{h_b + h_c}{b + c} = m$，解这个三角形.

解 如图 2.15，在 $\triangle ABC$ 中，$h_b = a\sin C$，$h_c = a\sin B$，所以

$$\frac{h_b + h_c}{b + c} = \frac{a\sin C + a\sin B}{b + c}$$

$$= \frac{2R\sin A \sin C + 2R\sin A \sin B}{2R\sin B + 2R\sin C} = \sin A$$

所以
$$\sin A = m$$

查三角函数表，可以得出 A. 所以
$$a = 2R\sin A = 2Rm$$

这样，就把原题转化成已知两角和一边求解三角形的问题，从而就可以解出 $\triangle ABC$ 了.

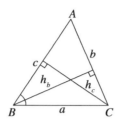

图 2.15

注 这个例子乍看不属于这种情形,但已知条件中的 $\dfrac{h_b+h_c}{b+c}=m$,可以化成 A 的正弦函数,所以把它归并在内.

二、在已知三角形的一个角(或角的关系式)的情形下解三角形

例 15 在 $\triangle ABC$ 中,已知 $A,a,b+c=d$,解这个三角形.

解 根据题意,应用正弦定理和合比定理,得

$$\frac{a}{\sin A}=\frac{b+c}{\sin B+\sin C}$$

$$\frac{a}{2\sin\dfrac{A}{2}\cos\dfrac{A}{2}}=\frac{b+c}{2\sin\dfrac{B+C}{2}\cos\dfrac{B-C}{2}}$$

因为

$$b+c=d$$

$$\sin\frac{B+C}{2}=\cos\frac{A}{2}$$

并且

$$\cos\frac{A}{2}\neq 0$$

所以

$$\frac{a}{\sin\dfrac{A}{2}}=\frac{d}{\cos\dfrac{B-C}{2}}$$

解三角形

所以
$$\cos\frac{B-C}{2} = \frac{d}{a}\sin\frac{A}{2} \quad (1)$$

又
$$B + C = 180° - A \quad (2)$$

解由式(1)和式(2)组成的方程组,得 B 和 C. 这样,就把原题转化成已知两角和一边求解三角形的问题,从而就可以解出 $\triangle ABC$ 了.

很明显,要使三角形有解,必须使 $\cos\frac{B-C}{2}$ 的值不大于1,就是
$$\frac{d}{a}\sin\frac{A}{2} \leqslant 1$$

所以
$$a \geqslant d\sin\frac{A}{2}$$

这就是说,在 $a \geqslant d\sin\frac{A}{2}$ 的条件下,三角形才有解.

例16 在 $\triangle ABC$(设 $C > B$)中,已知 A,角 A 的平分线 t_a 和边 BC 上的高 h_a,解这个三角形.

分析:如图2.16,AD 是角 A 的平分线,$AD = t_a$,AH 是 BC 上的高,$AH = h_a$. 这样,在 Rt$\triangle ADH$ 中,已知斜边和一条直角边,就可以解出这个直角三角形. 由此可以得到 $\angle DAH$ 的值. 而 $\angle DAH = \frac{C-B}{2}$. 所以由 $\angle DAH$ 的值可以得到 $C - B$ 的值. 又 $C + B = 180° - A$,据此可以求出 B 和 C. 再解两个直角三角形 AHC 和 ABH,就可以解出 $\triangle ABC$.

第 2 章 解三角形

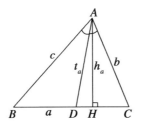

图 2.16

解 在 Rt△ADH 中

$$\cos\angle DAH = \frac{AH}{AD} = \frac{h_a}{t_a}$$

因为 $\angle C > \angle B$

所以 $\angle BAH > \angle CAH$

所以 AH 落在 AC 和 AD 之间,所以

$$\angle DAH = \frac{A}{2} - \angle CAH$$

$$= \left(90° - \frac{B+C}{2}\right) - (90° - C) = \frac{C-B}{2}$$

所以

$$\cos\frac{C-B}{2} = \frac{h_a}{t_a} \qquad (1)$$

又

$$B + C = 180° - A \qquad (2)$$

解由式(1)和式(2)组成的方程组,得 B 和 C.

在 Rt△ABH 和 Rt△AHC 中

$$c = \frac{h_a}{\sin B}$$

$$b = \frac{h_a}{\sin C}$$

请读者试求出边 a 和面积 S.

解三角形

下面我们来讨论这个三角形有解的条件.

由方程(1)可以知道,要使三角形有解,必须使 $\cos\dfrac{C-B}{2}$ 的值不大于1,即 $\cos\dfrac{C-B}{2}\leqslant 1$,所以

$$h_a \leqslant t_a \qquad (3)$$

可以看到,只有满足了这个条件,才有可能求出 $\dfrac{C-B}{2}$ 的值. 设 $\dfrac{C-B}{2}=\alpha$,这里,α 一定是锐角. 如图2.16,可以知道

$$B = 90° - \dfrac{A}{2} - \alpha$$

$$C = 90° - \dfrac{A}{2} + \alpha$$

因为 C 是两个锐角 $90°-\dfrac{A}{2}$ 和 α 的和,所以 C 一定有意义. 而要使 B 有意义,必须使

$$90° - \dfrac{A}{2} - \alpha > 0$$

就是 $$90° - \dfrac{A}{2} > \alpha$$

因为在第一象限内余弦函数是减函数,所以必须使

$$\cos\left(90° - \dfrac{A}{2}\right) < \cos\alpha$$

由此可得

$$\sin\dfrac{A}{2} < \dfrac{h_a}{t_a}$$

所以

$$t_a \sin\dfrac{A}{2} < h_a \qquad (4)$$

由式(3)和式(4)可知,三角形有解的条件是
$$t_a \sin \frac{A}{2} < h_a \leqslant t_a$$

例17 在 $\triangle ABC$ 中(图2.17),已知 a, b,并且 $A = 2B$,解这个三角形.

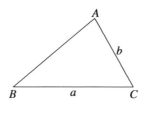

图 2.17

解 在 $\triangle ABC$ 中
$$\frac{a}{\sin A} = \frac{b}{\sin B}$$
因为 $\qquad A = 2B$
所以
$$\frac{a}{\sin 2B} = \frac{b}{\sin B}$$
$$\frac{a}{2\sin B \cos B} = \frac{b}{\sin B}$$
因为 $\qquad \sin B \neq 0$
所以 $\qquad \cos B = \dfrac{a}{2b}$

查三角函数表求出 B.

求出 B 后,由 $A = 2B$,得出 A. 这样,就把原题转化为已知两角和一边求解三角形的问题,从而就可以解出 $\triangle ABC$ 了.

下面我们来讨论这个三角形有解的条件.

由已知条件 $A = 2B$,可知 $a > b$,并且 B 一定是锐

解三角形

角. 因为 $\cos B = \dfrac{a}{2b}$，所以，要使 B 有意义，必须使 $\dfrac{a}{2b} < 1$，就是 $a < 2b$. 因此，三角形有解的条件是
$$b < a < 2b$$

三、在未给出三角形的角的情形下解三角形

例18 在 $\triangle ABC$ 中，已知 b,c 和角 A 的平分线 t_a，解这个三角形.

解 如图 2.18，AD 是角 A 的平分线，$AD = t_a$. 设 $BD = x, DC = y$.

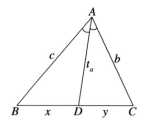

图 2.18

根据角的平分线的性质，得
$$\frac{x}{y} = \frac{c}{b} \qquad (1)$$

在 $\triangle ABD$ 和 $\triangle ADC$ 中，分别得到
$$\cos \frac{A}{2} = \frac{c^2 + t_a^2 - x^2}{2ct_a}$$
$$\cos \frac{A}{2} = \frac{b^2 + t_a^2 - y^2}{2bt_a}$$

所以
$$\frac{c^2 + t_a^2 - x^2}{2ct_a} = \frac{b^2 + t_a^2 - y^2}{2bt_a}$$
$$b(c^2 + t_a^2 - x^2) = c(b^2 + t_a^2 - y^2) \qquad (2)$$

解由式（1）和式（2）组成的方程组，得

第 2 章 解三角形

$$x^2 = \frac{c}{b}(bc - t_a^2)$$

$$y^2 = \frac{b}{c}(bc - t_a^2)$$

所以

$$\cos\frac{A}{2} = \frac{c^2 + t_a^2 - x^2}{2ct_a} = \frac{c^2 + t_a^2 - \frac{c}{b}(bc - t_a^2)}{2ct_a}$$

$$= \frac{bc^2 + bt_a^2 - bc^2 + ct_a^2}{2bct_a}$$

所以

$$\cos\frac{A}{2} = \frac{t_a(b+c)}{2bc}$$

由此可以求出 A. 这样,原题就转化成已知两边和它们的夹角解三角形的问题,从而就可以解出 $\triangle ABC$ 了.

很明显,要使三角形有解,必须使 $\cos\frac{A}{2}$ 小于 1,所以

$$\frac{t_a(b+c)}{2bc} < 1$$

就是

$$t_a < \frac{2bc}{b+c}$$

这就是说,在 $t_a < \frac{2bc}{b+c}$ 的条件下,三角形才有解.

例 19 如图 2.19,在 $\triangle ABC$ 中,已知三个高 h_a, h_b, h_c,解这个三角形.

分析:这里,只知道三角形的三个高,要求解出这个三角形. 因为三角形的面积等于高和底的乘积的一半,所以由已知的三个高可以求出三条边的比. 再应用余弦定理就可以求出三个角来.

解三角形

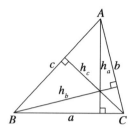

图 2.19

解 因为
$$\frac{1}{2}ah_a = \frac{1}{2}bh_b = \frac{1}{2}ch_c$$

所以
$$a:b:c = \frac{1}{h_a}:\frac{1}{h_b}:\frac{1}{h_c}$$

设 $ah_a = k$,就是 $a = \frac{k}{h_a}(k>0)$. 那么
$$b = \frac{k}{h_b}$$
$$c = \frac{k}{h_c}$$

所以
$$\cos A = \frac{b^2 + c^2 - a^2}{2bc} = \frac{\left(\frac{k}{h_b}\right)^2 + \left(\frac{k}{h_c}\right)^2 - \left(\frac{k}{h_a}\right)^2}{2 \cdot \frac{k}{h_b} \cdot \frac{k}{h_c}}$$
$$= \frac{1}{2}h_b h_c \left(\frac{1}{h_b^2} + \frac{1}{h_c^2} - \frac{1}{h_a^2}\right)$$

由此可以求出 A. 同理可得 B, C. 所以
$$a = \frac{h_b}{\sin C}, b = \frac{h_c}{\sin A}, c = \frac{h_a}{\sin B}$$

所以
$$S = \frac{1}{2}ah_a = \frac{h_a h_b}{2\sin C}$$

容易看到,要使三角形有解,必须并且只需使 a, b, c 中,最大边小于其他两边的和. 这里,不妨设 a 为最大边,那么就必须使

$$a < b + c$$

所以

$$\frac{k}{h_a} < \frac{k}{h_b} + \frac{k}{h_c} \quad (k > 0)$$

$$\frac{1}{h_a} < \frac{1}{h_b} + \frac{1}{h_c}$$

这就是说,三角形有解的条件是,最大边上的高的倒数要小于其他两边上的高的倒数的和. 因为在三角形中,最大边上的高反而最小,所以三角形有解的条件也可以这样说,已知的三个高中,最小的高的倒数要小于其他两个高的倒数的和.

例 20 在 $\triangle ABC$ 中,已知 $a^4 + b^4 + c^4 = 2c^2(a^2 + b^2)$,求角 C.

解 可知

$$\cos C = \frac{a^2 + b^2 - c^2}{2ab}$$

两边平方,得

$$\cos^2 C = \left(\frac{a^2 + b^2 - c^2}{2ab}\right)^2$$

$$= \frac{a^4 + b^4 + c^4 + 2a^2b^2 - 2a^2c^2 - 2b^2c^2}{4a^2b^2}$$

根据题设条件

$$a^4 + b^4 + c^4 = 2c^2(a^2 + b^2)$$

所以

$$\cos^2 C = \frac{2c^2(a^2 + b^2) + 2a^2b^2 - 2c^2(a^2 + b^2)}{4a^2b^2} = \frac{1}{2}$$

解三角形

所以 $$\cos C = \pm \frac{\sqrt{2}}{2}$$

所以 $C = 45°$ 或者 $135°$

这里值得注意的是,在 $\triangle ABC$ 中,关系式 $a^4 + b^4 + c^4 = 2c^2(a^2 + b^2)$ 是 C 等于 $45°$ 或者 $135°$ 的充分必要条件. 也就是说,在 $\triangle ABC$ 中,如果 $a^4 + b^4 + c^4 = 2c^2(a^2 + b^2)$,那么 C 等于 $45°$ 或者 $135°$;反过来,如果 C 等于 $45°$ 或者 $135°$,那么,三边 a,b,c 一定适合关系式 $a^4 + b^4 + c^4 = 2c^2(a^2 + b^2)$.

例 21 试证明 $\triangle ABC$ 是等边三角形的充要条件是
$$a^3 + b^3 + c^3 = 3abc$$

证明 1) 先证充分性.

因为 $$a^3 + b^3 + c^3 = 3abc$$

所以 $$a^3 + b^3 + c^3 - 3abc = 0$$

因为
$$a^3 + b^3 + c^3 - 3abc$$
$$= (a + b + c)(a^2 + b^2 + c^2 - ab - ac - bc)①$$

---

① 多项式 $a^3 + b^3 + c^3 - 3abc$ 的因式分解:

设 $f(a,b,c) = a^3 + b^3 + c^3 - 3abc$.

当 $a = -b - c$ 时,$f(a,b,c) = 0$,所以 $f(a,b,c)$ 能被 $a + b + c$ 整除. 因为被除式是三次齐次多项式,除式是一次齐次多项式,所以商式是二次齐次多项式. 因此,$f(a,b,c)$ 可以表示成
$$f(a,b,c) = (a + b + c)[k(a^2 + b^2 + c^2) + l(ab + bc + ac)]$$
其中 k,l 是待定系数.

比较 a^3 的系数,得 $k = 1$.

设 $a = 1, b = 1, c = 0$,代入等式两边,得
$$2 = 2(2k + l)$$

所以 $$l = -1$$

所以 $a^3 + b^3 + c^3 - 3abc = (a + b + c)(a^2 + b^2 + c^2 - ab - bc - ac)$

第 2 章 解三角形

所以 $(a+b+c)(a^2+b^2+c^2-ab-ac-bc)=0$
但 $a+b+c \neq 0$
所以 $a^2+b^2+c^2-ab-ac-bc=0$
配方后得
$$(a-b)^2+(b-c)^2+(c-a)^2=0$$
因为 a,b,c 都是正数,所以要使上式成立,必须使
$$a=b=c$$
这就是说,如果 $a^3+b^3+c^3=3abc$,$\triangle ABC$ 就一定是等边三角形.

2)再证必要性.

如果从上述结论 $a=b=c$ 出发一步一步地递推,那么,可以看到,每一步都可以得出原来的式子.这就是说,如果 $\triangle ABC$ 是等边三角形,它的三边就一定适合关系式
$$a^3+b^3+c^3=3abc$$

例 22 在 $\triangle ABC$ 中,已知 $h_a+h_b+h_c=9r$,求证:$\triangle ABC$ 是等边三角形.

证明 由三角形的面积公式,得
$$h_a=\frac{2S}{a}, h_b=\frac{2S}{b}, h_c=\frac{2S}{c}$$
所以 $h_a+h_b+h_c=2S\left(\frac{1}{a}+\frac{1}{b}+\frac{1}{c}\right)$
所以
$$2S\left(\frac{1}{a}+\frac{1}{b}+\frac{1}{c}\right)=9r \qquad (1)$$
而
$$S=\frac{1}{2}(a+b+c)r \qquad (2)$$
解式(1)和式(2),得

解三角形

$$(a+b+c)\left(\frac{1}{a}+\frac{1}{b}+\frac{1}{c}\right)r=9r$$

因为 $\qquad r\neq 0$

所以

$$(a+b+c)\left(\frac{1}{a}+\frac{1}{b}+\frac{1}{c}\right)=9$$

$$(a+b+c)(ab+bc+ca)=9abc$$

$$a^2b+ab^2+a^2c+ac^2+b^2c+bc^2-6abc=0$$

$$a(b-c)^2+b(c-a)^2+c(a-b)^2=0$$

这里,a,b,c 都是正数,所以要使上式成立,必须使

$$(b-c)^2=(c-a)^2=(a-b)^2=0$$

由此可得

$$a=b=c$$

这就是说,$\triangle ABC$ 是等边三角形.

四、在只给出三角形的某些边角之间关系的情形下解三角形

例 23 在 $\triangle ABC$ 中,已知 $a\cos A=b\cos B$,证明 $\triangle ABC$ 是等腰三角形或直角三角形.

证法一 因为

$$a\cos A=b\cos B$$

所以

$$a\left(\frac{b^2+c^2-a^2}{2bc}\right)=b\left(\frac{a^2+c^2-b^2}{2ac}\right)$$

所以

$$a^2(b^2+c^2-a^2)=b^2(a^2+c^2-b^2)$$

$$a^2c^2-a^4-b^2c^2+b^4=0$$

$$(a^2-b^2)(c^2-a^2-b^2)=0$$

所以 $\qquad a^2-b^2=0$

或者 $\qquad c^2-a^2-b^2=0$

由 $\qquad a^2-b^2=0$

得
$$a = b$$
由
$$c^2 - a^2 - b^2 = 0$$
得
$$c^2 = a^2 + b^2$$

这就是说，$\triangle ABC$ 是等腰三角形或者直角三角形.

证法二 由正弦定理，得
$$2R\sin A \cdot \cos A = 2R\sin B \cdot \cos B$$
所以
$$2\sin A\cos A = 2\sin B\cos B$$
$$\sin 2A = \sin 2B$$

所以 $2A = 2B$，或者 $2A = 180° - 2B$. 就是 $A = B$，或者 $A + B = 90°$.

这就是说，$\triangle ABC$ 是等腰三角形或者直角三角形.

可以看到，证法二比证法一较为简单.

像上面的例子那样，已知三角形的某些边和角的三角函数之间的关系，要求判定这个三角形的形状，一般采用的方法是，先应用定理或者公式把已知关系式化成只含有边的代数式，并且把它化简，然后再判定；或者应用定理把已知关系式化成只含有角的三角函数的式子，并且把它化简，然后再判定. 但在解题时还必须根据具体情况作具体分析，这样才可以避免不必要的繁琐推导.

例 24 试证明下述定理：在 $\triangle ABC$ 中，如果
$$a + b = \tan\frac{C}{2}(a\tan A + b\tan B)$$
那么 $\triangle ABC$ 是等腰三角形.

证法一 由已知条件，得
$$2R\sin A + 2R\sin B = \tan\frac{C}{2}(2R\sin A\tan A + 2R\sin B\tan B)$$

解三角形

$$\sin A + \sin B = \cot\frac{A+B}{2}(\sin A\tan A + \sin B\tan B)$$

$$(\sin A + \sin B)\tan\frac{A+B}{2} = \frac{\sin^2 A}{\cos A} + \frac{\sin^2 B}{\cos B}$$

$$2\sin\frac{A+B}{2}\cos\frac{A-B}{2} \cdot \frac{\sin\frac{A+B}{2}}{\cos\frac{A+B}{2}} \cdot \frac{2\cos\frac{A+B}{2}}{2\cos\frac{A+B}{2}}$$

$$= \frac{\sin^2 A\cos B + \sin^2 B\cos A}{\cos A\cos B}$$

$$\frac{2\sin^2\frac{A+B}{2} \cdot 2\cos\frac{A-B}{2}\cos\frac{A+B}{2}}{2\cos^2\frac{A+B}{2}}$$

$$= \frac{(1-\cos^2 A)\cos B + (1-\cos^2 B)\cos A}{\cos A\cos B}$$

$$\frac{[1-\cos(A+B)]\cdot(\cos A + \cos B)}{1+\cos(A+B)}$$

$$= \frac{(1-\cos A\cos B)(\cos A + \cos B)}{\cos A\cos B}$$

因为 $\cos A + \cos B \neq 0$

所以

$$\frac{1-\cos(A+B)}{1+\cos(A+B)} = \frac{1-\cos A\cos B}{\cos A\cos B}$$

$$\frac{2}{1+\cos(A+B)} - 1 = \frac{1}{\cos A\cos B} - 1$$

$$\frac{2}{1+\cos(A+B)} = \frac{1}{\cos A\cos B}$$

所以

$$2\cos A\cos B = 1 + \cos A\cos B - \sin A\sin B$$

$$\cos A\cos B + \sin A\sin B = 1$$

第 2 章 解三角形

所以 $\qquad \cos(A-B) = 1$

所以 $\qquad A - B = 0°$

就是 $\qquad A = B$

这就是说，$\triangle ABC$ 是等腰三角形.

证法二 因为

$$a + b = \tan \frac{C}{2}(a\tan A + b\tan B)$$

所以

$$a + b = \cot \frac{A+B}{2}(a\tan A + b\tan B)$$

$$= \frac{\cos \frac{A+B}{2}}{\sin \frac{A+B}{2}}\left(a \cdot \frac{\sin A}{\cos A} + b \cdot \frac{\sin B}{\cos B}\right)$$

$$= \cos \frac{A+B}{2} \cdot \frac{a\sin A\cos B + b\sin B\cos A}{\cos A\cos B}$$

$$= \cos \frac{A+B}{2}(a\sin A\cos B + b\sin B\cos A)$$

就是

$$a\sin \frac{A+B}{2}\cos A\cos B - a\cos \frac{A+B}{2}\sin A\cos B +$$
$$b\sin \frac{A+B}{2}\cos A\cos B - b\cos \frac{A+B}{2}\sin B\cos A = 0$$

$$a\cos B\left(\sin \frac{A+B}{2}\cos A - \cos \frac{A+B}{2}\sin A\right) +$$
$$b\cos A\left(\sin \frac{A+B}{2}\cos B - \cos \frac{A+B}{2}\sin B\right) = 0$$

解三角形

$$a\cos B\sin\left(\frac{A+B}{2}-A\right)+b\cos A\sin\left(\frac{A+B}{2}-B\right)=0$$

$$a\cos B\sin\frac{B-A}{2}+b\cos A\sin\frac{A-B}{2}=0$$

$$\sin\frac{A-B}{2}(b\cos A-a\cos B)=0$$

所以 $$\sin\frac{A-B}{2}=0$$

或 $$b\cos A-a\cos B=0$$

由 $\sin\frac{A-B}{2}=0$,得 $A=B$,所以 $\triangle ABC$ 是等腰三角形.

由 $$b\cos A-a\cos B=0$$

得 $$b\cos A=a\cos B$$

所以 $$b^2\cos^2 A=a^2\cos^2 B$$

就是

$$b^2(1-\sin^2 A)=a^2(1-\sin^2 B)$$
$$b^2-b^2\sin^2 A=a^2-a^2\sin^2 B$$

因为 $$b\sin A=a\sin B$$

所以 $$b^2\sin^2 A=a^2\sin^2 B$$

由此可得
$$a^2=b^2$$

因为 $a>0,b>0$,所以 $a=b$,故 $\triangle ABC$ 是等腰三角形.

例 25 已知三角形的三边是连续的三个正整数,并且最大角是最小角的 2 倍,解这个三角形.

解 根据题意,设三边分别是 $a=n-1,b=n,c=n+1$(n 是大于 1 的整数),最小角 $A=\alpha$,最大角 $C=2\alpha$,那么

$$B=\pi-3\alpha$$

由正弦定理,得

$$\frac{n-1}{\sin\alpha} = \frac{n}{\sin(\pi-3\alpha)} = \frac{n+1}{\sin 2\alpha}$$

由此可得方程组

$$\begin{cases} \dfrac{n-1}{\sin\alpha} = \dfrac{n}{\sin 3\alpha} & (1) \\[2mm] \dfrac{n-1}{\sin\alpha} = \dfrac{n+1}{\sin 2\alpha} & (2) \end{cases}$$

解这个方程组:

由式(1),得

$$\frac{n-1+n}{\sin\alpha + \sin 3\alpha} = \frac{n-1}{\sin\alpha}$$

$$\frac{2n-1}{2\sin 2\alpha\cos\alpha} = \frac{n-1}{\sin\alpha}$$

$$\frac{2n-1}{4\sin\alpha\cos^2\alpha} = \frac{n-1}{\sin\alpha}$$

因为 $\sin\alpha \neq 0$

所以

$$\cos^2\alpha = \frac{2n-1}{4(n-1)} \quad (3)$$

由式(2),得

$$\frac{n-1}{\sin\alpha} = \frac{n+1}{2\sin\alpha\cos\alpha}$$

所以

$$\cos\alpha = \frac{n+1}{2(n-1)} \quad (4)$$

由式(3)和式(4),得

$$\frac{2n-1}{4(n-1)} = \left[\frac{n+1}{2(n-1)}\right]^2$$

$$(n+1)^2 = (2n-1)(n-1)$$

解三角形

所以 $n=5$,或者 $n=0$(舍去). 所以
$$n-1=4, n+1=6$$
所以,三角形的三条边分别是 4,5,6.

把 $n=5$ 代入式(4),得
$$\cos\alpha = \frac{5+1}{2(5-1)} = \frac{3}{4}$$
所以
$$\alpha = \arccos\frac{3}{4}$$
所以
$$2\alpha = 2\arccos\frac{3}{4}$$
$$\pi - 3\alpha = \pi - 3\arccos\frac{3}{4}$$
所以,三角形的三个角分别是
$$\arccos\frac{3}{4}, \pi - 3\arccos\frac{3}{4}, 2\arccos\frac{3}{4}$$
所以
$$S = \frac{1}{2}bc\sin A = \frac{1}{2} \times 5 \times 6\sin\left(\arccos\frac{3}{4}\right)$$
$$= \frac{1}{2} \times 5 \times 6 \times \frac{\sqrt{7}}{4} = \frac{15\sqrt{7}}{4}$$

例 26 已知 $\triangle ABC$ 的边和角满足下列条件:

1) $\lg\sin A = 0$,2) $\sin B$ 和 $\cos C$ 是方程 $4x^2 - ax + 1 = 0$ 的两个根,解这个三角形.

解 因为
$$\lg\sin A = 0$$
所以
$$\sin A = 1$$
因为 A 是三角形的内角,所以
$$A = 90°$$

这就是说,△ABC 是直角三角形.

由题设条件 2),根据二次方程的根与系数的关系,得

$$\sin B + \cos C = \frac{a}{4} \qquad (1)$$

$$\sin B \cos C = \frac{1}{4} \qquad (2)$$

因为
$$B + C = 90°$$
所以
$$\sin(90° - C)\cos C = \frac{1}{4}$$

$$\cos^2 C = \frac{1}{4}$$

因为 C 是锐角,所以 $\cos C = \frac{1}{2}$,所以

$$C = 60°$$

所以
$$B = 30°$$

把 B,C 代入式(1),得

$$\sin 30° + \cos 60° = \frac{a}{4}$$

所以
$$a = 4$$

容易求出 $b = 2, c = 2\sqrt{3}, S_{\triangle ABC} = 2\sqrt{3}$.

例 27 在 △ABC 中,A,B,C 成等差数列(设 $A < B < C$),并且 $\tan A \cdot \tan C = 2 + \sqrt{3}, h_c = 4\sqrt{3}$,解这个三角形.

解 如图 2.20,A,B,C 成等差数列. 所以

$$B = \frac{A+C}{2} = \frac{180° - B}{2}$$

所以
$$B = 60°$$

解三角形

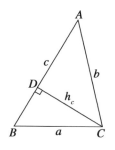

图 2.20

所以
$$A + C = 120°$$
$$\tan(A+C) = \tan 120° = -\sqrt{3}$$

因为 $\tan(A+C) = \dfrac{\tan A + \tan C}{1 - \tan A \cdot \tan C}$

所以
$$\tan A + \tan C = \tan(A+C)(1 - \tan A \cdot \tan C)$$

而
$$\tan A \tan C = 2 + \sqrt{3} \qquad (1)$$

所以 $\tan A + \tan C = -\sqrt{3}(-1-\sqrt{3})$

就是
$$\tan A + \tan C = 3 + \sqrt{3} \qquad (2)$$

解由式(1)和式(2)组成的方程组,得
$$\begin{cases} \tan A = 1 \\ \tan C = 2 + \sqrt{3} \end{cases}$$

和 $\begin{cases} \tan A = 2+\sqrt{3} \\ \tan C = 1 \end{cases}$ (不符合题意,舍去)

所以
$$A = 45°$$

第 2 章 解三角形

$$C = 75°$$

$$a = \frac{h_c}{\sin B} = 8$$

$$b = \frac{h_c}{\sin A} = 4\sqrt{6}$$

$$c = AD + BD = \frac{h_c}{\tan A} + \frac{h_c}{\tan B} = 4(1 + \sqrt{3})$$

$$S = \frac{1}{2}ch_c = 24 + 8\sqrt{3}$$

例 28 如图 2.21，在 $\triangle ABC$ 中，已知三个角和三条边．设 AD, BE, CF 是三角形的三条高，O 是垂心，解垂足三角形 DEF．

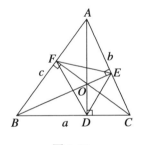

图 2.21

解 因为

$$AD \perp BC$$

$$BE \perp AC$$

所以 O, D, C, E 四点共圆，所以

$$\angle ODE = \angle OCE = 90° - A$$

同理，O, D, B, F 四点共圆，所以

$$\angle ODF = \angle OBF = 90° - A$$

所以 $\angle EDF = \angle ODE + \angle ODF = 180° - 2A$

同理可得

解三角形

$$\angle DEF = 180° - 2B$$
$$\angle EFD = 180° - 2C$$

在 △AEF 中，由正弦定理，得

$$EF = \frac{AE \sin A}{\sin \angle AFE}$$

因为 B, C, E, F 四点共圆，所以

$$\angle AFE = \angle C$$

而
$$AE = c\cos A$$

所以
$$EF = \frac{c\cos A \sin A}{\sin C}$$

因为
$$a = \frac{c\sin A}{\sin C}$$

所以
$$EF = a\cos A$$

同理可得
$$FD = b\cos B$$
$$DE = c\cos C$$

所以

$$S_{\triangle DEF} = \frac{1}{2} EF \cdot FD \sin \angle EFD$$

$$= \frac{1}{2} a\cos A \cdot b\cos B \cdot \sin(180° - 2C)$$

$$= \frac{1}{2} ab \cos A \cos B \sin 2C$$

很明显，要使 △DEF 有解，只要使它的面积的量数是正的. 因为 △ABC 和 △DEF 的各边的长都是正数，所以只要使 $\cos A, \cos B, \sin 2C$ 的值都是正数. 这样，A, B, C 就必须都是锐角. 这就是说，当 △ABC 是锐角三角形时，△DEF 才有解.

例29 设三棱锥 $V - ABC$ 中，$\angle AVB = \angle BVC =$

$\angle CVA = 90°$,求证:$\triangle ABC$ 是锐角三角形.

证法一 如图 2.22,设 $VA=a, VB=b, VC=c$,那么
$$AB^2 = a^2 + b^2$$
$$AC^2 = a^2 + c^2$$
$$BC^2 = c^2 + b^2$$

在 $\triangle ABC$ 中
$$\cos A = \frac{AB^2 + AC^2 - BC^2}{2AB \cdot AC}$$
$$= \frac{a^2 + b^2 + a^2 + c^2 - b^2 - c^2}{2\sqrt{a^2+b^2} \cdot \sqrt{a^2+c^2}}$$
$$= \frac{a^2}{\sqrt{(a^2+b^2)(a^2+c^2)}}$$

所以 $\cos A > 0$

因此,A 一定是锐角.

同理可得:B 和 C 一定也是锐角.

这就是说,$\triangle ABC$ 是锐角三角形.

证法二 如图 2.23,作 $VD \perp AC$,那么 VD 是直角三角形 AVC 斜边 AC 上的高,并且点 D 在 A 和 C 两点之间,联结 BD.

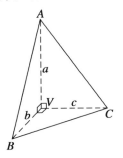
图 2.22

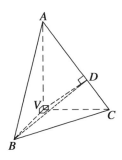
图 2.23

因为 $BV \perp$ 平面 VAC,$VD \perp AC$,由三垂线定理,得

解三角形

$$BD \perp AC$$

所以 A 和 C 一定都是锐角.

同理可得: B 一定也是锐角.

这就是说, $\triangle ABC$ 是锐角三角形.

证法三(反证法) 如图 2.22, 假设 $\triangle ABC$ 不是锐角三角形. 不妨设最大角 $B \geqslant \dfrac{\pi}{2}$, 那么

$$\cos B \leqslant 0$$

就是
$$\dfrac{AB^2 + BC^2 - AC^2}{2AB \cdot BC} \leqslant 0$$

由此可得

$$AB^2 + BC^2 \leqslant AC^2$$

就是 $\qquad a^2 + b^2 + b^2 + c^2 \leqslant a^2 + c^2$

所以 $\qquad 2b^2 \leqslant 0$

这是不可能的. 所以, B 一定是锐角. 同理可得: A 和 C 也一定是锐角.

这就是说, $\triangle ABC$ 是锐角三角形.

例 30 在 $\triangle ABC$ 中, 已知

$$\begin{vmatrix} 1 & \sin A & \cos A \\ 1 & \sin B & \cos B \\ 1 & \sin C & \cos C \end{vmatrix} = 0$$

那么, $\triangle ABC$ 是什么样的三角形?

解法一 行列式的第一行乘以 -1, 分别与第二行和第三行相加, 得

$$\begin{vmatrix} 1 & \sin A & \cos A \\ 0 & \sin B - \sin A & \cos B - \cos A \\ 0 & \sin C - \sin A & \cos C - \cos A \end{vmatrix} = 0$$

展开, 得

$$(\sin B - \sin A)(\cos C - \cos A) -$$

$$(\cos B - \cos A)(\sin C - \sin A) = 0$$

$$2\sin\frac{B-A}{2}\cos\frac{B+A}{2}\left(-2\sin\frac{C+A}{2}\sin\frac{C-A}{2}\right) -$$

$$\left(-2\sin\frac{B+A}{2}\sin\frac{B-A}{2}\right) \cdot$$

$$2\sin\frac{C-A}{2}\cos\frac{C+A}{2} = 0$$

$$4\sin\frac{B-A}{2}\sin\frac{C-A}{2}\left(\sin\frac{B+A}{2}\cos\frac{C+A}{2} - \cos\frac{B+A}{2}\sin\frac{C+A}{2}\right) = 0$$

$$4\sin\frac{B-A}{2}\sin\frac{C-A}{2}\sin\left(\frac{B+A}{2} - \frac{C+A}{2}\right) = 0$$

就是 $$\sin\frac{B-A}{2}\sin\frac{C-A}{2}\sin\frac{B-C}{2} = 0$$

由此可得

$$\sin\frac{B-A}{2} = 0$$

或者 $$\sin\frac{C-A}{2} = 0$$

或者 $$\sin\frac{B-C}{2} = 0$$

就是 $A = B$，或者 $A = C$，或者 $B = C$.

这就是说，$\triangle ABC$ 一定是等腰三角形.

解法二 因为

$$\begin{vmatrix} 1 & \sin A & \cos A \\ 1 & \sin B & \cos B \\ 1 & \sin C & \cos C \end{vmatrix} = \begin{vmatrix} 1 & \dfrac{a}{2R} & \dfrac{b^2+c^2-a^2}{2bc} \\ 1 & \dfrac{b}{2R} & \dfrac{a^2+c^2-b^2}{2ac} \\ 1 & \dfrac{c}{2R} & \dfrac{a^2+b^2-c^2}{2ab} \end{vmatrix}$$

解三角形

$$= \frac{1}{4R} \begin{vmatrix} 1 & a & \frac{b^2+c^2-a^2}{bc} \\ 1 & b & \frac{a^2+c^2-b^2}{ac} \\ 1 & c & \frac{a^2+b^2-c^2}{ab} \end{vmatrix}$$

$$= \frac{1}{4R} \begin{vmatrix} 1 & a & \frac{b^2+c^2-a^2}{bc} \\ 0 & b-a & \frac{a^2+c^2-b^2}{ac} - \frac{b^2+c^2-a^2}{bc} \\ 0 & c-a & \frac{a^2+b^2-c^2}{ab} - \frac{b^2+c^2-a^2}{bc} \end{vmatrix}$$

$$= \frac{1}{4R} \begin{vmatrix} b-a & \frac{a^2+c^2-b^2}{ac} - \frac{b^2+c^2-a^2}{bc} \\ c-a & \frac{a^2+b^2-c^2}{ab} - \frac{b^2+c^2-a^2}{bc} \end{vmatrix}$$

$$= \frac{1}{4Rabc}(b-a)(a^2c+b^2c-c^3-ab^2-ac^2+a^3) -$$

$$\quad \frac{1}{4Rabc}(c-a)(a^2b+bc^2-b^3-ab^2-ac^2+a^3)$$

$$= \frac{1}{4Rabc}(b-a)(a+b+c)(a-c)(a-b+c) -$$

$$\quad \frac{1}{4Rabc}(c-a)(a+b+c)(a-b)(a+b-c)$$

$$= \frac{1}{2Rabc}(a+b+c)(b-a)(a-c)(c-b)$$

所以
$$\frac{1}{2Rabc}(a+b+c)(b-a)(a-c)(c-b) = 0$$

因为 a, b, c, R 都不等于零,所以
$$a+b+c \neq 0$$

第2章 解三角形

所以 $(b-a)(a-c)(c-b)=0$

由此可得:$b-a=0$,或者 $a-c=0$,或者 $c-b=0$. 就是 $a=b$,或者 $a=c$,或者 $b=c$.

这就是说,$\triangle ABC$ 一定是等腰三角形.

练 习 2

1. 已知下列条件,解直角三角形.

(1) $B=45°,c=10$;

(2) $A=30°,b=6$;

(3) $b=50,c=50\sqrt{2}$;

(4) $a=8\sqrt{15},b=8\sqrt{5}$;

(5) 周长是 $2+\sqrt{6}$,斜边上的中线长是 1;

(6) 三边成等比数列,较短的一条直角边是 1;

(7) 斜边上的高 h 和锐角 B;

(8) 面积 S 和锐角 A;

(9) 三个角成等差数列,周长是 $2p$;

(10) 锐角 A 和 A 的平分线长 t_a.

2. 在直角三角形 ABC 中,求证:

(1) $\cos(A-B)=\dfrac{2ab}{c^2}$;

(2) $\cos 2A=\dfrac{b^2-a^2}{c^2}$;

(3) $\cos(2A-B)=\dfrac{a}{c^3}(3b^2-a^2)$;

(4) $\tan 2A=\dfrac{2ab}{b^2-a^2}$;

解三角形

(5) $\sin\dfrac{A}{2}=\sqrt{\dfrac{c-b}{2c}}$;

(6) $S=\dfrac{1}{4}(a+b+c)(a+b-c)$.

3. 在△ABC 中,已知下列条件,这个三角形有没有解?如果有解,有几解?

(1) $a=80, b=100, A=30°$;

(2) $a=50, b=100, A=30°$;

(3) $a=13, b=11, A=69°$;

(4) $a=40, b=100, A=30°$;

(5) $a=34, b=37, A=95°$.

4. 已知下列条件,解三角形.

(1) $B=45°, C=105°, a=5$;

(2) $a=\dfrac{1}{\sqrt{6}-\sqrt{2}}, b=\dfrac{1}{\sqrt{6}+\sqrt{2}}, C=60°$;

(3) $a=2\sqrt{6}, c=6-2\sqrt{3}, B=75°$;

(4) $A=72°, b=2, c=\sqrt{5}+1$;

(5) $B=45°, c=\sqrt{12}, b=\sqrt{8}$;

(6) $a=1, b=\sqrt{3}, A=30°$;

(7) $C=60°, a=2, c=\sqrt{6}$;

(8) $A=30°, a=2, c=5$;

(9) $a=2, b=2\dfrac{2}{3}, c=3\dfrac{1}{3}$;

(10) $a=\sqrt{3}+1, b=2, c=\sqrt{6}$.

5. (1) 在三角形中,已知两角分别等于45°和60°,它们夹边的长是1,求最小边长和面积;

(2) 三角形三边的长分别是 $3, 4, \sqrt{37}$,求最大角;

(3)三角形三边的长分别是 $2x+3$, x^2+3x+3, $x^2+2x(x>0)$,求最大角.

6.已知下列条件,求三角形的边长.

(1) $\tan B = 1$, $\tan C = 2$, $b = 100$;

(2) $A = 75°$, $C = 45°$, $h_a = 12$;

(3) $a = 5$, $b = 4$, $\cos(A-B) = \dfrac{31}{32}$;

(4) $b = 9$, $\cos A = \dfrac{17}{22}$, $\cos C = \dfrac{1}{14}$;

(5) A, B, C 三角成等差数列, $b = 2\sqrt{3}$, $S = 3 + \sqrt{3}$;

(6) $a + b = 12$, $A = 120°$, $S = \dfrac{35}{2}\sin C$;

(7)钝角三角形的边长是三个连续自然数;

(8) $a = 8\sqrt{3}$, $A = 60°$, $a - b = 8(\sqrt{3}-\sqrt{2})$;

(9) $A = 60°$, $a + b = 2(\sqrt{6}+2)$, $a + c = 2(\sqrt{6}+\sqrt{3}+1)$;

(10) $A = 45°$, $h_c = \sqrt{3}$, $h_b = \dfrac{1}{2}(\sqrt{2}+\sqrt{6})$.

7.已知下列条件,怎样解三角形?(指出解题的步骤和方法)

(1) A, B 和 $a + b = 2l$;

(2) B, C 和 h_a;

(3) A, B 和 S;

(4) A, a 和 S;

(5) A, a 和其他两边的积 m;

(6) A, m_a 和 h_a;

(7) A, R 和 r;

(8) r_a, r_b 和 r_c;

解三角形

（9）$a, 2p$ 和 r；

（10）B, a 和 r_a.

8. 已知下列条件，求 A.

（1）$a^2 = b^2 + bc + c^2$；

（2）$(a+b+c)(b+c-a) = 3bc$.

9. 已知下列条件，求 C.

（1）$c^4 - 2(a^2+b^2)c^2 + a^4 + a^2 b^2 + b^4 = 0$；

（2）$a : b : c = (m+n) : (m-n) : \sqrt{2(m^2+n^2)}$.

10. 已知 $\triangle ABC$ 的三个角 A, B, C 成等差数列，求解下列各题.

（1）$\log_4 \sin A + \log_4 \sin C = -1, S = \sqrt{3}$，解这个三角形；

（2）$b = 3\sqrt{2} + \sqrt{6}, h_a = \sqrt{3}$，解这个三角形；

（3）$\sin(A+C) = \sin(A-C)$，求 A, B, C；

（4）$\tan A + \tan C = \sqrt{3}$，求 $\tan A \tan C$ 的值；

（5）最大边是 c，最小边是 a，$c : a = (\sqrt{3}+1) : 2$，求 A, B, C；

（6）最大角和最小角分别是 C 和 A，$\tan A$ 和 $\tan C$ 是方程 $x(x-3) + 2 = \sqrt{3}(x-1)$ 的根，$S = 3 - \sqrt{3}$，解这个三角形.

11. （1）在 $\triangle ABC$ 中，已知 $\cos A = \dfrac{17}{22}, \cos C = \dfrac{1}{14}$，试求 $a : b : c$.

（2）在 $\triangle ABC$ 中，已知 $a : b : c = 1 : \sqrt{3} : 2$，求 $A : B : C$.

12. （1）三角形的两边分别是 5 和 3，它们的夹角的余弦值是方程 $5x^2 - 7x - 6 = 0$ 的根，求这个三角形的面积 S.

第2章 解三角形

(2)已知三角形的两边是方程 $x^2-17x+60=0$ 的两个根,它们的夹角是 $\arccos\left(-\dfrac{9}{40}\right)$,求第三边.

(3)方程 $x^3-(\sqrt{2}+1)x^2+(\sqrt{2}-q)x+q=0$ 的一个根是1,设这个方程的三个根分别是 $\triangle ABC$ 的三个内角的正弦值,求 A,B,C 和 q 的值.

(4)在 $\triangle ABC$ 中,已知 $\sin^2 A=\sin^2 B+\sin^2 C$,并且 $\tan B$ 等于 $\left(\sqrt[4]{3}x-\dfrac{y}{2\sqrt{21}}\right)^8$ 的展开式中倒数第七项的系数,求 A,B 和 C.

13.求证:满足下列条件之一的三角形是等腰三角形.

(1) $\dfrac{\sin A}{\sin B}=2\cos C$;

(2) $\dfrac{\tan A}{\tan B}=\dfrac{\sin A}{\sin B}$;

(3) $c(a+b)\cos\dfrac{B}{2}=b(c+a)\cos\dfrac{C}{2}$;

(4) $\lg a-\lg c=\lg\sin B=-\lg\sqrt{2}$,并且 B 是锐角;

(5)方程 $x^2-x\sin A\cos B+\sin C=0$ 的两根和是两根积的一半.

14.证明满足下列条件之一的三角形是直角三角形.

(1) $\sin C=\dfrac{\sin A+\sin B}{\cos A+\cos B}$;

(2) $\tan B=\dfrac{\cos(C-B)}{\sin A+\sin(C-B)}$;

(3) $\cos^2 A+\cos^2 B+\cos^2 C=1$;

(4) $\sin^2 A=\sin^2 B+\sin^2 C$.

解三角形

15. 证明△ABC 是等边三角形的充要条件是
$$(a+b+c)^2 = 3(a^2+b^2+c^2)$$

16. a,b,c 是△ABC 的三条边,m_a 是边 a 上的中线,证明 $m_a^2 x^2 + (4m_a^2 + a^2)x + (2m_a - a)^2 = 2(b^2 + c^2 - 2a^2 - 2am_a)$ 一定有实数根;并且,当方程有等根时,△ABC 是直角三角形.

17. 满足下列条件之一的三角形是什么三角形?

(1) $\dfrac{\tan A}{\tan B} = \dfrac{\sin^2 A}{\sin^2 B}$;

(2) $(p-b)\cot\dfrac{C}{2} = p\tan\dfrac{B}{2}$;

(3) 三边、三角都成等差数列;

(4) $a^4 + b^4 + c^4 = a^2 b^2 + b^2 c^2 + c^2 a^2$.

18. 当 $\sin^2 A + \sin^2 B + \sin^2 C$ 大于 2 时,等于 2 时,小于 2 时,△ABC 各是什么样的三角形?

三角学的应用

解三角形的应用非常广泛,无论在解某些几何、物理问题中,或者在测量、航海等方面解决某些实际问题中,往往要用到解三角形的方法.下面我们简要地介绍解三角形在这些方面的应用.

§1 在几何学方面的应用

解三角形是解四边形的基础,而且,应用解三角形的方法,还可以解某些几何的计算题和证明题.但在证明几何问题时必须注意,应用三角方法一般可以减少由于添辅助线而引起的困难,但有时却会使得证明过程过于繁复,特别是,三角方法不能用来解所有的几何证明题,而只是在某些情形下,用它来解确实比较方便.下面我们举例来说明.

一、解四边形

例1 已知圆内接四边形 $ABCD$ 的四条边分别是 a,b,c,d(图 3.1),求这个四

解三角形

边形的四个角和面积.

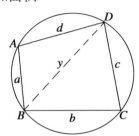

图 3.1

分析:这里,如果联结对角线 BD 或 AC,就把四边形分成两个三角形,解这两个三角形,就可以求出四边形的四个角和面积了.

解 联结 BD. 设 $BD = y$.

在 $\triangle ABD$ 中,$y^2 = a^2 + d^2 - 2ad\cos A$.

在 $\triangle DBC$ 中,$y^2 = b^2 + c^2 - 2bc\cos C$.

因为 $\qquad A + C = 180°$

所以 $\qquad \cos C = \cos(180° - A) = -\cos A$

所以 $\quad a^2 + d^2 - 2ad\cos A = b^2 + c^2 + 2bc\cos A$

所以 $\qquad \cos A = \dfrac{a^2 + d^2 - b^2 - c^2}{2(ad + bc)}$

查三角函数表,得出 A.

同理可以得出 B, C, D.

因为
$$S_{ABCD} = S_{\triangle ABD} + S_{\triangle DBC}$$
$$= \frac{1}{2}ad\sin A + \frac{1}{2}bc\sin C$$

而 $\qquad \sin C = \sin(180° - A) = \sin A$

所以 $\qquad S_{ABCD} = \dfrac{1}{2}(ad + bc)\sin A$

因为

$$\sin A = \sqrt{1-\cos^2 A} = \sqrt{1-\left[\frac{a^2+d^2-b^2-c^2}{2(ad+bc)}\right]^2}$$

$$= \sqrt{\left[1+\frac{a^2+d^2-b^2-c^2}{2(ad+bc)}\right]\left[1-\frac{a^2+d^2-b^2-c^2}{2(ad+bc)}\right]}$$

$$= \sqrt{\frac{(a+d+b-c)(a+d-b+c)(b+c+a-d)(b+c-a+d)}{4(ad+bc)^2}}$$

设

$$a+b+c+d = 2p$$

所以

$$\sin A = \frac{2}{ad+bc}\sqrt{(p-a)(p-b)(p-c)(p-d)}$$

所以

$$S_{ABCD} = \frac{1}{2}(ad+bc) \cdot \frac{2}{ad+bc}\sqrt{(p-a)(p-b)(p-c)(p-d)}$$
$$= \sqrt{(p-a)(p-b)(p-c)(p-d)}$$

注 上面我们已经得到用四边形的四条边表示它的角的余弦和面积的公式. 同样的,我们还可以得到用四边形的四条边表示它的半角三角函数的公式. 例如:

因为

$$2\cos^2\frac{A}{2} = 1+\cos A = 1+\frac{a^2+d^2-b^2-c^2}{2(ad+bc)}$$

$$= \frac{(a+d+b-c)(a+d-b+c)}{2(ad+bc)}$$

$$= \frac{2(p-c)(p-b)}{ad+bc}$$

又 $0° < A < 180°, 0° < \frac{A}{2} < 90°$,所以

$$\cos\frac{A}{2} = \sqrt{\frac{(p-b)(p-c)}{ad+bc}}$$

因为

解三角形

$$2\sin^2\frac{A}{2} = 1 - \cos A = 1 - \frac{a^2 + d^2 - b^2 - c^2}{2(ad+bc)}$$
$$= \frac{(b+c+a-d)(b+c-a+d)}{2(ad+bc)}$$
$$= \frac{2(p-d)(p-a)}{ad+bc}$$

所以 $\sin\frac{A}{2} = \sqrt{\dfrac{(p-a)(p-d)}{ad+bc}}$

所以 $\tan\frac{A}{2} = \sqrt{\dfrac{(p-a)(p-d)}{(p-b)(p-c)}}$

同理可得四边形其他三个角的半角的三角函数公式.

可以看到,如果把这些公式同三角形相应的边角之间的关系式相比较,当 $d=0$ 时,四边形的这些公式就都变成三角形的有关公式了. 可见,三角形是四边形的特殊情形.

二、解极值问题

例 2 已知三角形的两边的和是 8,它们的夹角是 60°.

1) 求三角形周长的极小值;
2) 求三角形面积的极大值;
3) 当三角形的面积最大时,它是什么样的三角形?

解 1) 设 △ABC 的两边分别是 b 和 c,它们的夹角 A 是 60°,它的周长是 y,那么
$$y = a + b + c = a + 8$$
因为
$$a = \sqrt{b^2 + c^2 - 2bc\cos A}$$

第 3 章　三角学的应用

$$= \sqrt{b^2 + c^2 - 2bc\cos 60°}$$
$$= \sqrt{b^2 + c^2 - bc}$$

所以
$$y = \sqrt{b^2 + c^2 - bc} + 8$$
$$= \sqrt{(b+c)^2 - 3bc} + 8$$
$$= \sqrt{64 - 3b(8-b)} + 8$$
$$= \sqrt{3(b-4)^2 + 16} + 8$$

所以当 $b = 4$ 时，$y_{极小值} = 12$.

2) 因为
$$S = \frac{1}{2}bc\sin A = \frac{1}{2}b(8-b)\sin 60°$$
$$= \frac{\sqrt{3}}{4}b(8-b) = -\frac{\sqrt{3}}{4}(b-4)^2 + 4\sqrt{3}$$

所以当 $b = 4$ 时，$S_{极大值} = 4\sqrt{3}$.

3) 因为当 $b = 4$ 时，$c = 4$，所以
$$b = c$$

而 b 和 c 的夹角是 $60°$，所以 $\triangle ABC$ 是等边三角形.

这就是说，在题设条件下，面积最大的三角形是等边三角形.

例 3　在 $\triangle ABC$ 中，已知 $c = 1, C = 120°$，求 $a + b$ 的极大值.

解　因为
$$\frac{a}{\sin A} = \frac{b}{\sin B} = \frac{c}{\sin C}$$

所以
$$\frac{a+b}{\sin A + \sin B} = \frac{c}{\sin C}$$

所以

解三角形

$$a+b = \frac{c}{\sin C}(\sin A + \sin B)$$

$$= \frac{c}{2\sin\frac{C}{2}\cos\frac{C}{2}} \cdot 2\sin\frac{A+B}{2}\cos\frac{A-B}{2}$$

$$= \frac{c}{\sin\frac{C}{2}}\cos\frac{A-B}{2}$$

而 $$\frac{c}{\sin\frac{C}{2}}\cos\frac{A-B}{2} \leq \frac{c}{\sin\frac{C}{2}}$$

所以 $$a+b \leq \frac{c}{\sin\frac{C}{2}}$$

因为 $$\frac{c}{\sin\frac{C}{2}} = \frac{1}{\sin 60°} = \frac{2}{3}\sqrt{3}$$

所以 $$a+b \leq \frac{2}{3}\sqrt{3}$$

这就是说,$a+b$ 的极大值是 $\frac{2}{3}\sqrt{3}$.

例4 已知三角形的周长是 2,求它的内切圆面积的最大值.

解 设三角形的内切圆半径是 r,内切圆的面积是 S,那么

$$S = \pi r^2$$

因为 $$r = \sqrt{\frac{(p-a)(p-b)(p-c)}{p}}$$

而 $$p = \frac{1}{2}(a+b+c) = 1$$

所以 $$r = \sqrt{(1-a)(1-b)(1-c)}$$

第 3 章　三角学的应用

所以　　　　　$S = \pi(1-a)(1-b)(1-c)$
因为　　　　　$a+b+c > 2a$
所以　　　　　　$1 > 2a$

同理可得：$1 > 2b, 1 > 2c$.

所以，$1-a, 1-b, 1-c$ 都是正数.

根据代数不等式

$$\sqrt[3]{xyz} \leqslant \frac{x+y+z}{3} (x,y,z\text{ 都是正实数})$$

设 $x = 1-a, y = 1-b, z = 1-c$，代入上式，得

$$\sqrt[3]{(1-a)(1-b)(1-c)} \leqslant \frac{1-a+1-b+1-c}{3}$$

就是

$$\sqrt[3]{(1-a)(1-b)(1-c)} \leqslant \frac{3-(a+b+c)}{3}$$

$$\sqrt[3]{(1-a)(1-b)(1-c)} \leqslant \frac{1}{3}$$

所以　　　　$(1-a)(1-b)(1-c) \leqslant \dfrac{1}{27}$

所以　　　$\pi(1-a)(1-b)(1-c) \leqslant \dfrac{\pi}{27}$

所以　　　　　　　$S \leqslant \dfrac{\pi}{27}$

这就是说，当 $a = b = c = \dfrac{2}{3}$ 时，三角形内切圆的面积有最大值 $\dfrac{\pi}{27}$.

例 5　求外切于单位圆的直角三角形的周长的极小值.

解　如图 3.2，圆 O 是一个单位圆，Rt$\triangle ABC$ 外切圆 O 于 D, E, F，这样

解三角形

$$OD = OE = OF = 1$$

并且 $OD \perp AB, OE \perp BC, OF \perp AC.$

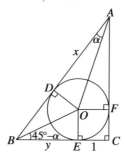

图 3.2

设 $AD = x, BE = y, \angle OAD = \dfrac{A}{2} = \alpha$，那么

$$AF = x$$
$$BD = y$$
$$CE = CF = OF = 1$$
$$\angle OBE = \dfrac{90° - 2\alpha}{2} = 45° - \alpha$$

设直角三角形的周长是 l，那么

$$\begin{aligned}
l &= 2 + 2x + 2y = 2[1 + \cot\alpha + \cot(45° - \alpha)] \\
&= 2\left[1 + \dfrac{\cos\alpha}{\sin\alpha} + \dfrac{\cos(45° - \alpha)}{\sin(45° - \alpha)}\right] \\
&= 2\left[1 + \dfrac{\sin 45°}{\sin\alpha \sin(45° - \alpha)}\right] \\
&= 2\left[1 + \dfrac{\sqrt{2}}{2\sin\alpha \sin(45° - \alpha)}\right] \\
&= 2\left[1 + \dfrac{\sqrt{2}}{\cos(2\alpha - 45°) - \cos 45°}\right] \\
&= 2\left[1 + \dfrac{2\sqrt{2}}{2\cos(2\alpha - 45°) - \sqrt{2}}\right]
\end{aligned}$$

要使 l 有极小值,就要使 $\cos(2\alpha-45°)$ 有极大值,就是
$$\cos(2\alpha-45°)=1$$
所以
$$2\alpha-45°=0°$$
$$\alpha=22°30'$$
这就是说,当 $\alpha=22°30'$ 时
$$l_{\text{极小}}=2\left(1+\frac{2\sqrt{2}}{2-\sqrt{2}}\right)=6+4\sqrt{2}$$

例 6 如图 3.3,已知 $\triangle ABC$ 是等腰三角形,$BC=a$,腰 $AB=b$,在 AB,AC 上分别取 D,E,使 $S_{\triangle ADE}=\frac{1}{2}S_{\triangle ABC}$,求 DE 的极小值.

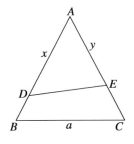

图 3.3

解 设 $AD=x$,$AE=y$,那么
$$S_{\triangle ADE}=\frac{1}{2}xy\sin A$$
而
$$S_{\triangle ABC}=\frac{1}{2}b^2\sin A$$
根据题设条件,得
$$\frac{1}{2}xy\sin A=\frac{1}{4}b^2\sin A$$

解三角形

$$xy = \frac{1}{2}b^2 \qquad (1)$$

而
$$DE^2 = x^2 + y^2 - 2xy\cos A \qquad (2)$$
$$a^2 = 2b^2 - 2b^2\cos A \qquad (3)$$

由式(2)和式(3),得

$$\begin{aligned}DE^2 &= x^2 + y^2 - 2xy \cdot \frac{2b^2 - a^2}{2b^2} \\ &= (x-y)^2 + 2xy - 2xy \cdot \frac{2b^2 - a^2}{2b^2} \\ &= (x-y)^2 + 2xy\left(1 - \frac{2b^2 - a^2}{2b^2}\right) \\ &= (x-y)^2 + b^2 \cdot \frac{a^2}{2b^2} = (x-y)^2 + \frac{a^2}{2}\end{aligned}$$

所以
$$DE = \sqrt{(x-y)^2 + \frac{a^2}{2}}$$

所以,当 $x = y$ 时,也就是 $AD = AE$ 时,DE 有极小值

$$DE_{极小值} = \frac{\sqrt{2}}{2}a$$

由上面的例子可以看到,应用解三角形的方法求某些问题的极值,关键在于怎样根据已知条件列出以边或角为自变量的函数式,有了函数式后,再应用三角函数的性质、二次函数的极值等,就可以得出所求的极值.

三、解立体几何问题

例7 正四棱锥 $V-ABCD$ 的底面边长是 a(图3.4). 经过 BC 作截面 $BCFE$,它和底面所成的角是 β. 棱锥的侧面和底面所成的二面角是 α,求截面的面积.

第3章 三角学的应用

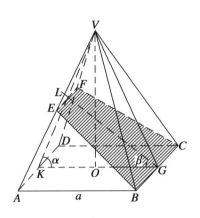

图 3.4

解 根据题意,容易知道,$\beta < \alpha$,截面 $BCFE$ 一定是等腰梯形.

经过顶点 V,BC 的中点 G,AD 的中点 K 作平面 VKG. 那么,平面 $VKG \perp$ 平面 $ABCD$. 设 VK 交 EF 于 L,L 一定是 EF 的中点. 这样,$\angle LKG$ 就是侧面和底面所成的二面角的平面角. 因此,$\angle LKG = \alpha$. 因为 LG 是等腰梯形 $BCFE$ 的高,所以 $\angle LGK$ 是截面和底面所成的二面角的平面角,$\angle LGK = \beta$. 所以

$$S_{BCFE} = \frac{1}{2}(BC + EF)LG = \frac{1}{2}(a + EF)LG$$

在 $\triangle LKG$ 中,$KG = a$,且

$$\frac{LG}{\sin \angle LKG} = \frac{KG}{\sin \angle KLG} = \frac{LK}{\sin \angle LGK}$$

所以
$$\frac{LG}{\sin \alpha} = \frac{a}{\sin(180° - \alpha - \beta)} = \frac{LK}{\sin \beta}$$

所以 $LG = \dfrac{a\sin \alpha}{\sin(\alpha + \beta)}$,$LK = \dfrac{a\sin \beta}{\sin(\alpha + \beta)}$

因为 $\triangle VAD \backsim \triangle VEF$

解三角形

所以
$$\frac{EF}{AD} = \frac{VL}{VK}$$

所以
$$EF = \frac{VL}{VK} \cdot AD$$

因为
$$VK = \frac{KO}{\cos \alpha} = \frac{\frac{a}{2}}{\cos \alpha} = \frac{a}{2\cos \alpha}$$

所以
$$VL = VK - LK = \frac{a}{2\cos \alpha} - \frac{a\sin \beta}{\sin(\alpha + \beta)}$$

所以
$$EF = \left[\frac{a}{2\cos \alpha} - \frac{a\sin \beta}{\sin(\alpha + \beta)}\right] \cdot \frac{2\cos \alpha}{a} \cdot a$$
$$= \frac{a\sin(\alpha - \beta)}{\sin(\alpha + \beta)}$$

所以
$$S_{BCFE} = \frac{1}{2}(BC + EF)LG$$
$$= \frac{1}{2}\left[a + \frac{a\sin(\alpha - \beta)}{\sin(\alpha + \beta)}\right] \cdot \frac{a\sin \alpha}{\sin(\alpha + \beta)}$$
$$= \frac{1}{2}\left[\frac{a\sin(\alpha + \beta) + a\sin(\alpha - \beta)}{\sin(\alpha + \beta)}\right] \cdot \frac{a\sin \alpha}{\sin(\alpha + \beta)}$$
$$= \frac{a^2\sin^2\alpha\cos \beta}{\sin^2(\alpha + \beta)}$$

所以,截面的面积是 $\dfrac{a^2\sin^2\alpha\cos \beta}{\sin^2(\alpha + \beta)}$.

例8 已知三面角的三个面角分别是 α, β, γ,求这三面角的二面角.

解 设三面角 $V - ABC$ 的三个面角 $\angle AVB$,$\angle BVC$,$\angle CVA$ 分别是 α, β, γ(图 3.5),以 VA, VB, VC 为棱的三个二面角分别是 φ, ψ, θ.

第 3 章 三角学的应用

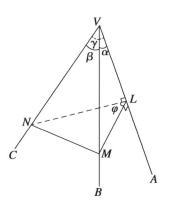

图 3.5

不妨在 VA 上取 $VL=1$. 在平面 CVA 和 AVB 内经过 L 分别作 LN 和 LM 垂直于棱 VA,那么
$$\angle MLN = \varphi$$

在 $\triangle MNL$ 中,$MN^2 = ML^2 + NL^2 - 2ML \cdot NL\cos\varphi$.

在 Rt$\triangle VLM$ 中,$ML = \tan\alpha$,$VM = \dfrac{1}{\cos\alpha}$.

在 Rt$\triangle VLN$ 中,$NL = \tan\gamma$,$VN = \dfrac{1}{\cos\gamma}$. 所以
$$MN^2 = \tan^2\alpha + \tan^2\gamma - 2\tan\alpha\tan\gamma\cos\varphi \quad (1)$$

在 $\triangle VMN$ 中
$$MN^2 = VM^2 + VN^2 - 2VM \cdot VN\cos\beta$$

所以
$$MN^2 = \dfrac{1}{\cos^2\alpha} + \dfrac{1}{\cos^2\gamma} - \dfrac{2}{\cos\alpha\cos\gamma}\cos\beta \quad (2)$$

由式(1)和式(2),得
$$\tan^2\alpha + \tan^2\gamma - 2\tan\alpha\tan\gamma\cos\varphi$$
$$= \dfrac{1}{\cos^2\alpha} + \dfrac{1}{\cos^2\gamma} - \dfrac{2\cos\beta}{\cos\alpha\cos\gamma}$$

解三角形

所以

$$2\tan\alpha\tan\gamma\cos\varphi$$
$$=\tan^2\alpha+\tan^2\gamma-\frac{1}{\cos^2\alpha}-\frac{1}{\cos^2\gamma}+\frac{2\cos\beta}{\cos\alpha\cos\gamma}$$
$$=\tan^2\alpha+\tan^2\gamma-1-\tan^2\alpha-1-\tan^2\gamma+\frac{2\cos\beta}{\cos\alpha\cos\gamma}$$
$$=-2+\frac{2\cos\beta}{\cos\alpha\cos\gamma}$$

所以

$$\frac{\sin\alpha\sin\gamma}{\cos\alpha\cos\gamma}\cos\varphi=-1+\frac{\cos\beta}{\cos\alpha\cos\gamma}$$
$$\sin\alpha\sin\gamma\cos\varphi=-\cos\alpha\cos\gamma+\cos\beta$$

所以

$$\cos\varphi=\frac{\cos\beta-\cos\alpha\cos\gamma}{\sin\alpha\sin\gamma}$$
$$\varphi=\arccos\left(\frac{\cos\beta-\cos\alpha\cos\gamma}{\sin\alpha\sin\gamma}\right)$$

同理,可以求出其他两个二面角 ψ 和 θ,即

$$\psi=\arccos\left(\frac{\cos\gamma-\cos\alpha\cos\beta}{\sin\alpha\sin\beta}\right)$$
$$\theta=\arccos\left(\frac{\cos\alpha-\cos\beta\cos\gamma}{\sin\beta\sin\gamma}\right)$$

例9 在等腰直角三角形 ABC 中(图 3.6),$\angle C=90°$,$AC=BC$,AD 是 BC 上的中线,CE 垂直 AD 交 AB 于 E,求证:$\angle ADC=\angle EDB$.

证明 设 $\angle BDE=\alpha$,$\angle ADC=\beta$,$CD=1$. 那么
$$BD=1$$
$$AC=BC=2$$

在 Rt$\triangle ADC$ 中,$\tan\beta=2$.

第 3 章　三角学的应用

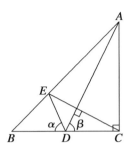

图 3.6

在 $\triangle CEB$ 中
$$\frac{EB}{\sin\angle BCE} = \frac{BC}{\sin\angle CEB}$$

而 $\sin\angle BCE = \sin(90°-\beta) = \cos\beta$

在 Rt$\triangle ADC$ 中
$$\cos\beta = \frac{DC}{AD} = \frac{1}{\sqrt{5}}$$

所以 $\sin\angle BCE = \dfrac{1}{\sqrt{5}}$

因为 $A = B = 45°$

所以
$$\begin{aligned}\sin\angle CEB &= \sin[180°-(90°-\beta+45°)]\\ &= \sin(\beta+45°)\\ &= \frac{\sqrt{2}}{2}\left(\frac{2}{\sqrt{5}}+\frac{1}{\sqrt{5}}\right) = \frac{3\sqrt{10}}{10}\end{aligned}$$

所以
$$EB = \frac{BC\sin\angle BCE}{\sin\angle CEB} = \frac{2\times\dfrac{1}{\sqrt{5}}}{\dfrac{3\sqrt{10}}{10}} = \frac{2\sqrt{2}}{3}$$

在 $\triangle EBD$ 中

解三角形

$$\frac{EB}{\sin \alpha} = \frac{BD}{\sin \angle DEB}$$

而

$$\sin \angle DEB = \sin[180° - (\alpha + 45°)] = \sin(\alpha + 45°)$$

所以

$$\sin \alpha = \frac{EB \sin \angle DEB}{DB} = \frac{2\sqrt{2}}{3}\sin(\alpha + 45°)$$

$$= \frac{2\sqrt{2}}{3}\left(\frac{\sqrt{2}}{2}\sin \alpha + \frac{\sqrt{2}}{2}\cos \alpha\right)$$

所以

$$\sin \alpha = \frac{2}{3}(\sin \alpha + \cos \alpha)$$

$$3\sin \alpha = 2\sin \alpha + 2\cos \alpha$$

$$\sin \alpha = 2\cos \alpha$$

所以 $\tan \alpha = 2$

由此可得

$$\tan \alpha = \tan \beta = 2$$

因为 α, β 都是锐角，所以 $\alpha = \beta$，就是 $\angle EDB = \angle ADC$.

从这道题的证明过程中可以看到，用解三角形的方法来证明几何题，关键在于根据已知条件和所要证明的结论，假设某些边、角为已知数，再适当地选取一个或几个三角形，在这些三角形中，用解三角形的方法，推导出所要证明的结论.

例 10 设 C 是圆 O 内弦 AB 的中点（图 3.7），经过 C 作任意两弦 DE, FG. 联结 EF 和 DG，分别交 AB 于 H 和 I，求证：$AH = BI$.

证明 设 $\angle ACF = \alpha, \angle ACE = \beta, \angle E = \delta, \angle F = \gamma$，$AC = BC = a$. 那么

第 3 章　三角学的应用

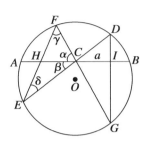

图 3.7

$\angle BCG = \alpha$

$\angle BCD = \beta$

$\angle D = \gamma$

$\angle G = \delta$

在 $\triangle CFH$ 和 $\triangle CEH$ 中

$$FH = \frac{HC\sin\alpha}{\sin\gamma}$$

$$HE = \frac{HC\sin\beta}{\sin\delta}$$

根据圆幂定理,得

$$AH \cdot HB = EH \cdot HF$$

所以

$$(a - HC)(a + HC) = \frac{HC\sin\beta}{\sin\delta} \cdot \frac{HC\sin\alpha}{\sin\gamma}$$

$$a^2 - HC^2 = \frac{HC^2 \sin\alpha\sin\beta}{\sin\gamma\sin\delta}$$

$$HC^2 = \frac{a^2 \sin\gamma\sin\delta}{\sin\alpha\sin\beta + \sin\gamma\sin\delta}$$

同理可得

$$IC^2 = \frac{a^2 \sin\gamma\sin\delta}{\sin\alpha\sin\beta + \sin\gamma\sin\delta}$$

所以

$$HC^2 = IC^2$$

解三角形

所以 $\qquad HC = IC$

由此可得

$$AH = BI$$

例11 试证明定理:圆内接凸四边形两组对边乘积的和,等于两条对角线的乘积.①

已知:$ABCD$ 是圆 O 的内接四边形(图 3.8).

求证:$AB \cdot CD + AD \cdot BC = AC \cdot BD$.

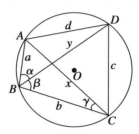

图 3.8

证明 设 $\angle ABD = \alpha$, $\angle DBC = \beta$, $\angle BCA = \gamma$, 外接圆的半径是 R. 那么

$$\angle BAC = 180° - (\alpha + \beta + \gamma)$$

$$\angle ACD = \alpha$$

在 △ABC 中

$$AB = 2R\sin\gamma$$
$$BC = 2R\sin[180° - (\alpha + \beta + \gamma)]$$
$$= 2R\sin(\alpha + \beta + \gamma)$$
$$AC = 2R\sin(\alpha + \beta)$$

在 △ACD 中

$$CD = 2R\sin\beta$$

---

① 这个定理的几何证法可以参阅《初等数学复习与研究》(平面几何)梁绍鸿编.

第 3 章 三角学的应用

$$AD = 2R\sin\alpha$$

在 $\triangle BCD$ 中

$$BD = 2R\sin(\alpha + \gamma)$$

所以

$$\begin{aligned}
AB \cdot CD &+ AD \cdot BC \\
&= 4R^2\sin\beta\sin\gamma + 4R^2\sin\alpha\sin(\alpha + \beta + \gamma) \\
&= 2R^2[2\sin\beta\sin\gamma + 2\sin\alpha\sin(\alpha + \beta + \gamma)] \\
&= 2R^2[\cos(\beta - \gamma) - \cos(\beta + \gamma) + \\
&\quad \cos(\alpha - \alpha - \beta - \gamma) - \cos(\alpha + \alpha + \beta + \gamma)] \\
&= 2R^2[\cos(\beta - \gamma) - \cos(2\alpha + \beta + \gamma)]
\end{aligned}$$

$$\begin{aligned}
AC \cdot BD &= 4R^2\sin(\alpha + \beta)\sin(\alpha + \gamma) \\
&= 2R^2[\cos(\beta - \gamma) - \cos(2\alpha + \beta + \gamma)]
\end{aligned}$$

所以 $AB \cdot CD + AD \cdot BC = AC \cdot BD$

其实,在本章例 1 的解中曾经得到

$$\cos A = \frac{a^2 + d^2 - b^2 - c^2}{2(ad + bc)}$$

设 $AC = x, BD = y.$ 那么,在 $\triangle ABD$ 中

$$\begin{aligned}
y^2 &= a^2 + d^2 - 2ad\cos A \\
&= a^2 + d^2 - 2ad \cdot \frac{a^2 + d^2 - b^2 - c^2}{2(ad + bc)} \\
&= \frac{(ab + cd)(ac + bd)}{ad + bc}
\end{aligned}$$

所以

$$y = \sqrt{\frac{(ab + cd)(ac + bd)}{ad + bc}} \qquad (1)$$

同理可得

$$x = \sqrt{\frac{(ad + bc)(ac + bd)}{ab + cd}} \qquad (2)$$

式(1)乘以式(2),得

$$xy = \sqrt{\frac{(ad+bc)(ac+bd)}{ab+cd}} \cdot \sqrt{\frac{(ab+cd)(ac+bd)}{ad+bc}}$$

$$= \sqrt{(ac+bd)^2} = ac+bd$$

所以　　　　$AB \cdot CD + AD \cdot BC = AC \cdot BD$

上面这个定理叫作托勒密定理. 托勒密(Ptolemy)是2世纪时的希腊数学家兼天文学家,他对三角学有很多贡献.

例12　设圆 O 内两弦 AB 和 CD 相交于 M. 经过 A,C 分别作圆的切线,相交于 P,经过 B,D 也分别作圆 O 的切线,相交于 Q,那么 P,M,Q 三点共线(图3.9).

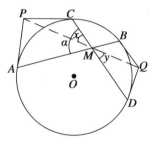

图 3.9

证明　联结 PM 和 MQ. 设 $\angle AMC = \alpha$, $\angle PMC = x$, $\angle QMD = y$, 那么

$$\angle BMD = \alpha$$
$$\angle PMA = \alpha - x$$
$$\angle QMB = \alpha - y$$

在 $\triangle PMC$ 中

$$\sin x = \frac{PC \sin C}{PM}$$

在 $\triangle PMA$ 中

$$\sin(\alpha - x) = \frac{PA \sin A}{PM}$$

而 $\qquad PA = PC$

所以 $\qquad \dfrac{\sin x}{\sin(\alpha - x)} = \dfrac{\sin C}{\sin A}$

同理,由 △QMD 和 △QMB,得

$$\frac{\sin y}{\sin(\alpha - y)} = \frac{\sin D}{\sin B}$$

因为
$$A + B = 180°$$
$$C + D = 180°$$

所以 $\qquad \dfrac{\sin C}{\sin A} = \dfrac{\sin D}{\sin B}$

所以 $\qquad \dfrac{\sin x}{\sin(\alpha - x)} = \dfrac{\sin y}{\sin(\alpha - y)}$

就是
$$\sin x \sin(\alpha - y) = \sin y \sin(\alpha - x)$$
$$\cos(x + \alpha - y) - \cos(x - \alpha + y)$$
$$= \cos(y + \alpha - x) - \cos(y - \alpha + x)$$

所以 $\qquad \cos(x + \alpha - y) = \cos(y + \alpha - x)$

因为
$$0° < x + \alpha - y < 2\alpha < 360°$$
$$0° < y + \alpha - x < 2\alpha < 360°$$

而 $\qquad (x + \alpha - y) + (y + \alpha - x) = 2\alpha$

所以 $\qquad (x + \alpha - y) + (y + \alpha - x) < 360°$

所以 $\qquad x + \alpha - y = y + \alpha - x$

由此可得
$$x = y$$

所以,P, M, Q 三点共线.

解三角形

例13 求证:底边相同,并且顶角相等的三角形中,以等腰三角形的周长为最大.

证法一 如图 3.10,设 $\triangle ABC$ 是等腰三角形, $\angle A = \angle P, BC = a$.

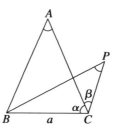

图 3.10

在 $\triangle ABC$ 中

$$\frac{a}{\sin A} = \frac{AB}{\sin \angle BCA}$$

设 $\angle BCA = \alpha$,那么

$$\angle BAC = 180° - 2\alpha$$

所以 $\angle P = \angle A = 180° - 2\alpha$

所以 $AB = \dfrac{a\sin \alpha}{\sin(180° - 2\alpha)} = \dfrac{a}{2\cos \alpha}$

在 $\triangle PBC$ 中,设 $\angle ACP = \beta$,那么

$$PB = \frac{a\sin \angle BCP}{\sin P} = \frac{a\sin(\alpha+\beta)}{\sin(180°-2\alpha)} = \frac{a\sin(\alpha+\beta)}{2\sin \alpha \cos \alpha}$$

$$PC = \frac{a\sin \angle PBC}{\sin P}$$

因为

$$\angle PBC = 180° - (\alpha+\beta) - (180°-2\alpha) = \alpha - \beta$$

所以 $PC = \dfrac{a\sin(\alpha-\beta)}{\sin(180°-2\alpha)} = \dfrac{a\sin(\alpha-\beta)}{2\sin \alpha \cos \alpha}$

所以

$$(AB+AC)-(PB+PC)$$
$$=2\cdot\frac{a}{2\cos\alpha}-\left[\frac{a\sin(\alpha+\beta)}{2\sin\alpha\cos\alpha}+\frac{a\sin(\alpha-\beta)}{2\sin\alpha\cos\alpha}\right]$$
$$=\frac{a}{\cos\alpha}-\frac{a\cos\beta}{\cos\alpha}=\frac{a(1-\cos\beta)}{\cos\alpha}$$

因为 α,β 都是锐角,所以
$$\cos\alpha>0, 1-\cos\beta>0$$

所以
$$\frac{a(1-\cos\beta)}{\cos\alpha}>0$$

由此可得
$$(AB+AC)-(PB+PC)>0$$

就是
$$AB+AC>PB+PC$$

所以
$$AB+BC+CA>PB+BC+CP$$

这就是说,在同底并且顶角相等的三角形中,等腰三角形的周长大于其他任意一个三角形的周长. 也就是说,在同底并且顶角相等的三角形中,以等腰三角形的周长为最大.

证法二 由题设条件,可以知道,A,B,C,P 四点共圆(图 3.11). 设这个圆的圆心是 O,半径是 R,$\angle BCA=\alpha$,$\angle ACP=\beta$.

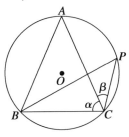

图 3.11

在 $\triangle ABC$ 中

解三角形

$$AB = 2R\sin\alpha$$

在 △PBC 中
$$PB = 2R\sin(\alpha+\beta)$$
$$PC = 2R\sin(\alpha-\beta)$$

所以
$$PB + PC = 2R\sin(\alpha+\beta) + 2R\sin(\alpha-\beta)$$
$$= 4R\sin\alpha\cos\beta$$
$$(AB + AC) - (PB + PC) = 4R\sin\alpha - 4R\sin\alpha\cos\beta$$
$$= 4R\sin\alpha(1 - \cos\beta)$$

因为　　　　$4R\sin\alpha(1-\cos\beta) > 0$

所以　　　$(AB+AC) - (PB+PC) > 0$

所以　　　　$AB + AC > PB + PC$

所以　　　$AB + BC + CA > PB + BC + CP$

例 14　如图 3.12，在 △ABC 中，设 $AB = AC$，P 是三角形内任意一点，并且 $\angle APB < \angle APC$，证明 $PB < PC$.

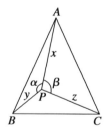

图 3.12

证明　设 $PA = x, PB = y, PC = z, \angle APB = \alpha, \angle APC = \beta$.

在 △APB 和 △APC 中
$$\cos\alpha = \frac{x^2 + y^2 - AB^2}{2xy}$$

$$\cos\beta = \frac{x^2 + z^2 - AC^2}{2xz}$$

因为 $\quad 0° < \beta < \alpha < 180°$
所以 $\quad \cos\alpha < \cos\beta$
就是
$$\frac{x^2 + y^2 - AB^2}{2xy} < \frac{x^2 + z^2 - AC^2}{2xz}$$
$$z(x^2 + y^2 - AB^2) < y(x^2 + z^2 - AC^2)$$
就是 $\quad z(x^2 + y^2 - AB^2) - y(x^2 + z^2 - AC^2) < 0$
因为 $\quad AB = AC$
所以 $\quad (z - y)(x^2 - yz - AB^2) < 0$
因为
$$\angle APB > \angle C$$
$$\angle B > \angle ABP$$
并且 $\quad \angle B = \angle C$
所以 $\quad \angle APB > \angle ABP$
所以 $\quad AB > x$
由此可得
$$x^2 - yz - AB^2 < 0$$
所以
$$z - y > 0$$
$$z > y$$
就是 $\quad PB < PC$

§2 在物理学方面的应用

在物理学中,关于力的计算、位移的计算,以及工程上曲柄连杆装置等的应用中,都要用到解三角形的

解三角形

方法. 下面我们举例来说明.

例 15 已知作用于点 P 的两个力分别是 m 牛和 n 牛,它们的夹角是 α. 试求这两个力的合力和它的方向.

解 如图 3.13,设 PA 是 m 牛的力, PB 是 n 牛的力, $\angle BPA = \alpha$. 以 PA 和 PB 为两边作平行四边形 $PACB$,那么 PC 是 PA, PB 两个力的合力. 设 $PC = f$(牛), $\angle CPA = \theta$.

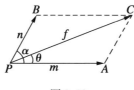

图 3.13

在 $\triangle APC$ 中

$$\angle A = 180° - \alpha$$
$$AC = PB = n$$
$$PA = m$$

所以
$$f^2 = m^2 + n^2 - 2mn\cos(180° - \alpha)$$
$$= m^2 + n^2 + 2mn\cos\alpha$$

所以 $f = \sqrt{m^2 + n^2 + 2mn\cos\alpha}$ (牛)

又 $$\frac{n}{\sin\theta} = \frac{f}{\sin(180° - \alpha)}$$

所以
$$\sin\theta = \frac{n\sin\alpha}{f}$$

$$\theta = \arcsin\left(\frac{n\sin\alpha}{f}\right)$$

第 3 章　三角学的应用

所以，两个力的合力是 $\sqrt{m^2+n^2+2mn\cos\alpha}$ 牛，合力和 m 牛的力所成的角是 $\arcsin\left(\dfrac{n\sin\alpha}{f}\right)$.

例 16　试证明按水平线成 $45°$ 抛出的物体，达到的水平距离最大（空气阻力不计）.

证明　如图 3.14，设一物体由点 O，沿着和水平线 OH 成角 α 的 OA 方向斜射，速度是 v. 由物理学可以知道，物体应沿直线 OA 方向做匀速直线运动，但在重力作用下，t s 后，物体由点 A 向下作 $\dfrac{1}{2}gt^2$ 的位移而到达点 P. 设 $OP=\rho$，$\angle POH=\theta$.

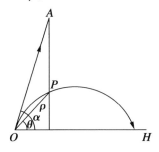

图 3.14

在 $\triangle OPA$ 中

$$\frac{OP}{\sin\angle OAP}=\frac{OA}{\sin\angle OPA}=\frac{AP}{\sin\angle AOP}$$

所以　$\dfrac{\rho}{\sin(90°-\alpha)}=\dfrac{vt}{\sin(90°+\theta)}=\dfrac{\dfrac{1}{2}gt^2}{\sin(\alpha-\theta)}$

就是　$\dfrac{\rho}{\cos\alpha}=\dfrac{vt}{\cos\theta}=\dfrac{gt^2}{2\sin(\alpha-\theta)}$

由此得方程组

解三角形

$$\begin{cases} \rho = \dfrac{vt\cos\alpha}{\cos\theta} & (1) \\ t = \dfrac{2v\sin(\alpha-\theta)}{g\cos\theta} & (2) \end{cases}$$

解这个方程组,得

$$\rho = \frac{2v^2\cos\alpha\sin(\alpha-\theta)}{g\cos^2\theta}$$

当 $\theta=0°$ 时,斜抛物则落在水平线 OH 上,这时,它和点 O 的距离设为 ρ_0,所以

$$\rho_0 = \frac{2v^2\cos\alpha\sin\alpha}{g} = \frac{v^2\sin 2\alpha}{g}$$

要使 ρ_0 取得最大值,只要使 $\sin 2\alpha = 1$,就是 $\alpha = 45°$. 由此可知,沿着和水平线成 $45°$ 的方向抛出的物体,达到的水平距离最大.

例 17 图 3.15 是曲柄连杆装置的示意图,连杆 $AC = l$,曲柄 $AB = r$,曲柄 AB 和曲轴 BL 所成的角是 α.

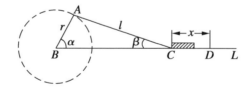

图 3.15

1)求连杆 AC 和曲轴 BL 间的夹角 β.

2)按一般机械要求 $\dfrac{r}{l} = \dfrac{1}{5}$,求当 $\alpha = 60°$ 时,β 的值.

3)当 α 取什么数值时,β 最大?

第 3 章　三角学的应用

4）求滑块 C 的位移 x.

解　1）在 $\triangle ABC$ 中

$$\frac{l}{\sin \alpha} = \frac{r}{\sin \beta}$$

所以

$$\sin \beta = \frac{r\sin \alpha}{l}$$

所以

$$\beta = \arcsin\left(\frac{r\sin \alpha}{l}\right)$$

2）当 $\frac{r}{l} = \frac{1}{5}, \alpha = 60°$ 时

$$\beta = \arcsin\left(\frac{\sin 60°}{5}\right) = \arcsin 0.1732 = 9°59'$$

3）由 1）可知，要使 β 最大，就要使 $\sin \beta$ 的值最大. 所以，这时 $\sin \alpha = 1$，就是

$$\alpha = 90°$$

这就是说，当 $\alpha = 90°$ 时，$\sin \beta$ 最大. 这时 $\sin \beta = \frac{1}{5}$，就是

$$\beta = \arcsin \frac{1}{5} = 11°32'$$

4）因为　　$x = CD = BD - BC$

而　　　　$BD = r + l, BC = r\cos \alpha + l\cos \beta$

所以

$$\begin{aligned} x &= (r + l) - (r\cos \alpha + l\cos \beta) \\ &= r(1 - \cos \alpha) + l(1 - \cos \beta) \\ &= 2\left(r\sin^2 \frac{\alpha}{2} + l\sin^2 \frac{\beta}{2}\right) \end{aligned}$$

解三角形

§3　在测量方面的应用

测量在建设事业、科学研究、军事等很多方面,都有着广泛的应用,例如大型厂矿企业的兴建,铁路、桥梁的建筑,农田水利的规划等都需要测量.测量距离和高度是测量中两个最基本的问题,而它们都需要应用解三角形的知识.下面我们举例来说明.

一、测量两点之间的距离

例18　测量一个能到达的点和一个不能到达的点之间的距离.

设 A,B 两点在河的两边(图 3.16),测量者在 A 的同侧.测量 A,B 之间的距离时,测量者可以在他的一边选定一点 C,测得 AC 的距离是 b,$\angle CAB$ 和 $\angle ACB$ 分别是 α 和 β.这样,在 $\triangle ABC$ 中,已知两角和夹边,应用正弦定理,就可以得到

$$AB = \frac{b\sin\beta}{\sin(180°-\alpha-\beta)} = \frac{b\sin\beta}{\sin(\alpha+\beta)}$$

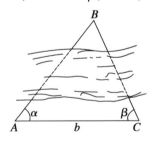

图 3.16

例19　测量两个都不能到达的点之间的距离.

设 A,B 两点都在河的对岸(图 3.17),测量者可以

在他的一边选定两点 C,D,测得 $CD=a$,并且在 C,D 两处分别测得 $\angle ACB=\alpha$,$\angle DCA=\beta$,$\angle CDB=\gamma$,$\angle BDA=\delta$. 这样,在 $\triangle ADC$ 和 $\triangle BDC$ 中,可以分别得到

$$AC=\frac{a\sin(\gamma+\delta)}{\sin(\beta+\gamma+\delta)}$$

$$BC=\frac{a\sin\gamma}{\sin(\alpha+\beta+\gamma)}$$

求出 AC 和 BC 后,在 $\triangle ABC$ 中,应用余弦定理就可以求得 A,B 之间的距离.

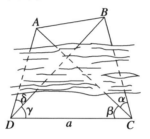

图 3.17

在测量学中应用非常广泛的三角网测量方法的原理,实际上是解三角形的原理. 下面我们来作简单介绍.

设要绘制某一地区的地图,可以在该地区的地面上选定若干个点(称为测点)A,B,C,D,E,F,G,等(图 3.18). 这样,这一地区的平面就分成了有限个三角形,如 $\triangle ABC$,$\triangle BCD$,$\triangle ACE$,等. 而每一个点至少属于一个三角形,每两个三角形没有公共内点,只有公共边和公共顶点. 在测量学上这些三角形称为三角网,网内所有三角形的顶点称为三角点,所有三角形的元素都是需要测量的. 为了精确地测出各点的位置,首先要选择一条基线,要求基线的两个端点之间能够到达,并且

解三角形

在尽可能平直的一个距离内,例如选取其中的两点 A, B,再就要尽可能精确地测出它们的距离 $AB=a$(在测绘工作中测量基线是用地链来做的). 其次,在各测点 $A,B,C,\cdots$ 上测出各三角形的所有的角. 这样,就可以求出每个三角形的边,如在 $\triangle ABC$ 中,已知 AB 和各个角,就可以求得 BC,AC;在 $\triangle BCD$ 中,已知 BC 和各个角,就可以求得 BD,CD;……对计算的结果还可以进行验算,如 CE 的长,可以通过解 $\triangle ACE$ 得到,也可以通过解 $\triangle CEF$ 得到. 所以我们可以由两者的结果是否一致来断定计算上有无错误.

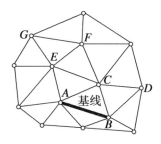

图 3.18

必要时,三角网中某一个三角形的边又可作为较小地区进行测量的基线,在一个三角形内再可以分成若干个较小的三角形,从而组成新的三角网,也称为第二级三角网.

以上只是三角网测量原理的简单介绍. 关于这方面的详细原理,读者可以参阅测量学的有关专著.

二、测量高度的问题

例20 如图 3.19,有一水塔,它的底部能够到达. 要测量它的高 AB,可以把测角仪放在点 E,测得 A 的仰角是 α. 设测角仪的高是 h,它和水塔的距离是 d. 求

水塔的高 AB.

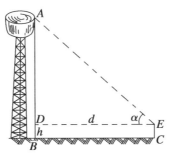

图 3.19

解 在 Rt△AED 中,因为

$$ED = d$$
$$\angle AED = \alpha$$

所以

$$AD = ED\tan \alpha = d\tan \alpha$$
$$AB = AD + DB = d\tan \alpha + h$$

例 21 要测量河对岸的烟囱的高 AB,而测量者不能到达它的底部.

解法一 选择一条水平基线 CD,使 CD 和烟囱 AB 在同一个铅垂面内(图 3.20). 由 C,D 两点测得烟囱的顶端 A 的仰角分别是 α,β. 设 $CD = a$,测角仪的高是 h. 那么

$$AB = AE + EB$$

因为 $AE = AC\sin \alpha$,而在 △ACD 中

$$AC = \frac{a\sin \beta}{\sin(\alpha - \beta)}$$

所以

$$AE = AC\sin \alpha = \frac{a\sin \alpha\sin \beta}{\sin(\alpha - \beta)}$$

又

$$EB = h$$

所以 $$AB = \frac{a\sin\alpha\sin\beta}{\sin(\alpha-\beta)} + h$$

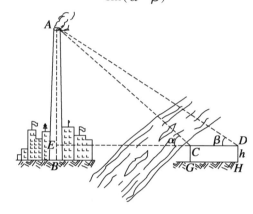

图 3.20

解法二 选择一条水平基线 $CD = a$，而 CD 和烟囱 AB 不在同一个铅垂面内(图 3.21). 由 C 测得 A 的仰角是 γ，$\angle ACD = \alpha$，$\angle CDA = \beta$. 设测角仪的高是 h. 那么

$$AB = AE + EB$$

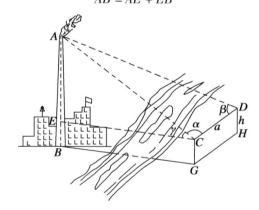

图 3.21

在 Rt△AEC 中
$$AE = AC\sin\gamma$$

在 △ACD 中
$$AC = \frac{a\sin\beta}{\sin[180°-(\alpha+\beta)]}$$

所以
$$AE = \frac{a\sin\beta\sin\gamma}{\sin(\alpha+\beta)}$$

又
$$EB = h$$

所以
$$AB = \frac{a\sin\beta\sin\gamma}{\sin(\alpha+\beta)} + h$$

§4 在航海方面的应用

在航海中,船在茫茫大海中航行,随时需要测定航行的方位、航速和距离等.这里也要应用解三角形的原理.下面我们举例来说明.

例22 一艘船以每小时 a 海里(1 海里 = 1 852 米)的速度由点 A 向正北方向航行(图 3.22).开始航行时望见灯塔 C 在船的北偏东 α.经过 t 小时后,船在点 B,望见灯塔 C 在船的北偏东 β,求出船在 A,B 两点时和灯塔 C 之间的距离 AC,BC. 如果 $a = 32, \alpha = 30°, \beta = 60°, t = 0.5$,求 AC 和 BC 的值.

解 由题意,在 △ABC 中,$\angle BAC = \alpha$, $\angle ACB = \beta - \alpha$, $\angle ABC = 180° - \beta$, $AB = at$,所以
$$\frac{at}{\sin(\beta-\alpha)} = \frac{AC}{\sin(180°-\beta)} = \frac{BC}{\sin\alpha}$$

所以
$$AC = \frac{at\sin\beta}{\sin(\beta-\alpha)}$$

解三角形

$$BC = \frac{at\sin\alpha}{\sin(\beta-\alpha)}$$

当 $a=32$, $\alpha=30°$, $\beta=60°$, $t=0.5$ 时

$$AC = \frac{32\times 0.5\sin 60°}{\sin(60°-30°)} = 27.68(海里)$$

$$BC = \frac{32\times 0.5\sin 30°}{\sin(60°-30°)} = 16(海里)$$

图 3.22

例 23 如图 3.23,海中一小岛,周围 3.8 海里内有暗礁. 军舰由西向东航行,望见此岛在北偏东 75°. 航行 8 海里后,望见此岛在北偏东 60°. 如果此军舰不改变航向继续前进,有没有触礁的危险?

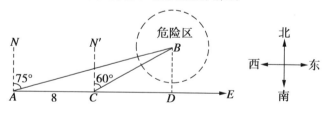

图 3.23

解 设 AE 是航线, B 是小岛. 作 $BD\perp AE$.
因为

第 3 章　三角学的应用

$$\angle DBA = \angle BAN = 75°$$
$$\angle DBC = \angle BCN' = 60°$$

所以
$$AD = BD\tan 75°$$
$$CD = BD\tan 60°$$

所以　$AC = AD - CD = BD(\tan 75° - \tan 60°)$

所以
$$BD = \frac{AC}{\tan 75° - \tan 60°} = \frac{8}{2+\sqrt{3}-\sqrt{3}} = 4(海里)$$

因为 BD 大于 3.8 海里,所以,如果军舰不改变航向继续航行,没有触礁的危险.

§5　证明有关的恒等式和不等式

在 §1 节中,我们讨论了三角形的边角之间的关系,证明过一些定理、公式、恒等式等. 这里,我们将在这个基础上,进一步研究一些与解三角形有关的恒等式和不等式.

一、三角形的角所满足的恒等式

例 24　设 $A+B+C=\pi$,求证
$$\sin A + \sin B - \sin C = 4\sin\frac{A}{2}\sin\frac{B}{2}\cos\frac{C}{2}$$

证明　因为
$$\sin C = \sin[\pi - (A+B)] = \sin(A+B)$$
所以
$$左边 = \sin A + \sin B - \sin(A+B)$$
$$= 2\sin\frac{A+B}{2}\cos\frac{A-B}{2} - 2\sin\frac{A+B}{2}\cos\frac{A+B}{2}$$

解三角形

$$= 2\sin\frac{A+B}{2}\left(\cos\frac{A-B}{2} - \cos\frac{A+B}{2}\right)$$

$$= 2\sin\frac{A+B}{2} \cdot 2\sin\frac{A}{2}\sin\frac{B}{2}$$

$$= 4\sin\frac{A}{2}\sin\frac{B}{2}\cos\frac{C}{2}$$

所以   左边 = 右边

这就是说,原式成立.

例 25 设 $A+B+C=\pi$,求证

$$\cos 2A + \cos 2B + \cos 2C = -1 - 4\cos A\cos B\cos C$$

证明 因为

$$\cos 2C = \cos 2[\pi - (A+B)]$$
$$= \cos[2\pi - 2(A+B)]$$
$$= \cos 2(A+B)$$

所以

$$左边 = \cos 2A + \cos 2B + \cos 2(A+B)$$
$$= 2\cos(A+B)\cos(A-B) + 2\cos^2(A+B) - 1$$
$$= 2\cos(A+B)[\cos(A-B) + \cos(A+B)] - 1$$
$$= 2\cos(A+B) \cdot 2\cos A\cos B - 1$$

因为 $\cos(A+B) = \cos(\pi - C) = -\cos C$

所以

$$2\cos(A+B) \cdot 2\cos A\cos B - 1$$
$$= -1 - 4\cos A\cos B\cos C$$

就是   左边 $= -1 - 4\cos A\cos B\cos C$

所以   左边 = 右边

这就是说,原式成立.

例 26 设 $A+B+C=\pi$,求证

$$\sin^2 A + \sin^2 B + \sin^2 C = 2(1+\cos A\cos B\cos C)$$

证明 由题设,可知

$$左边 = \frac{1-\cos 2A}{2} + \frac{1-\cos 2B}{2} + \frac{1-\cos 2C}{2}$$

$$= \frac{3}{2} - \frac{1}{2}(\cos 2A + \cos 2B + \cos 2C)$$

$$= \frac{3}{2} - \frac{1}{2}(-1 - 4\cos A\cos B\cos C)$$

$$= \frac{3}{2} + \frac{1}{2} + 2\cos A\cos B\cos C$$

$$= 2(1 + \cos A\cos B\cos C)$$

所以 　　　　　　左边 = 右边

这就是说,原式成立.

例 27　在 △ABC 中,求证

$$\sin 3A + \sin 3B + \sin 3C = -4\cos\frac{3A}{2}\cos\frac{3B}{2}\cos\frac{3C}{2}$$

证明　因为
$$A + B + C = \pi$$
$$\sin 3C = \sin 3[180° - (A+B)] = \sin 3(A+B)$$

所以
$$左边 = \sin 3A + \sin 3B + \sin 3(A+B)$$

$$= 2\sin\frac{3}{2}(A+B)\cos\frac{3}{2}(A-B) +$$

$$2\sin\frac{3}{2}(A+B)\cos\frac{3}{2}(A+B)$$

$$= 2\sin\frac{3}{2}(A+B)\left[\cos\frac{3}{2}(A-B) + \cos\frac{3}{2}(A+B)\right]$$

$$= 2\sin\frac{3}{2}(A+B) \cdot 2\cos\frac{3}{2}A\cos\frac{3}{2}B$$

因为

解三角形

$$\sin\frac{3}{2}(A+B) = \sin\frac{3}{2}(180°-C)$$
$$= \sin\left(270° - \frac{3C}{2}\right) = -\cos\frac{3C}{2}$$

所以
$$2\sin\frac{3}{2}(A+B) \cdot 2\cos\frac{3A}{2}\cos\frac{3B}{2}$$
$$= -4\cos\frac{3A}{2}\cos\frac{3B}{2}\cos\frac{3C}{2}$$

所以　　　　　　左边 = 右边

这就是说,原式成立.

例 28　设 A,B,C 是三角形的三个内角,求证
$$\sin^3 A + \sin^3 B + \sin^3 C = 3\cos\frac{A}{2}\cos\frac{B}{2}\cos\frac{C}{2} +$$
$$\cos\frac{3A}{2}\cos\frac{3B}{2}\cos\frac{3C}{2}$$

证明　因为
$$\sin 3A = 3\sin A - 4\sin^3 A$$
$$\sin^3 A = \frac{3}{4}\sin A - \frac{1}{4}\sin 3A$$

同理可得
$$\sin^3 B = \frac{3}{4}\sin B - \frac{1}{4}\sin 3B$$
$$\sin^3 C = \frac{3}{4}\sin C - \frac{1}{4}\sin 3C$$

所以
$$左边 = \frac{3}{4}\sin A - \frac{1}{4}\sin 3A + \frac{3}{4}\sin B - \frac{1}{4}\sin 3B +$$
$$\frac{3}{4}\sin C - \frac{1}{4}\sin 3C$$

$$= \frac{3}{4}(\sin A + \sin B + \sin C) - \frac{1}{4}(\sin 3A + \sin 3B + \sin 3C)$$

$$= \frac{3}{4}\left(2\sin\frac{A+B}{2}\cos\frac{A-B}{2} + 2\sin\frac{C}{2}\cos\frac{C}{2}\right) - \frac{1}{4}\left(-4\cos\frac{3A}{2}\cos\frac{3B}{2}\cos\frac{3C}{2}\right)$$

$$= \frac{3}{4} \cdot 2\cos\frac{C}{2}\left(\cos\frac{A-B}{2} + \cos\frac{A+B}{2}\right) + \cos\frac{3A}{2}\cos\frac{3B}{2}\cos\frac{3C}{2}$$

$$= 3\cos\frac{A}{2}\cos\frac{B}{2}\cos\frac{C}{2} + \cos\frac{3A}{2}\cos\frac{3B}{2}\cos\frac{3C}{2}$$

所以　　　　　　左边 = 右边

这就是说,原式成立.

例 29　设 A, B, C 是三角形的三个内角,求证

$$\cos\frac{A}{2}\sin\frac{B}{2}\sin\frac{C}{2} + \cos\frac{B}{2}\sin\frac{A}{2}\sin\frac{C}{2} + \cos\frac{C}{2}\sin\frac{A}{2}\sin\frac{B}{2} = \cos\frac{A}{2}\cos\frac{B}{2}\cos\frac{C}{2}$$

证法一　由题设,可知

$$\text{左边} = \sin\frac{C}{2}\left(\cos\frac{A}{2}\sin\frac{B}{2} + \cos\frac{B}{2}\sin\frac{A}{2}\right) + \cos\frac{C}{2}\sin\frac{A}{2}\sin\frac{B}{2}$$

$$= \sin\frac{C}{2}\sin\left(\frac{A}{2} + \frac{B}{2}\right) + \cos\frac{C}{2}\sin\frac{A}{2}\sin\frac{B}{2}$$

$$= \sin\frac{C}{2}\cos\frac{C}{2} + \cos\frac{C}{2}\sin\frac{A}{2}\sin\frac{B}{2}$$

$$= \cos\frac{C}{2}\left(\cos\frac{A+B}{2} + \sin\frac{A}{2}\sin\frac{B}{2}\right)$$

解三角形

$$= \cos\frac{A}{2}\cos\frac{B}{2}\cos\frac{C}{2}$$

所以　　　　　　左边 = 右边

这就是说,原式成立.

证法二　因为
$$A + B + C = \pi$$

所以
$$\cos\left(\frac{A}{2} + \frac{B}{2} + \frac{C}{2}\right) = 0$$

而
$$\cos\left(\frac{A}{2} + \frac{B}{2} + \frac{C}{2}\right)$$
$$= \cos\frac{A}{2}\cos\left(\frac{B}{2} + \frac{C}{2}\right) - \sin\frac{A}{2}\sin\left(\frac{B}{2} + \frac{C}{2}\right)$$
$$= \cos\frac{A}{2}\left(\cos\frac{B}{2}\cos\frac{C}{2} - \sin\frac{B}{2}\sin\frac{C}{2}\right) -$$
$$\sin\frac{A}{2}\left(\sin\frac{B}{2}\cos\frac{C}{2} + \cos\frac{B}{2}\sin\frac{C}{2}\right)$$
$$= \cos\frac{A}{2}\cos\frac{B}{2}\cos\frac{C}{2} - \cos\frac{A}{2}\sin\frac{B}{2}\sin\frac{C}{2} -$$
$$\cos\frac{C}{2}\sin\frac{A}{2}\sin\frac{B}{2} - \cos\frac{B}{2}\sin\frac{A}{2}\sin\frac{C}{2}$$

所以
$$\cos\frac{A}{2}\cos\frac{B}{2}\cos\frac{C}{2} - \cos\frac{A}{2}\sin\frac{B}{2}\sin\frac{C}{2} -$$
$$\cos\frac{C}{2}\sin\frac{A}{2}\sin\frac{B}{2} - \cos\frac{B}{2}\sin\frac{A}{2}\sin\frac{C}{2} = 0$$

所以
$$\cos\frac{A}{2}\sin\frac{B}{2}\sin\frac{C}{2} + \cos\frac{B}{2}\sin\frac{A}{2}\sin\frac{C}{2} +$$
$$\cos\frac{C}{2}\sin\frac{A}{2}\sin\frac{B}{2} = \cos\frac{A}{2}\cos\frac{B}{2}\cos\frac{C}{2}$$

第3章 三角学的应用

例30 已知 A,B,C 都是正锐角,求证: A,B,C 是三角形三个内角的充要条件是
$$\tan A + \tan B + \tan C = \tan A \tan B \tan C$$

证明 1)先证充分性.

由 $\tan A + \tan B + \tan C = \tan A \tan B \tan C$

得 $\tan(A+B) = -\tan C$

因为
$$0° < A < 90°$$
$$0° < B < 90°$$

所以 $0° < A+B < 180°$

又 $0° < C < 90°$

所以 $\tan(A+B) = \tan(180°-C)$

所以 $A+B+C = 180°$

这就是说,如果 $\tan A + \tan B + \tan C = \tan A \cdot \tan B \tan C$,那么 A,B,C 一定是三角形的三个内角.

2)再证必要性.

如果 A,B,C 是三角形的三个内角,那么
$$\tan(A+B) = \tan(180°-C)$$

因为 A,B,C 都是正锐角,所以
$$\frac{\tan A + \tan B}{1 - \tan A \tan B} = -\tan C$$

$$\tan A + \tan B = -\tan C + \tan A \tan B \tan C$$

所以 $\tan A + \tan B + \tan C = \tan A \tan B \tan C$

这就是说,如果 A,B,C 是三角形的三个内角,那么 $\tan A + \tan B + \tan C = \tan A \tan B \tan C$.

从上面的一些例子可以看到,遇到这类恒等式,证明时必须注意以下三点:

1)如果等式的左边是角的三角函数的一次式,如

解三角形

例24、例25、例27,那么就先利用三角形三个内角的和等于π,或者它们的半角的和等于$\frac{\pi}{2}$,把左边化成两个角的三角函数之间的关系,然后再进行恒等变形.

2) 如果等式的左边是角的三角函数的二次式或三次式,如例26、例28,那么就先应用倍角或三倍角公式,把左边化成角的三角函数的一次式,然后再进行恒等变形.

3) 有时还可以采用特殊的证法,如例29 的证法二,由展开已知的恒等式而得到所求的等式.这时,一般采用的恒等式如 $\sin(A+B+C) = 0, \sin\left(\dfrac{A}{2}+\dfrac{B}{2}+\dfrac{C}{2}\right) = 1$,等.

二、三角形的边角所满足的恒等式

例31 在任意三角形 ABC 中,求证

$$(a-b)\cot\frac{C}{2}+(b-c)\cot\frac{A}{2}+(c-a)\cot\frac{B}{2}=0$$

分析:要证明这个式子成立,就要证明式子的左边的值等于零.而左边含有三角形的边和角的三角函数,所以,如果能够把这些边(或角的三角函数)化成用角的三角函数(或边)来表示,那么它就变成只含有角的三角函数(或边)的式子,这样,就可以把它化简了.

证法一 因为

$$(a-b)\cot\frac{C}{2} = 2R(\sin A - \sin B)\cot\frac{C}{2}$$

$$= 2R \cdot 2\cos\frac{A+B}{2}\sin\frac{A-B}{2} \cdot \frac{\cos\dfrac{C}{2}}{\sin\dfrac{C}{2}}$$

$$= 2R \cdot 2\sin\frac{A-B}{2}\sin\frac{A+B}{2}$$

$$= -2R(\cos A - \cos B)$$

所以 $(a-b)\cot\dfrac{C}{2} = -2R(\cos A - \cos B)$

同理可得

$$(b-c)\cot\dfrac{A}{2} = -2R(\cos B - \cos C)$$

$$(c-a)\cot\dfrac{B}{2} = -2R(\cos C - \cos A)$$

所以

$$(a-b)\cot\dfrac{C}{2} + (b-c)\cot\dfrac{A}{2} + (c-a)\cot\dfrac{B}{2}$$

$$= -2R(\cos A - \cos B + \cos B - \cos C + \cos C - \cos A) = 0$$

这就是说，原式成立．

证法二 因为

$$\cot\dfrac{C}{2} = \dfrac{1}{\tan\dfrac{C}{2}} = \dfrac{p-c}{r}$$

所以 $(a-b)\cot\dfrac{C}{2} = \dfrac{1}{r}(a-b)(p-c)$

同理可得

$$(b-c)\cot\dfrac{A}{2} = \dfrac{1}{r}(b-c)(p-a)$$

$$(c-a)\cot\dfrac{B}{2} = \dfrac{1}{r}(c-a)(p-b)$$

所以

$$(a-b)\cot\dfrac{C}{2} + (b-c)\cot\dfrac{A}{2} + (c-a)\cot\dfrac{B}{2}$$

$$= \dfrac{1}{r}[(a-b)(p-c) + (b-c)(p-a) +$$

解三角形

$$(c-a)(p-b)]$$
$$=\frac{1}{r}[p(a-b+b-c+c-a)-ac+bc-$$
$$ab+ac-bc+ab]$$
$$=0$$

这就是说,原式成立.

例 32 在 $\triangle ABC$ 中,求证

$$(\sin A+\sin B+\sin C)(\cot A+\cot B+\cot C)$$
$$=\frac{1}{2}(a^2+b^2+c^2)\left(\frac{1}{ab}+\frac{1}{bc}+\frac{1}{ca}\right)$$

分析:因为等式的右边含有边的平方与两边的积,要证明左边等于右边,可以应用余弦定理和三角形的面积公式,把左边的角的三角函数化成边的关系.

证明 因为

$$S=\frac{1}{2}bc\sin A$$

所以
$$\sin A=\frac{2S}{bc}$$

同理可得
$$\sin B=\frac{2S}{ac}$$
$$\sin C=\frac{2S}{ab}$$

所以
$$\sin A+\sin B+\sin C=2S\left(\frac{1}{ab}+\frac{1}{bc}+\frac{1}{ca}\right)$$
$$\cot A=\frac{\cos A}{\sin A}=\frac{b^2+c^2-a^2}{2bc\sin A}=\frac{b^2+c^2-a^2}{4S}$$

同理可得

$$\cot B = \frac{a^2 + c^2 - b^2}{4S}$$

$$\cot C = \frac{a^2 + b^2 - c^2}{4S}$$

所以　　$\cot A + \cot B + \cot C = \dfrac{1}{4S}(a^2 + b^2 + c^2)$

所以

$$(\sin A + \sin B + \sin C)(\cot A + \cot B + \cot C)$$
$$= \frac{1}{2}(a^2 + b^2 + c^2)\left(\frac{1}{ab} + \frac{1}{bc} + \frac{1}{ca}\right)$$

这就是说，原式成立.

例 33　在 $\triangle ABC$ 中，求证

$$\begin{vmatrix} a & b & c \\ \sin^2\dfrac{A}{2} & \sin^2\dfrac{B}{2} & \sin^2\dfrac{C}{2} \\ \cos^2\dfrac{A}{2} & \cos^2\dfrac{B}{2} & \cos^2\dfrac{C}{2} \end{vmatrix} = \frac{p}{abc}(a-b)(b-c)(c-a)$$

证明　可知

$$\begin{vmatrix} a & b & c \\ \sin^2\dfrac{A}{2} & \sin^2\dfrac{B}{2} & \sin^2\dfrac{C}{2} \\ \cos^2\dfrac{A}{2} & \cos^2\dfrac{B}{2} & \cos^2\dfrac{C}{2} \end{vmatrix}$$

$$= \begin{vmatrix} a & b & c \\ \sin^2\dfrac{A}{2} + \cos^2\dfrac{A}{2} & \sin^2\dfrac{B}{2} + \cos^2\dfrac{B}{2} & \sin^2\dfrac{C}{2} + \cos^2\dfrac{C}{2} \\ \cos^2\dfrac{A}{2} & \cos^2\dfrac{B}{2} & \cos^2\dfrac{C}{2} \end{vmatrix}$$

解三角形

$$= \begin{vmatrix} a & b & c \\ 1 & 1 & 1 \\ \cos^2\frac{A}{2} & \cos^2\frac{B}{2} & \cos^2\frac{C}{2} \end{vmatrix}$$

$$= \begin{vmatrix} a & b & c \\ 1 & 1 & 1 \\ \dfrac{p(p-a)}{bc} & \dfrac{p(p-b)}{ac} & \dfrac{p(p-c)}{ab} \end{vmatrix}$$

$$= \frac{p}{abc} \begin{vmatrix} a & b & c \\ 1 & 1 & 1 \\ a(p-a) & b(p-b) & c(p-c) \end{vmatrix}$$

$$= \frac{p}{abc} \begin{vmatrix} a & b-a & c-a \\ 1 & 0 & 0 \\ a(p-a) & \dfrac{1}{2}(a-b)(a+b-c) & \dfrac{1}{2}(a-c)(a-b+c) \end{vmatrix}$$

$$= \frac{p}{abc} \begin{vmatrix} b-a & c-a \\ \dfrac{1}{2}(a-b)(a+b-c) & \dfrac{1}{2}(a-c)(a-b+c) \end{vmatrix}$$

$$= -\frac{p(a-b)(c-a)}{2abc} \begin{vmatrix} -1 & 1 \\ a+b-c & -(a-b+c) \end{vmatrix}$$

$$= -\frac{p(a-b)(c-a)}{2abc}(a-b+c-a-b+c)$$

$$= \frac{p}{abc}(a-b)(b-c)(c-a)$$

所以　　　　　　　左边 = 右边

这就是说,原式成立.

例34　在 $\triangle ABC$ 中,已知 $C = 2B, A \neq B$,求证
$$c^2 = b(a+b)$$

第 3 章　三角学的应用

证法一　因为
$$\frac{b}{\sin B} = \frac{c}{\sin C}$$

所以
$$\frac{b}{\sin B} = \frac{c}{\sin 2B}$$

$$\frac{b}{\sin B} = \frac{c}{2\sin B\cos B}$$

因为　　　　　　　　$\sin B \neq 0$

所以　　　　　　　　$\cos B = \dfrac{c}{2b}$

而　　　　　　　　$\cos B = \dfrac{a^2 + c^2 - b^2}{2ac}$

所以
$$\frac{a^2 + c^2 - b^2}{2ac} = \frac{c}{2b}$$

$$(a - b)[c^2 - b(a + b)] = 0$$

因为　　　　　　　　$A \neq B$
所以　　　　　　　　$a \neq b$
所以　　　　　　　　$c^2 - b(a + b) = 0$
就是　　　　　　　　$c^2 = b(a + b)$

证法二　因为
$$C = 2B$$

所以
$$\sin C = \sin 2B$$
$$\sin C = 2\sin B\cos B$$
$$2R\sin C = 2(2R\sin B)\cos B$$

所以
$$c = 2b \cdot \frac{a^2 + c^2 - b^2}{2ac}$$

解三角形

$$[c^2 - b(a+b)](a-b) = 0$$

因为 $\qquad A \neq B$

所以 $\qquad a \neq b$

所以 $\qquad c^2 - b(a+b) = 0$

所以 $\qquad c^2 = b(a+b)$

例 35 在 $\triangle ABC$ 中,$\lg a, \lg b, \lg c$ 成等差数列,求证

$$\cos(A-C) + \cos B + \cos 2B = 1$$

证明 由已知条件,得

$$2\lg b = \lg a + \lg c$$

所以 $\qquad b^2 = ac$

所以 $\qquad (2R\sin B)^2 = 2R\sin A \cdot 2R\sin C$

就是 $\qquad \sin^2 B = \sin A \cdot \sin C$

所以

$$\cos(A-C) + \cos B + \cos 2B$$
$$= \cos(A-C) - \cos(A+C) + \cos 2B$$
$$= 2\sin A \sin C + 2\cos^2 B - 1$$
$$= 2(\sin^2 B + \cos^2 B) - 1$$
$$= 1$$

这就是说,原式成立.

例 36 在 $\triangle ABC$ 中,$A:B:C = 4:2:1$,求证

$$\frac{1}{a} + \frac{1}{b} = \frac{1}{c}$$

证明 如图 3.24,设 $C = \alpha$,那么,$A = 4\alpha, B = 2\alpha$.

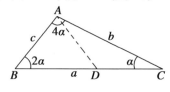

图 3.24

第 3 章　三角学的应用

在 △ABC 中
$$\frac{a}{\sin 4\alpha} = \frac{b}{\sin 2\alpha}$$
$$\frac{a}{2\sin 2\alpha \cos 2\alpha} = \frac{b}{\sin 2\alpha}$$
因为　　　　　　　$\sin 2\alpha \neq 0$
所以
$$\cos 2\alpha = \frac{a}{2b} \qquad (1)$$

以 A 为圆心，AB 为半径画弧，交 BC 于 D，联结 AD，那么
$$AD = AB = c$$
$$\angle ADB = \angle ABD = 2\alpha$$
所以　　$\angle DAC = \angle ADB - \angle C = 2\alpha - \alpha = \alpha$
所以　　　　　　　$AD = DC = c$

在 △ABD 中
$$\angle BAD = 3\alpha$$
所以
$$\frac{BD}{\sin 3\alpha} = \frac{c}{\sin 2\alpha}$$
$$BD = \frac{c\sin 3\alpha}{\sin 2\alpha} = \frac{c\sin(180° - 4\alpha)}{\sin 2\alpha} = 2c\cos 2\alpha$$
就是
$$BD = 2c\cos 2\alpha \qquad (2)$$
式(1)代入式(2)，得
$$BD = 2c \cdot \frac{a}{2b} = \frac{ac}{b}$$
而　　　　　　　$BD = a - c$
所以
$$a - c = \frac{ac}{b}$$

解三角形

就是
$$ab - bc = ac$$
$$ac + bc = ab$$

两边都除以 abc,得
$$\frac{1}{a} + \frac{1}{b} = \frac{1}{c}$$

例 37 在 $\triangle ABC$ 中,a,b,c 成等差数列,最大角和最小角的差是 $90°$,求证
$$a:b:c = (\sqrt{7}+1):\sqrt{7}:(\sqrt{7}-1)$$

证法一 设 $\triangle ABC$ 的三边 a,b,c 分别是 $b+k,b,b-k$(这里 $k>0$),并且最小角是 α,就是 $C = \alpha$,那么
$$A = 90° + \alpha, B = 90° - 2\alpha$$

所以
$$\frac{b+k}{\sin(90°+\alpha)} = \frac{b}{\sin(90°-2\alpha)} = \frac{b-k}{\sin\alpha}$$
$$\frac{b+k}{\cos\alpha} = \frac{b}{\cos 2\alpha} = \frac{b-k}{\sin\alpha}$$

所以
$$\frac{b+k}{b-k} = \frac{\cos\alpha}{\sin\alpha}$$

所以
$$\frac{b+k+b-k}{\cos\alpha+\sin\alpha} = \frac{b}{\cos 2\alpha}$$
$$\frac{2b}{\cos\alpha+\sin\alpha} = \frac{b}{\cos 2\alpha}$$

因为 $b \neq 0$

所以
$$\frac{2}{\cos\alpha+\sin\alpha} = \frac{1}{\cos 2\alpha}$$
$$2(\cos\alpha+\sin\alpha)(\cos\alpha-\sin\alpha) = \cos\alpha+\sin\alpha$$

$$(\cos\alpha+\sin\alpha)(2\cos\alpha-2\sin\alpha-1)=0$$

由 $\cos\alpha+\sin\alpha=0$,得
$$\alpha=135°$$

因为 α 是最小角,所以 $\alpha=135°$ 不符合题意,应当舍去.

由 $2\cos\alpha-2\sin\alpha-1=0$,得
$$\cos\alpha-\sin\alpha=\frac{1}{2}$$

两边平方,得
$$\sin 2\alpha=\frac{3}{4}$$
$$\cos^2 2\alpha=1-\sin^2 2\alpha=\frac{7}{16}$$

因为 $A=90°+\alpha$,所以 A 一定是钝角. 因此,B 一定是锐角. 而
$$B=90°-2\alpha$$

所以 2α 一定是锐角. 所以
$$\cos 2\alpha=\frac{\sqrt{7}}{4}$$

所以
$$\sin\alpha=\sqrt{\frac{1-\cos 2\alpha}{2}}=\sqrt{\frac{4-\sqrt{7}}{8}}=\frac{\sqrt{7}-1}{4}$$
$$\cos\alpha=\sqrt{\frac{1+\cos 2\alpha}{2}}=\sqrt{\frac{4+\sqrt{7}}{8}}=\frac{\sqrt{7}+1}{4}$$

由此可得
$$\frac{a}{\frac{\sqrt{7}+1}{4}}=\frac{b}{\frac{\sqrt{7}}{4}}=\frac{c}{\frac{\sqrt{7}-1}{4}}$$

所以 $a:b:c=(\sqrt{7}+1):\sqrt{7}:(\sqrt{7}-1)$

证法二 如图 3.25,设 △ABC 的三边 a,b,c 成等

解三角形

差数列，A 是最大角，C 是最小角，$C = \alpha$. 那么，$A = 90° + \alpha$. 经过点 A 作 AC 的垂线交 BC 于 D，这样，$\angle BAD = \alpha$.

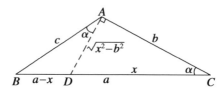

图 3.25

在 $\triangle DBA$ 和 $\triangle ABC$ 中

$$\angle B = \angle B, \angle BAD = \angle ACD$$

所以 $\triangle DBA \backsim \triangle ABC$

所以 $$\frac{AB}{BC} = \frac{AD}{AC} = \frac{BD}{AB}$$

设 $DC = x$，那么

$$AD = \sqrt{x^2 - b^2}, BD = a - x$$

所以 $$\frac{c}{a} = \frac{\sqrt{x^2 - b^2}}{b} = \frac{a - x}{c}$$

由此可得

$$c^2 = a(a - x)$$

所以 $$x = \frac{a^2 - c^2}{a}$$

又 $$bc = a\sqrt{x^2 - b^2}$$

把 x 的值代入，得

$$bc = a\sqrt{\left(\frac{a^2 - c^2}{a}\right)^2 - b^2}$$

所以

$$b^2 c^2 = (a^2 - c^2)^2 - a^2 b^2$$

$$b^2(a^2+c^2) = (a^2-c^2)^2$$
$$b^2(a^2+c^2) = (a-c)^2(a+c)^2$$

因为 $\quad a+c=2b$

所以 $\quad b^2(a^2+c^2) = (a-c)^2 \cdot 4b^2$

因为 $\quad b \neq 0$

所以
$$a^2+c^2 = 4a^2 - 8ac + 4c^2$$
$$3a^2 - 8ac + 3c^2 = 0$$
$$a = \frac{4c \pm \sqrt{7}c}{3}$$

因为 $a>c$,所以
$$a = \frac{4+\sqrt{7}}{3}c$$

$$b = \frac{a+c}{2} = \frac{7+\sqrt{7}}{6}c$$

所以 $\quad a:b:c = \frac{4+\sqrt{7}}{3}c : \frac{7+\sqrt{7}}{6}c : c$

而
$$\frac{4+\sqrt{7}}{3}c : \frac{7+\sqrt{7}}{6}c : c$$
$$= 2(4+\sqrt{7}) : (7+\sqrt{7}) : 6$$
$$= (\sqrt{7}+1)^2 : \sqrt{7}(\sqrt{7}+1) : (\sqrt{7}+1)(\sqrt{7}-1)$$
$$= (\sqrt{7}+1) : \sqrt{7} : (\sqrt{7}-1)$$

所以 $\quad a:b:c = (\sqrt{7}+1) : \sqrt{7} : (\sqrt{7}-1)$

三、三角形的边角所满足的不等式

前面我们研究了三角形边角之间的恒等关系,现在来研究它们之间的不等关系,证明有关的不等式. 证明时,不仅要像证明恒等式那样灵活地应用有关边角

解三角形

之间关系的定理和公式,还要注意到角的三角函数值和变化范围(如 A 是三角形的内角,那么 $0<\sin A\leqslant 1$,$|\cos A|<1$,等),代数中的基本不等式(如 $a^2+b^2\geqslant 2ab, a+b\geqslant 2\sqrt{ab}, \dfrac{b}{a}+\dfrac{a}{b}\geqslant 2, \dfrac{a+b+c}{3}\geqslant \sqrt[3]{abc}$,等),以及几何中的线段的不等关系(如两点间线段的长一定小于这两点间的任意一条折线的长,等).因此,在一定程度上,不等式的证明比较艰难.下面我们举例来说明.

例 38　在 $\triangle ABC$ 中,求证
$$\cos A+\cos B+\cos C>1$$

证法一　可知
$$\cos A+\cos B+\cos C$$
$$=2\cos\dfrac{A+B}{2}\cos\dfrac{A-B}{2}-2\cos^2\dfrac{A+B}{2}+1$$
$$=1+2\cos\dfrac{A+B}{2}\left(\cos\dfrac{A-B}{2}-\cos\dfrac{A+B}{2}\right)$$
$$=1+2\cos\dfrac{A+B}{2}\cdot 2\sin\dfrac{A}{2}\sin\dfrac{B}{2}$$
$$=1+4\sin\dfrac{A}{2}\sin\dfrac{B}{2}\sin\dfrac{C}{2}$$

因为 $\sin\dfrac{A}{2}, \sin\dfrac{B}{2}, \sin\dfrac{C}{2}$ 都是正数,所以 $\cos A+\cos B+\cos C>1$.

证法二　由射影定理,得
$$a=b\cos C+c\cos B$$
$$b=a\cos C+c\cos A$$
所以　$a+b=(a+b)\cos C+c(\cos A+\cos B)$
就是

第 3 章 三角学的应用

$$a + b - (a+b)\cos C = c(\cos A + \cos B)$$
$$(a+b)(1 - \cos C) = c(\cos A + \cos B)$$

所以
$$\frac{a+b}{c} = \frac{\cos A + \cos B}{1 - \cos C}$$

因为三角形的两边之和大于第三边,所以

$$\frac{a+b}{c} > 1$$

所以
$$\frac{\cos A + \cos B}{1 - \cos C} > 1$$

就是 $\cos A + \cos B > 1 - \cos C$

所以 $\cos A + \cos B + \cos C > 1$

证法三 如图 3.26,作 $\triangle ABC$ 的外接圆 O 和直径 AC', BA'. 联结 $A'C, CC', C'B$. 设 $A'C = m$, $CC' = n$, $C'B = p$. 那么

$$\cos A = \cos A' = \frac{m}{2R}$$

$$\cos \angle ABC = \cos \angle AC'C = \frac{n}{2R}$$

$$\cos \angle ACB = \cos \angle AC'B = \frac{p}{2R}$$

所以 $\cos A + \cos \angle ABC + \cos \angle ACB = \frac{1}{2R}(m + n + p)$

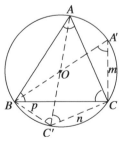

图 3.26

解三角形

因为 $$m+n+p>2R$$

所以 $$\frac{1}{2R}(m+n+p)>1$$

由此可得
$$\cos A+\cos B+\cos C>1$$

例39 在 $\triangle ABC$ 中,求证
$$\tan^2\frac{A}{2}+\tan^2\frac{B}{2}+\tan^2\frac{C}{2}\geqslant 1$$

证明 由本章例 29 可以知道

$$\cos\frac{A}{2}\sin\frac{B}{2}\sin\frac{C}{2}+\cos\frac{B}{2}\sin\frac{A}{2}\sin\frac{C}{2}+$$
$$\cos\frac{C}{2}\sin\frac{A}{2}\sin\frac{B}{2}=\cos\frac{A}{2}\cos\frac{B}{2}\cos\frac{C}{2}$$

两边都除以 $\cos\frac{A}{2}\cos\frac{B}{2}\cos\frac{C}{2}$,得

$$\tan\frac{B}{2}\tan\frac{C}{2}+\tan\frac{C}{2}\tan\frac{A}{2}+\tan\frac{A}{2}\tan\frac{B}{2}=1$$

因为
$$\tan^2\frac{B}{2}+\tan^2\frac{C}{2}\geqslant 2\tan\frac{B}{2}\tan\frac{C}{2}$$
$$\tan^2\frac{C}{2}+\tan^2\frac{A}{2}\geqslant 2\tan\frac{C}{2}\tan\frac{A}{2}$$
$$\tan^2\frac{A}{2}+\tan^2\frac{B}{2}\geqslant 2\tan\frac{A}{2}\tan\frac{B}{2}$$

所以
$$\tan^2\frac{A}{2}+\tan^2\frac{B}{2}+\tan^2\frac{C}{2}$$
$$\geqslant\tan\frac{B}{2}\tan\frac{C}{2}+\tan\frac{C}{2}\tan\frac{A}{2}+\tan\frac{A}{2}\tan\frac{B}{2}$$

所以 $\tan^2\frac{A}{2}+\tan^2\frac{B}{2}+\tan^2\frac{C}{2}\geqslant 1$

第3章 三角学的应用

例40 在 $\triangle ABC$ 中,求证
$$a^2+b^2+c^2 \geqslant 4\sqrt{3}S$$
在什么条件下,等式成立?

证明 因为
$$b^2+c^2 \geqslant 2bc$$
而 $\quad 2bc \geqslant 2bc\sin(30°+A)$
所以 $\quad b^2+c^2 \geqslant 2bc\sin(30°+A)$
因为
$$2bc\sin(30°+A)$$
$$=2bc(\sin 30°\cos A+\cos 30°\sin A)$$
$$=bc\cos A+\sqrt{3}bc\sin A$$
所以 $\quad b^2+c^2 \geqslant bc\cos A+\sqrt{3}bc\sin A$
就是 $\quad b^2+c^2-bc\cos A \geqslant \sqrt{3}bc\sin A$
所以 $\quad 2b^2+2c^2-2bc\cos A \geqslant 2\sqrt{3}bc\sin A$
因为
$$2bc\cos A=b^2+c^2-a^2$$
$$bc\sin A=2S$$
所以 $\quad 2b^2+2c^2-b^2-c^2+a^2 \geqslant 2\sqrt{3}\cdot 2S$
所以 $\quad a^2+b^2+c^2 \geqslant 4\sqrt{3}S$

可以看到,当 $b=c$,并且 $A=60°$,也就是 $\triangle ABC$ 是等边三角形时,等式才成立.

例41 在 $\triangle ABC$ 中,求证:

1) $8\sin\dfrac{A}{2}\sin\dfrac{B}{2}\sin\dfrac{C}{2} \leqslant 1$;

2) $\sin A+\sin B+\sin C \leqslant \dfrac{3\sqrt{3}}{2}$;

3) $\cos\dfrac{A}{2}\cos\dfrac{B}{2}\cos\dfrac{C}{2} \leqslant \dfrac{3\sqrt{3}}{8}$.

解三角形

证明 1)因为

$$2\sin^2\frac{A}{2} = 1 - \cos A = 1 - \frac{b^2 + c^2 - a^2}{2bc}$$

$$= \frac{a^2 - (b-c)^2}{2bc}$$

所以
$$2\sin^2\frac{A}{2} \leqslant \frac{a^2}{2bc}$$

所以
$$\sin\frac{A}{2} \leqslant \frac{a}{2\sqrt{bc}}$$

同理可得

$$\sin\frac{B}{2} \leqslant \frac{b}{2\sqrt{ac}}$$

$$\sin\frac{C}{2} \leqslant \frac{c}{2\sqrt{ab}}$$

所以

$$\sin\frac{A}{2}\sin\frac{B}{2}\sin\frac{C}{2} \leqslant \frac{a}{2\sqrt{bc}} \cdot \frac{b}{2\sqrt{ac}} \cdot \frac{c}{2\sqrt{ab}}$$

$$\sin\frac{A}{2}\sin\frac{B}{2}\sin\frac{C}{2} \leqslant \frac{1}{8}$$

就是
$$8\sin\frac{A}{2}\sin\frac{B}{2}\sin\frac{C}{2} \leqslant 1$$

这个不等式也可以这样证明：

不妨设

$$k = \sin\frac{A}{2}\sin\frac{B}{2}\sin\frac{C}{2}$$

所以

$$k = \frac{1}{2}\left(\cos\frac{A-B}{2} - \cos\frac{A+B}{2}\right)\sin\frac{C}{2}$$

$$= \frac{1}{2}\left(\cos\frac{A-B}{2} - \sin\frac{C}{2}\right)\sin\frac{C}{2}$$

$$= \frac{1}{2}\cos\frac{A-B}{2}\sin\frac{C}{2} - \frac{1}{2}\sin^2\frac{C}{2}$$

就是
$$\sin^2\frac{C}{2} - \cos\frac{A-B}{2}\sin\frac{C}{2} + 2k = 0$$

这是一个关于 $\sin\frac{C}{2}$ 的二次方程. 因为 $\sin\frac{C}{2}$ 一定有实数值，所以这个方程的判别式一定大于或者等于零，所以

$$\cos^2\frac{A-B}{2} - 8k \geqslant 0$$

就是
$$k \leqslant \frac{1}{8}\cos^2\frac{A-B}{2}$$

所以
$$k \leqslant \frac{1}{8}$$

所以
$$\sin\frac{A}{2}\sin\frac{B}{2}\sin\frac{C}{2} \leqslant \frac{1}{8}$$

$$8\sin\frac{A}{2}\sin\frac{B}{2}\sin\frac{C}{2} \leqslant 1$$

2）设
$$k = \sin A + \sin B + \sin C$$

所以
$$k = 2\sin\frac{A+B}{2}\cos\frac{A-B}{2} + 2\sin\frac{A+B}{2}\cos\frac{A+B}{2}$$

所以
$$k \leqslant 2\sin\frac{A+B}{2} + 2\sin\frac{A+B}{2}\cos\frac{A+B}{2}$$

而
$$2\sin\frac{A+B}{2} + 2\sin\frac{A+B}{2}\cos\frac{A+B}{2}$$
$$= 2\sin\frac{A+B}{2}\left(1 + \cos\frac{A+B}{2}\right)$$

解三角形

$$= 2\sqrt{1 - \cos^2\frac{A+B}{2}\left(1 + \cos\frac{A+B}{2}\right)}$$

所以 $k \leq \dfrac{2}{\sqrt{3}}\sqrt{3\left(1 - \cos\dfrac{A+B}{2}\right)\left(1 + \cos\dfrac{A+B}{2}\right)^3}$

因为若干个非负数的算术平均值不小于这些数的几何平均值，就是

$$\sqrt[n]{a_1 \cdot a_2 \cdot \cdots \cdot a_n} \leq \frac{a_1 + a_2 + \cdots + a_n}{n}$$

设

$$n = 4$$

$$a_1 = 3\left(1 - \cos\frac{A+B}{2}\right)$$

$$a_2 = a_3 = a_4 = 1 + \cos\frac{A+B}{2}$$

所以

$$\sqrt[4]{3\left(1 - \cos\frac{A+B}{2}\right)\left(1 + \cos\frac{A+B}{2}\right)^3}$$

$$\leq \frac{3\left(1 - \cos\dfrac{A+B}{2}\right) + 3\left(1 + \cos\dfrac{A+B}{2}\right)}{4}$$

$$\sqrt[4]{3\left(1 - \cos\frac{A+B}{2}\right)\left(1 + \cos\frac{A+B}{2}\right)^3} \leq \frac{3}{2}$$

所以

$$\sqrt{3\left(1 - \cos\frac{A+B}{2}\right)\left(1 + \cos\frac{A+B}{2}\right)^3} \leq \frac{9}{4}$$

所以

$$\frac{2}{\sqrt{3}}\sqrt{3\left(1 - \cos\frac{A+B}{2}\right)\left(1 + \cos\frac{A+B}{2}\right)^3} \leq \frac{2}{\sqrt{3}} \times \frac{9}{4}$$

第 3 章　三角学的应用

所以
$$k \leqslant \frac{3\sqrt{3}}{2}$$

所以
$$\sin A + \sin B + \sin C \leqslant \frac{3\sqrt{3}}{2}$$

这个不等式也可以这样证明：

对于任意的 $x_1, x_2, x_3, \cdots, x_n$，这里 $x_n \in [0, \pi]$，不等式

$$\frac{\sin x_1 + \sin x_2 + \cdots + \sin x_n}{n} \leqslant \sin \frac{x_1 + x_2 + \cdots + x_n}{n} \text{①}$$

总成立.

不妨设 $x_1 = A, x_2 = B, x_3 = C$. 那么

$$\frac{\sin A + \sin B + \sin C}{3} \leqslant \sin \frac{A+B+C}{3}$$

而
$$\sin \frac{A+B+C}{3} = \sin 60° = \frac{\sqrt{3}}{2}$$

所以
$$\sin A + \sin B + \sin C \leqslant \frac{3\sqrt{3}}{2}$$

3) 因为

$$\sin A + \sin B + \sin C = 4\cos \frac{A}{2} \cos \frac{B}{2} \cos \frac{C}{2}$$

所以

$$\cos \frac{A}{2} \cos \frac{B}{2} \cos \frac{C}{2} = \frac{1}{4}(\sin A + \sin B + \sin C)$$

由 2) 得

$$\cos \frac{A}{2} \cos \frac{B}{2} \cos \frac{C}{2} \leqslant \frac{1}{4} \times \frac{3\sqrt{3}}{2}$$

---

① 参阅《初等代数专门教程》С·И·诺洼塞洛夫著.

解三角形

就是 $\cos\dfrac{A}{2}\cos\dfrac{B}{2}\cos\dfrac{C}{2} \leqslant \dfrac{3\sqrt{3}}{8}$

例42 在 $\triangle ABC$ 中,求证
$$a^2(b+c-a)+b^2(c+a-b)+c^2(a+b-c) \leqslant 3abc$$

证明 可知

左边 $= a^2(b+c-a)+b^2(c+a-b)+c^2(a+b-c)$
$= a^2(b+c)+b^2(a+c)+c^2(a+b)-a^3-b^3-c^3$
$= (b+c-a)(c+a-b)(a+b-c)+2abc$

而
$(b+c-a)(c+a-b)(a+b-c)$
$= 8R^3(\sin B+\sin C-\sin A)(\sin C+\sin A-\sin B) \cdot$
$\quad (\sin A+\sin B-\sin C)$
$= 8R^3 \cdot 4\sin\dfrac{B}{2}\sin\dfrac{C}{2}\cos\dfrac{A}{2} \cdot$
$\quad 4\sin\dfrac{C}{2}\sin\dfrac{A}{2}\cos\dfrac{B}{2} \cdot 4\sin\dfrac{A}{2}\sin\dfrac{B}{2}\cos\dfrac{C}{2}$
$= 8R^3 \sin A\sin B\sin C \cdot 8\sin\dfrac{A}{2}\sin\dfrac{B}{2}\sin\dfrac{C}{2}$
$= 8abc\sin\dfrac{A}{2}\sin\dfrac{B}{2}\sin\dfrac{C}{2}$

因为 $8\sin\dfrac{A}{2}\sin\dfrac{B}{2}\sin\dfrac{C}{2} \leqslant 1$

所以 $8abc\sin\dfrac{A}{2}\sin\dfrac{B}{2}\sin\dfrac{C}{2} \leqslant abc$

就是 $(b+c-a)(c+a-b)(a+b-c) \leqslant abc$

由此可得
$$a^2(b+c-a)+b^2(c+a-b)+c^2(a+b-c) \leqslant 3abc$$

例43 在 $\triangle ABC$ 中,求证
$$\dfrac{\pi}{3} \leqslant \dfrac{aA+bB+cC}{a+b+c} \leqslant \dfrac{\pi}{2}$$

(这里,A,B,C 都是弧度).

证明 由三角形的边角关系,得
$$(a-b)(A-B)+(b-c)(B-C)+(c-a)(C-A)\geqslant 0$$

所以
$$aA-bA-aB+bB+bB-cB-bC+cC+cC-aC-cA+aA\geqslant 0$$
$$2(aA+bB+cC)\geqslant bA+aB+cB+bC+aC+cA$$
$$3(aA+bB+cC)\geqslant bA+aB+cB+bC+aC+cA+aA+bB+cC$$

而
$$bA+aB+cB+bC+aC+cA+aA+bB+cC$$
$$=(A+B+C)(a+b+c)=\pi(a+b+c)$$

所以
$$\frac{aA+bB+cC}{a+b+c}\geqslant\frac{\pi}{3}$$

又因为
$$(a-b-c)A+(b-a-c)B+(c-a-b)C<0$$

所以
$$aA+bB+cC<bA+cA+aB+cB+aC+bC$$
$$2(aA+bB+cC)<bA+cA+aB+cB+aC+bC+aA+bB+cC$$

所以
$$2(aA+bB+cC)<(A+B+C)(a+b+c)$$
$$2(aA+bB+cC)<\pi(a+b+c)$$

所以
$$\frac{aA+bB+cC}{a+b+c}<\frac{\pi}{2}$$

所以
$$\frac{\pi}{3}\leqslant\frac{aA+bB+cC}{a+b+c}<\frac{\pi}{2}$$

例44 试证明:在任意两个三角形 ABC 和 $A'B'C'$

解三角形

中,不等式
$$\frac{a^2}{a'} + \frac{b^2}{b'} + \frac{c^2}{c'} \leq R^2 \frac{(a'+b'+c')^2}{a'b'c'} \quad (1)$$
总是成立的.

证明 设不等式(1)成立.

把不等式两边同乘以 $a'b'c'$,得
$$a^2 b'c' + b^2 a'c' + c^2 a'b' \leq R^2(a'+b'+c')^2$$

因为
$$a = 2R\sin A$$
$$b = 2R\sin B$$
$$c = 2R\sin C$$

所以
$$(a'^2 + b'^2 + c'^2 + 2a'b' + 2a'c' + 2b'c')R^2 -$$
$$4R^2 b'c' \sin^2 A - 4R^2 a'c' \sin^2 B - 4R^2 a'b' \sin^2 C \geq 0$$
$$a'^2 + b'^2 + c'^2 + 2a'b'(1 - 2\sin^2 C) + 2a'c' \cdot$$
$$(1 - 2\sin^2 B) + 2b'c'(1 - 2\sin^2 A) \geq 0$$

因为 $\quad 1 - 2\sin^2 C = \cos 2C$

而 $\quad \cos 2C = -\cos(\pi - 2C)$

所以 $\quad 1 - 2\sin^2 C = -\cos(\pi - 2C)$

同理可得
$$1 - 2\sin^2 A = -\cos(\pi - 2A)$$
$$1 - 2\sin^2 B = -\cos(\pi - 2B)$$

所以
$$a'^2 + b'^2 + c'^2 - [2a'b'\cos(\pi - 2C) + 2a'c'\cos(\pi - 2B) + 2b'c'\cos(\pi - 2A)] \geq 0 \quad (2)$$

因为
$$b'^2 = b'^2 \sin^2(\pi - 2C) + b'^2 \cos^2(\pi - 2C) \quad (3)$$
$$c'^2 = c'^2 \sin^2(\pi - 2B) + c'^2 \cos^2(\pi - 2B) \quad (4)$$

$$\cos(\pi - 2A) = \cos[\pi - 2(\pi - B - C)]$$
$$= -\cos[(\pi - 2B) + (\pi - 2C)]$$

就是
$$\cos(\pi - 2A) = \sin(\pi - 2B)\sin(\pi - 2C) -$$
$$\cos(\pi - 2B)\cos(\pi - 2C) \quad (5)$$

把式(3),(4),(5)代入式(2),并化简后得
$$[a' - b'\cos(\pi - 2C) - c'\cos(\pi - 2B)]^2 +$$
$$[b'\sin(\pi - 2C) - c'\sin(\pi - 2B)]^2 \geq 0 \quad (6)$$

很明显,不等式(6)是成立的. 而不等式(1)和不等式(6)等价,所以不等式(1)总是成立的.

现在来讨论式(1)是一个等式的充要条件.

可以看到,式(6)是等式的充要条件是
$$\begin{cases} a' - b'\cos(\pi - 2C) - c'\cos(\pi - 2B) = 0 \\ b'\sin(\pi - 2C) - c'\sin(\pi - 2B) = 0 \end{cases} \quad (7)$$

就是
$$\sin(\pi - 2A) : \sin(\pi - 2B) : \sin(\pi - 2C) = a' : b' : c' \quad (8)$$

设 $A'' = \pi - 2A, B'' = \pi - 2B, C'' = \pi - 2C$,那么
$$A'' + B'' + C'' = 3\pi - 2(A + B + C)$$

所以
$$A'' + B'' + C'' = \pi \quad (9)$$

又
$$0 < A < \pi$$
$$0 < B < \pi$$
$$0 < C < \pi$$

所以
$$-\pi < A'' < \pi$$
$$-\pi < B'' < \pi$$

解三角形

$$-\pi < C'' < \pi$$

但如果 $A'' < 0$，那么由式(8)可以得出，$B'' < 0$，$C'' < 0$. 这就同式(9)相矛盾. 由此可知，A''，B''，C'' 是三角形的三个内角. 而

$$\sin A'' : \sin B'' : \sin C'' = a' : b' : c'$$

所以 $\qquad a'' : b'' : c'' = a' : b' : c'$

所以 $\qquad \triangle A''B''C'' \backsim \triangle A'B'C'$

并且 $A = \dfrac{\pi - A''}{2}, B = \dfrac{\pi - B''}{2}, C = \dfrac{\pi - C''}{2}$，所以 A, B, C 都是锐角.

据此，可以得出：式(1)是等式的充要条件是式(7)成立. 而式(7)成立的充要条件是 $\triangle A''B''C'' \backsim \triangle A'B'C'$，并且 $\triangle ABC$ 是锐角三角形.

由式(1)我们还可以导出一些重要的不等式，如在两个三角形 ABC 和 $A'B'C'$ 中：

1）如果 $a' = b' = c'$，那么

$$a^2 + b^2 + c^2 \leqslant 9R^2$$

或者 $\qquad \sin^2 A + \sin^2 B + \sin^2 C \leqslant \dfrac{9}{4}$

2）如果 $a' = a, b' = b, c' = c$，那么

$$abc \leqslant R^2(a + b + c)$$

或者 $\quad 4\sin A \sin B \sin C \leqslant \sin A + \sin B + \sin C$

3）如果 $a' = a^2, b' = b^2, c' = c^2$，那么

$$R \geqslant \dfrac{\sqrt{3}\, abc}{a^2 + b^2 + c^2}$$

也就是 $a^2 + b^2 + c^2 \geqslant 4\sqrt{3} S$. （注意：这是例40的又一证明）

或者 $\quad \sin^2 A + \sin^2 B + \sin^2 C \geqslant 2\sqrt{3} \sin A \sin B \sin C$

也就是

$$\sin^2 A + \sin^2 B + \sin^2 C \geqslant \frac{\sqrt{3}}{2}(\sin 2A + \sin 2B + \sin 2C)$$

4）如果 $a' = b, b' = c, c' = a$，那么
$$a^3 c + b^3 a + c^3 b \leqslant R^2 (a+b+c)^2 \quad (10)$$
如果 $a' = c, b' = a, c' = b$，那么
$$a^3 b + b^3 c + c^3 a \leqslant R^2 (a+b+c)^2 \quad (11)$$
由式(10)，(11)可得
$$(a+b+c)(a^3+b^3+c^3) - (a^4+b^4+c^4)$$
$$\leqslant 2R^2 (a+b+c)^2$$

（以上这几个不等式的推导留给读者）.

注 例题 44 的证明比较艰深，但这个不等式非常重要，由它可以推导出其他一些重要的不等式来. 通常我们把它当作定理来应用.

练 习 3

1. 如图，$ABCD$ 是圆内接四边形，已知下列条件，怎样解这个四边形？

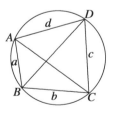

1 题图

(1) a, b, c 和 B；

解三角形

(2) a, d, A 并且 $B = 90°$;

(3) a, b, c 和两对角线的夹角;

(4) a, c 和两条对角线.

2. 已知下列条件,怎样解这个任意四边形?

(1) 三条边和第四条边的两个邻角;

(2) 四条边和面积;

(3) 四个角和两条对角线.

3. (1) 直角三角形三边的和是 l, 求这个直角三角形斜边的极小值和它的面积的极大值.

(2) 在 $\triangle ABC$ 中, $c = \sqrt{6} + \sqrt{2}, C = 30°$, 求 $a + b$ 的极大值.

(3) 在 $\triangle ABC$ 中, $0 < a \leqslant 1 \leqslant b \leqslant 2 \leqslant c \leqslant 3$, 求这个三角形面积最大时的边长.

(4) 在 $\triangle ABC$ 中, $A = 60°, S = \sqrt{3}$, 当 b, c 满足怎样的关系时, $\triangle ABC$ 的周长取得极小值?

(5) 已知圆的半径是 r, 外切于这个圆的直角三角形中, 哪一个周长为最小?

(6) 三角形的两边的和是 10, 这两边的夹角是 θ, 并且方程 $10x^2 - 10x\cos\theta + 3\cos\theta + 4 = 0$ 的两根相同, 求这个三角形面积的极大值.

(7) 在 $\triangle ABC$ 中, 求 $\dfrac{\sin A + \sin B + \sin C}{\sin A \sin B \sin C}$ 的极小值.

4. 用解三角形的方法, 证明下列各题.

(1) 如图(a), DB 是正方形 $ABCD$ 的对角线, $CE // DB, DB = DE$, 求证: $BE = BF$.

(2) 如图(b), 在正方形 $ABCD$ 中, E 是 BC 上任意

一点,∠EAD 的平分线交 DC 于 F. 求证:BE + DF = AE.

(3)如图(c),P 是正三角形 ABC 外接圆 $\overset{\frown}{AC}$ 上任意一点. 求证:PA + PC = PB.

(4)如图(d),在 △ABC 中,AB < AC,AD ⊥ BC,E 是 BC 的中点,并且 $DE = \frac{1}{2}AB$. 求证:∠B = 2∠C.

(5)如图(e),在 △ABC 中,AC > AB,∠A ≠ 90°,BD ⊥ AC,CE ⊥ AB. 求证:AC + BD > AB + CE.

(6)如图(f),在 △ABC 中,AD 平分 ∠A. 求证:$AB \cdot AC = AD^2 + BD \cdot DC$.

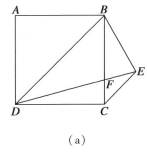

(a)

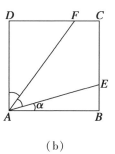

(b)

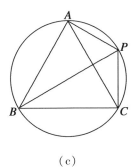

(c)

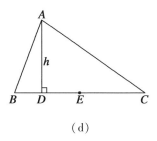

(d)

解三角形

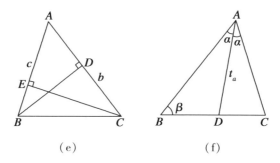

(e)   (f)

4 题图

5.（1）如图(a)，经过长方体 AC_1 的底面的一条对角线 AC，作一个平面平行于长方体一条对角线 BD_1．如果长方体的底面是一个边长是 a 的正方形，对角线 BD_1 和底面间所成的角等于 α，求这个截面的面积．

（2）如图(b)，直三棱柱的底面是直角三角形，这个直角三角形的斜边是 a，一个锐角是 α，经过斜边和斜边所对的棱上一点 D 作一个截面，这个截面和底面所成的二面角是 β，求截面的面积．

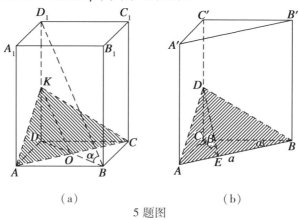

(a)   (b)

5 题图

（3）圆锥的轴截面的顶角等于 2α，轴截面的周长

等于 $2p$,求这个圆锥的全面积.

6.(1)如图(a),已知两个力 F_1,F_2 作用于一点,这两个力的平衡力是 F_3. 求平衡力 F_3 和这两个力中每个力所夹的角.

提示:平衡力和这两个力的合力的大小相等,方向相反.

(2)如图(b),如果三个力 F_1,F_2,F_3 平衡,并且 F_2 和 F_3,F_3 和 F_1,F_1 和 F_2 的夹角分别是 α,β,γ,求证

$$\frac{F_1}{\sin \alpha} = \frac{F_2}{\sin \beta} = \frac{F_3}{\sin \gamma}$$

如果 $F_1 = 100$ 牛,$\beta = 150°$,$\gamma = 90°$,求 F_2 和 F_3.

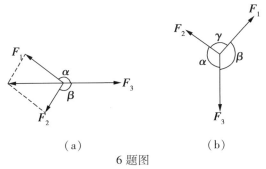

(a)　　　　　(b)

6 题图

7.(1)在设计一条铁路时,需要计算隧道 AP 的长.如图(a)所示,选定两个测点 B,C,测得 $AB = AC = 50$ 米,$\angle A = 60°$,$\angle B = 120°$,$\angle C = 135°$. 求隧道 AP 的长.

(2)如图(b),空中有一气球 P,在它的正西方点 A,测得它的仰角是 $45°$,同时在它的正南偏东 $45°$的点 B,测得它的仰角是 $67°30'$. A 和 B 两点间的距离是 266 米,并且这两个测点都离地 1 米,求这个气球的高度.

解三角形

(3)如图(c),在山顶上有高 h 的塔 BC,从塔顶 B 测得地面上一点 A 的俯角是 α,从塔底 C 测得 A 的俯角是 β. 求山高 H.

(4)如图(d),从气球 A 上沿横跨运河的铁桥的长测得桥头 B 的俯角是 α,桥头 C 的俯角是 β. 如果这时气球的高是 h,求铁桥的长 BC.

(5)一大厅的屋顶上竖一旗杆,一人在地面上 A 处测得屋顶和旗杆顶的张角是 α,并且屋顶的仰角是 β. 这个人向大厅前进到 B 处,测得屋顶和旗杆顶的张角仍是 α,如果此人身高是 l,$AB = a$,求屋高和旗杆长.

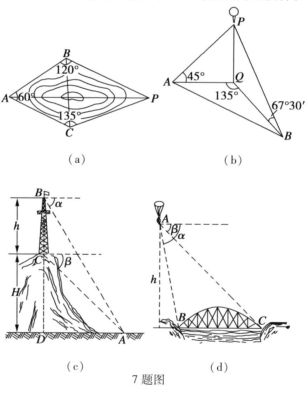

(a)　　　(b)

(c)　　　(d)

7 题图

8.(1)如图(a),灯塔 A 在灯塔 B 的东偏南 $75°$ 的方向,这两个灯塔相距 20 海里. 从轮船 K 看见灯塔 B 在它的正西,看见灯塔 A 在它的正东南方向. 求轮船离这两个灯塔的距离.

(2)如图(b),一艘船正午 1 时在 A 处,这时望见西南有一座灯塔 B,船和灯塔相距 36 海里. 船以 26 海里/小时的速度向南偏西 $30°$ 的方向航行到 C 处,望见灯塔 B 在船的正北方向,这时应该是下午几点钟? 船和灯塔相距多远?

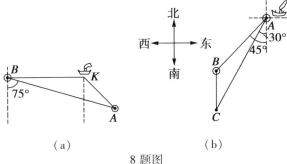

8 题图

9. 在 $\triangle ABC$ 中,证明下列各三角恒等式.

$(1) \cos A + \cos B + \cos C = 1 + 4\sin\dfrac{A}{2}\sin\dfrac{B}{2}\sin\dfrac{C}{2}$;

$(2) \cos A + \cos B - \cos C = 4\cos\dfrac{A}{2}\cos\dfrac{B}{2}\sin\dfrac{C}{2} - 1$;

$(3) \sin 2A + \sin 2B + \sin 2C = 4\sin A\sin B\sin C$;

$(4) \sin 2A + \sin 2B - \sin 2C = 4\cos A\cos B\sin C$;

$(5) \cos 2A + \cos 2B - \cos 2C = 1 - 4\sin A\sin B\cos C$;

$(6) \cos^2 A + \cos^2 B + \cos^2 C = 1 - 2\cos A\cos B\cos C$;

$(7) \sin^2 A + \sin^2 B - \sin^2 C = 2\sin A\sin B\cos C$;

$(8) \cos^2 A + \cos^2 B - \cos^2 C = 1 - 2\sin A\sin B\cos C$;

解三角形

(9) $\cos 3A + \cos 3B + \cos 3C = -4\sin\dfrac{3}{2}A\sin\dfrac{3}{2}B \cdot \sin\dfrac{3}{2}C + 1$;

(10) $\sin 3A + \sin 3B - \sin 3C = -4\sin\dfrac{3}{2}A\sin\dfrac{3}{2}B \cdot \cos\dfrac{3}{2}C$;

(11) $\cos 3A + \cos 3B - \cos 3C = -4\cos\dfrac{3}{2}A\cos\dfrac{3}{2}B \cdot \sin\dfrac{3}{2}C - 1$;

(12) $\cos^3 A + \cos^3 B + \cos^3 C = -\sin\dfrac{3}{2}A\sin\dfrac{3}{2}B \cdot \sin\dfrac{3}{2}C + 3\sin\dfrac{A}{2}\sin\dfrac{B}{2}\sin\dfrac{C}{2} + 1$;

(13) $\sin^3 A + \sin^3 B - \sin^3 C = 3\sin\dfrac{A}{2}\sin\dfrac{B}{2}\cos\dfrac{C}{2} + \sin\dfrac{3}{2}A\sin\dfrac{3}{2}B\cos\dfrac{3}{2}C$;

(14) $\cos^3 A + \cos^3 B - \cos^3 C = -\cos\dfrac{3}{2}A\cos\dfrac{3}{2}B \cdot \sin\dfrac{3}{2}C + 3\cos\dfrac{A}{2}\cos\dfrac{B}{2}\sin\dfrac{C}{2} - 1$;

(15) $\sin A\cos B\cos C + \sin B\cos A\cos C + \sin C \cdot \cos A\cos B = \sin A\sin B\sin C$;

(16) $\cos A\sin B\sin C + \cos B\sin A\sin C + \cos C \cdot \sin A\sin B = 1 + \cos A\cos B\cos C$;

(17) $\sin\dfrac{A}{2}\cos\dfrac{B}{2}\cos\dfrac{C}{2} + \sin\dfrac{B}{2}\cos\dfrac{A}{2}\cos\dfrac{C}{2} +$

$\sin\dfrac{C}{2}\cos\dfrac{A}{2}\cos\dfrac{B}{2}=1+\sin\dfrac{A}{2}\sin\dfrac{B}{2}\sin\dfrac{C}{2}$;

(18) $\cot\dfrac{A}{2}+\cot\dfrac{B}{2}+\cot\dfrac{C}{2}=\cot\dfrac{A}{2}\cot\dfrac{B}{2}\cot\dfrac{C}{2}$.

10. 在 $\triangle ABC$ 中,求证下列各式.

(1) $\dfrac{a\sin\frac{1}{2}(B-C)}{\sin\frac{A}{2}}+\dfrac{b\sin\frac{1}{2}(C-A)}{\sin\frac{B}{2}}+\dfrac{c\sin\frac{1}{2}(A-B)}{\sin\frac{C}{2}}=0$;

(2) $\dfrac{a^2\sin(B-C)}{\sin A}+\dfrac{b^2\sin(C-A)}{\sin B}+\dfrac{c^2\sin(A-B)}{\sin C}=0$;

(3) $\dfrac{b-2a\cos C}{a\sin C}+\dfrac{c-2b\cos A}{b\sin A}+\dfrac{a-2c\cos B}{c\sin B}=0$;

(4) $\dfrac{a^2\sin(B-C)}{\sin B+\sin C}+\dfrac{b^2\sin(C-A)}{\sin C+\sin B}+\dfrac{c^2\sin(A-B)}{\sin A+\sin B}=0$;

(5) $\begin{vmatrix} \sin^2 A & \cot A & 1 \\ \sin^2 B & \cot B & 1 \\ \sin^2 C & \cot C & 1 \end{vmatrix}=0$;

(6) $\begin{vmatrix} a & a^2 & \cos^2\frac{A}{2} \\ b & b^2 & \cos^2\frac{B}{2} \\ c & c^2 & \cos^2\frac{C}{2} \end{vmatrix}=0$;

(7) $\dfrac{a\sin A+b\sin B+c\sin C}{a\cos A+b\cos B+c\cos C}=\cot A+\cot B+\cot C$;

(8) $a^3\cos(B-C)+b^3\cos(C-A)+c^3\cos(A-B)=3abc$;

(9) $(a+b+c)^2(\cot A+\cot B+\cot C)=(a^2+$

解三角形

$b^2+c^2)\left(\cot\dfrac{A}{2}+\cot\dfrac{B}{2}+\cot\dfrac{C}{2}\right)$;

(10) $S=4Rr\cos\dfrac{A}{2}\cos\dfrac{B}{2}\cos\dfrac{C}{2}$.

11.(1)在 $\triangle ABC$ 中,$C=60°$,求证:$\dfrac{1}{b+c}+\dfrac{1}{c+a}=\dfrac{3}{a+b+c}$.

(2)在 $\triangle ABC$ 中,$A:B:C=1:2:6$,求证:$\dfrac{a}{b}=\dfrac{a+b}{a+b+c}$.

(3)在 $\triangle ABC$ 中,$\cot A,\cot B,\cot C$ 成等差数列,求证:a^2,b^2,c^2 也成等差数列.

(4)在 $\triangle ABC$ 中,$\sin A,\sin B,\sin C$ 成等差数列,求证:$\cot\dfrac{A}{2},\cot\dfrac{B}{2},\cot\dfrac{C}{2}$ 也成等差数列,并且 $\cot\dfrac{A}{2}\cdot\cot\dfrac{C}{2}=3$.

12. 在 $\triangle ABC$ 中,$\lg\sin A,\lg\sin B,\lg\sin C$ 成等差数列,求证:

(1) $\dfrac{\sin^2 A}{\sin^2 B}=\dfrac{a}{c}$;

(2)如果方程 $cx^2+2cx+a=0$ 有相同的实数根,那么

$$\sin A=\sin B=\sin C$$

(3)如果方程 $bx^2-4bx+2(a+c)=0$ 有相同的实数根,那么 a,b,c 相等.

13.(1)设 a,b,c 是三角形的三条边,求证:方程 $b^2x^2+(b^2+c^2-a^2)x+c^2=0$ 无实数根.

(2) 在 △ABC 中，a,b,c 成等差数列，$B=60°$，求证：$ax^2+bx+c=0$ 无实数根.

14. (1) 在等腰三角形 ABC 中，顶角 A 等于 100°，底角 B 的平分线交 AC 于 D，求证：$AD+DB=BC$.

(2) 在等腰三角形 ABC 中，顶角 A 等于 20°，底边是 a，腰是 b，求证：$a^3+b^3=3ab^2$.

15. (1) 设 x,y,z 是 △ABC 三个内角的正切值，求证
$$\frac{2x}{1-x^2}+\frac{2y}{1-y^2}+\frac{2z}{1-z^2}$$
$$=\frac{8xyz}{(1-x^2)(1-y^2)(1-z^2)}$$

(2) 设 H 是 △ABC 的垂心，$HA=m$，$HB=n$，$HC=p$，求证
$$\frac{a}{m}+\frac{b}{n}+\frac{c}{p}=\frac{abc}{mnp}$$

16. 在 △ABC 中，求证下列各不等式.

(1) $a^2+b^2+c^2<2(ab+bc+ca)$；

(2) $(a+b+c)^2>2(a^2+b^2+c^2)$；

(3) $ab+bc+ca \leqslant a^2+b^2+c^2<2(ab+bc+ca)$；

(4) $a(b-c)^2+b(c-a)^2+c(a-b)^2+4abc>a^3+b^3+c^3$；

(5) $\cos A \cos B \cos C \leqslant \dfrac{1}{8}$；

(6) $\sin^2 A+\sin^2 B+\sin^2 C \leqslant \dfrac{9}{4}$；

(7) $\cos\dfrac{A}{2}\cos\dfrac{B}{2}\cos\dfrac{C}{2} \leqslant \dfrac{3}{8}\sqrt{3}$；

(8) $1<\cos A+\cos B+\cos C \leqslant \dfrac{3}{2}$；

解三角形

(9) $\tan^n A + \tan^n B + \tan^n C > 3 + \dfrac{3n}{2}$($n$ 是自然数);

(10) $\tan A(\cot B + \cot C) + \tan B(\cot C + \cot A) + \tan C(\cot A + \cot B) \geqslant 6$;

(11) 如果 $0° < A < B < C < 90°$,那么 $\sin 2A > \sin 2B > \sin 2C$.

17. (1) x,y,z 是任意实数,A,B,C 是 $\triangle ABC$ 的三个内角,求证

$$x^2 + y^2 + z^2 \geqslant 2yz\cos A + 2xz\cos B + 2xy\cos C$$

(2) $\triangle ABC$ 的三边成等差数列,求证:$B \leqslant 60°$.

(3) 在 $\triangle ABC$ 中,$\lg \tan A, \lg \tan B, \lg \tan C$ 成等差数列,求证

$$\dfrac{\pi}{3} \leqslant B < \dfrac{\pi}{2}$$

(4) 在 $\triangle ABC$ 中,$\dfrac{1}{a}, \dfrac{1}{b}, \dfrac{1}{c}$ 成等差数列,求证:B 一定是锐角.

18. 求证:顶点在单位圆上的锐角三角形的三个角的余弦的和,小于三角形的半周长.

19. (1) 直角三角形两直角边的长分别是 x, y,斜边长是 z,求证:对于任何正数 m 和 n,下列不等式成立

$$\dfrac{mx + ny}{\sqrt{m^2 + n^2}} \leqslant z$$

(2) n 是大于 2 的整数,求证:$Rt\triangle ABC$ 的三边适合下面的不等式

$$a^n + b^n < c^n$$

20. 在 $\triangle ABC$ 中,$C = 2B$,求证:$2AC > AB$.

部分练习题答案

练习 2

1. (1) $a=b=5\sqrt{2}, A=45°, S=25$;

(2) $a=2\sqrt{3}, c=4\sqrt{3}, B=60°, S=6\sqrt{3}$;

(3) $a=50, A=B=45°, S=1\,250$;

(4) $c=16\sqrt{5}, A=60°, B=30°, S=160\sqrt{3}$;

(5) $a=\dfrac{\sqrt{6}+\sqrt{2}}{2}\left(\text{或}\dfrac{\sqrt{6}-\sqrt{2}}{2}\right), b=\dfrac{\sqrt{6}-\sqrt{2}}{2}\left(\text{或}\dfrac{\sqrt{6}+\sqrt{2}}{2}\right), c=2, A=75°(\text{或}15°), B=15°(\text{或}75°), S=\dfrac{1}{2}$;

解三角形

(6) 两解:1) $a=1, b=\dfrac{1}{2}\sqrt{2+2\sqrt{5}}, c=\dfrac{1}{2}(1+\sqrt{5})$, $A=\arcsin\dfrac{\sqrt{5}-1}{2}$, $B=\arcsin\dfrac{\sqrt{2-2\sqrt{5}}}{2}$, $S=\dfrac{1}{4}\sqrt{2+2\sqrt{5}}$; 2) 只要把1)中的 a,b 和 A,B 的值对调后就是;

(7) $a=\dfrac{h}{\sin B}, b=\dfrac{h}{\cos B}, c=\dfrac{2h}{\sin 2B}, A=90°-B$, $S=\dfrac{h^2}{\sin 2B}$;

(8) $a=\sqrt{2S\tan A}, b=\dfrac{1}{\tan A}\sqrt{2S\tan A}, c=\dfrac{\sqrt{2S\tan A}}{\sin A}, B=90°-A$;

(9) $a=\dfrac{(3-\sqrt{3})p}{3}$ (或 $(\sqrt{3}-1)p$), $b=(\sqrt{3}-1)p$ (或 $\dfrac{(3-\sqrt{3})p}{3}$), $c=\dfrac{2(3-\sqrt{3})p}{3}, A=30°$(或 $60°$), $B=60°$(或 $30°$), $S=\dfrac{(2\sqrt{3}-3)p^2}{3}$;

(10) $a=t_a\cos\dfrac{A}{2}\tan A, b=t_a\cos\dfrac{A}{2}, c=\dfrac{t_a\cos\dfrac{B}{2}}{\cos A}$, $B=90°-A, S=\dfrac{1}{2}t_a^2\cos^2\dfrac{A}{2}\tan A$.

3.(1) 有两解;

部分练习题答案

（2）有一解；

（3）有一解；

（4）无解；

（5）无解.

4.（1）$b=5\sqrt{2}, c=\dfrac{5(\sqrt{6}+\sqrt{2})}{2}, A=30°, S=\dfrac{25}{4}(\sqrt{3}+1)$；

（2）$c=\dfrac{\sqrt{3}}{2}, A=105°, B=15°, S=\dfrac{\sqrt{3}}{16}$；

（3）$b=2\sqrt{6}, A=75°, C=30°, S=6$；

（4）$a=\sqrt{5}+1, B=36°, C=72°, S=\dfrac{1}{2}(3+\sqrt{5})$；

（5）$a=\sqrt{6}+\sqrt{2}$（或 $\sqrt{6}-\sqrt{2}$），$A=75°$（或 $15°$），$C=60°$（或 $120°$），$S=3+\sqrt{3}$（或 $3-\sqrt{3}$）；

（6）$c=2$（或 1），$B=60°$（或 $120°$），$C=90°$（或 $30°$），$S=\dfrac{\sqrt{3}}{2}$（或 $\dfrac{\sqrt{3}}{4}$）；

（7）$b=\sqrt{3}+1, A=45°, B=75°, S=\dfrac{1}{2}(3+\sqrt{3})$；

（8）三角形无解；

（9）$A=\arccos\dfrac{4}{5}, B=\arccos\dfrac{3}{5}, C=90°, S=2\dfrac{2}{3}$；

（10）$A=75°, B=45°, C=60°, S=\dfrac{1}{2}(3+\sqrt{3})$.

5.（1）最小边是 $(\sqrt{3}-1)$，面积是 $\dfrac{1}{4}(3-\sqrt{3})$；

解三角形

(2) $120°$；

(3) $120°$.

6.(1) $a=60\sqrt{5}$, $c=40\sqrt{10}$;

(2) $a=12+4\sqrt{3}$, $b=12\sqrt{2}$, $c=8\sqrt{3}$;

(3) $c=6$;

(4) $a=7$, $c=11$;

(5) $a=2\sqrt{2}$, $c=\sqrt{2}+\sqrt{6}$;

(6) $a=7$, $b=5$, $c=3$;

(7) $2,3,4$;

(8) $b=8\sqrt{2}$, $c=4(\sqrt{6}+\sqrt{2})$;

(9) $a=2\sqrt{6}$, $b=4$, $c=2(\sqrt{3}+1)$;

(10) $a=2$, $b=\sqrt{6}$, $c=1+\sqrt{3}$.

8.(1) $A=120°$;

(2) $A=60°$.

9.(1) $C=60°$ 或 $120°$;

(2) $C=90°$.

10.(1) $A=105°$（或 $15°$）, $B=60°$, $C=15°$（或 $105°$）, $a=\sqrt{6}+\sqrt{2}$（或 $\sqrt{6}-\sqrt{2}$）, $b=2\sqrt{3}$, $c=\sqrt{6}-\sqrt{2}$（或 $\sqrt{6}+\sqrt{2}$）;

(2) $A=105°$, $B=60°$, $C=15°$, $a=4+2\sqrt{3}$, $c=2$, $S=3+2\sqrt{3}$;

(3) $A=90°$, $B=60°$, $C=30°$;

（4）$\tan A \tan C = 2$；

（5）$A = 45°, B = 60°, C = 75°$；

（6）$A = 45°, B = 60°, C = 75°, a = 2(\sqrt{3}-1), b = 3\sqrt{2} - \sqrt{6}, c = 2$.

11.（1）$a:b:c = 7:9:11$；

（2）$A:B:C = 1:2:3$.

12.（1）$S = 6$；

（2）$c = 14$；

（3）$A = B = 45°, C = 90°, q = -\dfrac{1}{2}$；

（4）$A = 90°, B = 60°, C = 30°$.

练 习 3

3.（1）面积的极大值是 $\dfrac{l^2}{2(2+\sqrt{2})^2}$，斜边的极小值是 $(\sqrt{2}-1)l$；

（2）$4(2+\sqrt{3})$；

（3）$a = 1, b = 2, c = \sqrt{5}$；

（4）当 $b = c$ 时，周长取得极小值；

（5）等腰直角三角形的周长为最小；

（6）$7\dfrac{1}{2}$；

解三角形

(7) 4.

5. (1) $\dfrac{a^2}{2\cos\alpha}$;

(2) $\dfrac{a^2\sin 2\alpha}{4\cos\beta}$;

(3) $\dfrac{\pi p^2 \sin\alpha}{1+\sin\alpha}$;

6. (1) F_3 和 F_1 的夹角是 $\pi-\arccos\dfrac{F_1^2+F_3^2-F_2^2}{2F_1F_3}$,

F_3 和 F_2 的夹角是 $\pi-\arccos\dfrac{F_2^2+F_3^2-F_1^2}{2F_2F_3}$;

(2) $F_2=\dfrac{100\sqrt{3}}{3}$ 牛, $F_3=\dfrac{200\sqrt{3}}{3}$ 牛.

7. (1) $AP=25\sqrt{10+4\sqrt{3}}\approx 102.75$(米);

(2) 气球离地面约 202 米;

(3) $H=\dfrac{h\sin\beta\cos\alpha}{\sin(\alpha-\beta)}$;

(4) $BC=\dfrac{h}{\sin\alpha\sin\beta}\sqrt{\sin^2\alpha+\sin^2\beta-2\cos(\alpha-\beta)\sin\alpha\sin\beta}$;

(5) 屋高 $\dfrac{a\sin\beta\cos(\alpha+\beta)}{\cos(\alpha+2\beta)}+l$, 旗杆长 $\dfrac{a\sin\alpha}{\cos(\alpha+2\beta)}$.

8. (1) 轮船离灯塔 A 的距离为 $10(\sqrt{3}-1)$ 海里, 离灯塔 B 的距离为 $10\sqrt{2}$ 海里;

(2) 下午 $\dfrac{36\sqrt{2}}{26}+1=2.96$(时)$\approx 2$ 点 58 分. 这时船和灯塔 B 相距 $18(\sqrt{6}-\sqrt{2})$ 海里.

编辑手记

本书的读者大概率是准备参加高考的学生或其指导教师.

国人有名校崇拜情结,英国人更甚,就像我们那些能够辅导中学生上清华的导师一样,英国也有这样的人,比如英国就有一位非常著名的学者叫乔·诺曼.他曾帮助许多父母把他们的孩子送进了像伊顿公学这样的顶尖名校,他还专门写过一本书叫《超级导师》.他认为:我们要读纸书,不要读电子书.原因是"在屏幕上阅读,你总有可能去读别的东西,那些更有趣或更能立刻给予满足的东西.最近一项

解三角形

研究发现,读纸书和屏幕阅读有一个差别,读纸书时,我们的眼睛是 E 字形移动的,一行一行地,从左往右.屏幕阅读时,眼睛是 F 形移动,开始几行我们读得比较认真,然后就会略过后面的文字".

这是一本经典老书,历经多年,方显真正价道.

梁启超在《少年中国说》中写道:

"老年人常思既往,少年人常思将来.惟思既往也,故生留恋心;惟思将来也,故生希望心."

这是一本作者和编辑都堪称老年人而目标读者一定是青少年的课外读物.梁启超说得对,老年人常思既往.因为那时山青水绿,书是用心写出来的,吃的食品是安全的,尽管它不光鲜,但是它无毒有营养,读的书籍是有益的,尽管它不花哨,但是它无错有真知.

在 20 世纪 80 年代,人们在学习上是享受过程,并不太在意到底会考什么,现在是只盯着结果,不管用什么办法达到.所以只服务于各类考试的书充斥着各图书卖场的书架.吃饭倒是反过来了,现在是只注重好吃,吃的是什么倒不在意了.本书在读的时候要相信它是对你有益处的,这样才能坚持下去.

学者弗洛伊德和马克思·韦伯等都曾说过,一种个人生活策略叫作"延时满足".意思是:存在一个"未来",它为"现在"赋予意义.现在应当勤奋努力和控制

欲望,它会积累成台阶,通向未来,得到更大的回报.这种"延时满足"的个人生活策略是值得提倡的.特别是在读书这个领域,要坚守.但读好书,莫问回报.

有朋友转发来一条微信是张瑞敏谈人不成熟的几大特征.第一条就是立即要回报.他说:很多人在做任何事情的时候,刚刚付出一点点,马上就要得到回报.对于读者来说也是这样,每每看到一本书一定要问:对我考试有帮助吗?这里笔者也现实一把,告诉你:大有用处,特别是在自主招生考试中.如2008年浙江大学自主招生考试试题:

已知 $\angle A, \angle B, \angle C$ 为 $\triangle ABC$ 的三个内角,证明
$$\cos B + \cos C + \frac{2a}{b+c} \geq 4\sin\frac{A}{2}$$

如果你说是巧合,那就再举一个,2011年"北约"自主招生考试题:

在 $\triangle ABC$ 中,$a+b \geq 2c$,求证:$\angle C \leq 60°$.

如果还是说服不了你,笔者就索性密集地抛出四个. 2012年北京大学自主招生试题:

如果锐角 $\triangle ABC$ 的外接圆的圆心为 O,求 O 到三角形三边的距离之比.

解三角形

2011 年北京大学保送生考试数学试题：

已知 △ABC 中，∠BAO = ∠CAO = ∠CBO = ∠ACO，求证：△ABC 三边长成等比数列．

2012 年北京大学保送生考试数学试题：

在锐角 △ABC 中，∠A，∠B，∠C 所对的边分别为 $a,b,c(a>b>c)$，证明：△ABC 的最大的内接正方形边长为 $\dfrac{ac\sin B}{c+a\sin B}$．

2012 年"华约"自主招生第 4 题：

已知锐角 △ABC，BE 垂直 AC 于点 E，CD 垂直 AB 于点 D，BC = 25，CE = 7，BD = 15，BE 与 CD 交于点 H，联结 DE，以 DE 为直径画圆，圆与 AC 交于另一点 F，求 AF．

仅举几例，挂一漏万．欲有收益，读后便知．

如果你觉得以上试题比较"老旧"，那我们一起来看一个新鲜出炉的．

2024 年中国数学女子奥林匹克将于 8 月举行，近期浙江省举行了选拔考试，共有四个题目，其中第三个题目为平面几何题。西安交通大学附属中学竞赛教练金磊老师给出了对此题的思考解答过程如下：

D 为 $\triangle ABC$ 外一点,满足 $\angle ABD = \angle ADC$, $\angle BAD = \angle DAC$, E 和 F 在过 A 且垂直于 AD 的直线上,满足 $EB /\!/ AC$, $FC /\!/ BA$, 设 CE 交 BF 于 K. 设 $\triangle ABC$ 的外心为 O. 证明:若 $AD = BC$, 则 $OK \perp AD$.

第一步根据题意画出准确的图像.

如果直接按题目顺序画图并不方便,首先选定 $\triangle ABC$, 点 D 的位置并不好做出来,而且容易发现 $\triangle ABC$ 并不是任意三角形,所以可以先画出草图.

第二步挖掘图形的基本性质.

由 $\angle ABD = \angle ADC$, $\angle BAD = \angle DAC$, 可得 $\triangle ABD \sim \triangle ADC$.

从而 $AD^2 = AB \cdot AC$, 故 $BC^2 = AB \cdot AC$.

由此即可得到 $\triangle ABC$ 的约束条件,可以先作出满足此条件的 $\triangle ABC$, 再在其角平分线上截取 $AD = BC$. 即可得到点 D, 如图 1 所示.

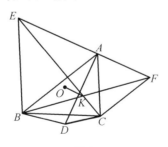

图 1

下面继续挖掘图形的基本性质,由 $AD \perp EF$ 及 $AC /\!/ BE$ 即得 $BE = BA$, 从而 $\triangle ABE$ 可以确定.

同理对 $\triangle ACF$ 亦然. 进而点 K 也是确定的, 这样

解三角形

基本性质就挖掘得差不多了.

第三步,从结果入手.

本题需证 $AD \perp OK$,而 $AD \perp EF$,故需证 $OK /\!/ EF$,这样就能简化图形,将 AD 消去了,得到图 2.

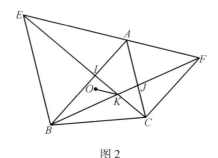

图 2

以下继续从结果入手,欲证 $OK /\!/ EF$,证明两直线平行的基本方法主要是三个:

第一个是倒角,通过同位角、内错角、同旁内角关系证明共圆,对本题似乎难以行得通,主要是 OK 与 KB,KC 夹角都很难确定.

第二个是倒比例,将两直线放到一个三角形中,通过截线成比例证明相似,从而得到平行,本题中似乎也不好寻找.

第三个是用距离或者面积,本题中 OK 的方向难以捉摸,EF 方向很容易确定,故需证 O,K 到 EF 距离相等即可,即证 $\triangle OEF$,$\triangle KEF$ 面积相等. 权衡一下,O 到 EF 距离不难计算,K 到 EF 距离不太容易确定,EF 长度也好求.

感觉第三条路有希望,最好用面积,下面就是要确

定 △KEF 面积. 用 [ABC] 表示 △ABC 的面积. 利用对称性, 只需算出 [KAF], 利用比例, $[KAF] = \dfrac{FK}{FB}[ABF] = \dfrac{FC}{FC+BI}[ABC]$, 这样只需算出 BI 即可, 由平行得到 $\dfrac{BI}{IA} = \dfrac{BE}{CA} = \dfrac{c}{b}$, 这就能用 △ABC 的基本量来表示 [KEF], 从而就能消去点 K, 下面就是基本的恒等计算了. 具体证明过程如下:

证明: 设 △ABC 边为 a, b, c, 为角 A, B, C, 圆 O 半径为 R, [ABC] 表示 △ABC 的面积, 如图3, 设 $OM \perp EF$ 于 M, 依题意, $\angle BEA = \angle CAF = \angle EAB$, 所以

$$BE = BA, \dfrac{BI}{IA} = \dfrac{BE}{CA} = \dfrac{c}{b}$$

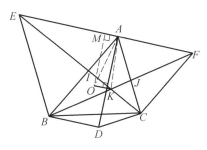

图 3

所以

$$BI = \dfrac{c^2}{b+c}$$

$$[KAF] = \dfrac{FK}{FB}[ABF] = \dfrac{FC}{FC+BI}[ABC]$$

解三角形

$$= \frac{b}{b+\frac{c^2}{b+c}}[ABC]$$

$$= \frac{b(b+c)}{b^2+bc+c^2}[ABC]$$

对称的

$$[AKE] = \frac{c(b+c)}{b^2+bc+c^2}[ABC]$$

所以

$$[KEF] = [KAF]+[AKE] = \frac{(b+c)^2}{b^2+bc+c^2}[ABC]$$

$$\angle OAE = 90°-C+90°-\frac{A}{2} = 90°-\frac{C-B}{2}$$

$$EF = 2(b\sin\frac{A}{2}+c\sin\frac{A}{2}) = 2(b+c)\sin\frac{A}{2}$$

$$[OEF] = \frac{1}{2}OM \cdot EF = R(b+c)\sin\frac{A}{2}\cos\frac{B-C}{2}$$

$$b+c = 2R(\sin B+\sin C) = 4R\sin\frac{B+C}{2}\cos\frac{B-C}{2}$$

$$= 4R\cos\frac{A}{2}\cos\frac{B-C}{2}$$

所以

$$OK \perp AD \Leftrightarrow OK /\!/ EF \Leftrightarrow [KEF] = [OEF]$$

$$\Leftrightarrow \frac{(b+c)^2}{b^2+bc+c^2}[ABC]$$

$$= R(b+c)\sin\frac{A}{2}\cos\frac{B-C}{2}$$

$$\Leftrightarrow (b+c)bc\sin A$$

$$= 2R\sin\frac{A}{2}\cos\frac{B-C}{2}(b^2+bc+c^2)$$

$$\Leftrightarrow 4R\cos\frac{A}{2}\cos\frac{B-C}{2}bc\sin A$$

$$= 2R\sin\frac{A}{2}\cos\frac{B-C}{2}(b^2+bc+c^2)$$

$$\Leftrightarrow 4bc\cos^2\frac{A}{2} = b^2+bc+c^2$$

$$\Leftrightarrow 2bc+2bc\cos A = b^2+bc+c^2$$

$$\Leftrightarrow bc = a^2$$

即为已知条件,从而结论成立.

金磊老师最后总结说:

上述解答的关键是将平行转化为等面积,利用面积法即可消去点 K 及 O,最后转化为 $\triangle ABC$ 中基本量的计算,那就是瓮中捉鳖、手到擒来的事情了.

金磊老师的解法算是一个比较自然而本质的思路,因为利用比例证明平行,其本质也是面积方法.

本题还是一个比较困难的问题,主要难点在于点 K 的几何性质很难挖掘,所以直接暴力计算就是一个自然的选择了.

近几十年的数学教育的弊端其中一点是对数学核心方法及技巧重视不足,大量删减应知应会的内容及公式,导致学生解难题的能力及对数学公式之美的感受大幅下降.我们找到了多年前的一组与本书内容高度相关的习题做一下对比便可知.

解三角形

1. 求边长和求角问题

> 在 $\triangle ABC$ 中,已知:$\tan B = 1$,$\tan C = 2$,$b = 100$,求 a.

解 因为
$$\tan B = 1$$
所以
$$\angle B = 45°$$
因为
$$\begin{aligned}\tan A &= \tan(180°-B-C) \\ &= -\tan(B+C) \\ &= -\frac{\tan B + \tan C}{1 - \tan B \tan C} \\ &= -\frac{1+2}{1-1 \cdot 2} = 3\end{aligned}$$
所以
$$\sin A = \frac{1}{\csc A} = \frac{1}{\sqrt{1+\cot^2 A}}$$
$$= \frac{1}{\sqrt{1+\left(\frac{1}{3}\right)^2}}$$
$$= \frac{3\sqrt{10}}{10}$$
又因为
$$\frac{a}{\sin A} = \frac{b}{\sin B}$$
所以

$$a = \frac{b}{\sin B} \cdot \sin A = \frac{100}{\sin 45°} \cdot \frac{3}{\sqrt{10}}$$

$$= \frac{100}{\frac{\sqrt{2}}{2}} \cdot \frac{3}{\sqrt{10}} = 60\sqrt{5}$$

所以

$$a = 60\sqrt{5}$$

> 在 $\triangle ABC$ 中,A,B,C 三角成等差数列,最大角与最小角之差为 $90°$,求三边的比.

解 由题意得

$$\begin{cases} A-C=90° \\ 2B=A+C \\ A+B+C=180° \end{cases}$$

所以

$$A=105°, B=60°, C=15°$$

$$\frac{a}{\sin 105°} = \frac{b}{\sin 60°} = \frac{c}{\sin 15°}$$

而

$$\sin 15° = \sin(45°-30°)$$

$$= \sin 45° \cos 30° - \cos 45° \sin 30°$$

$$= \frac{\sqrt{2}}{2} \cdot \frac{\sqrt{3}}{2} - \frac{\sqrt{2}}{2} \cdot \frac{1}{2}$$

$$= \frac{\sqrt{2}(\sqrt{3}-1)}{4}$$

$$\sin 105° = \sin(60°+45°)$$

解三角形

$$= \sin 60°\cos 45° + \cos 60°\sin 45°$$

$$= \frac{\sqrt{3}}{2}\cdot\frac{\sqrt{2}}{2}+\frac{1}{2}\cdot\frac{\sqrt{2}}{2}$$

$$= \frac{\sqrt{2}(\sqrt{3}+1)}{4}$$

所以

$$a:b:c = \sin 105° : \sin 60° : \sin 15°$$

$$= \frac{\sqrt{2}(\sqrt{3}+1)}{4} : \frac{\sqrt{3}}{2} : \frac{\sqrt{2}(\sqrt{3}-1)}{4}$$

$$= (\sqrt{3}+1) : \sqrt{6} : (\sqrt{3}-1)$$

> 在 $\triangle ABC$ 中，三边 a,b,c 是连续三整数，且 $A=2C$，C 是最小的角，求各边．

解 设 $c=x$（C 是最小角），则
$$b=x+1, a=x+2$$

所以

$$\frac{x+2}{\sin A}=\frac{x+1}{\sin B}=\frac{x}{\sin C}$$

又

$$B=180°-(A+C)=180°-3C$$

所以

$$\frac{x+2}{\sin 2C}=\frac{x+1}{\sin 3C}=\frac{x}{\sin C}$$

根据等比的性质，得

$$\frac{x+1+x}{\sin 3C+\sin C}=\frac{x}{\sin C}$$

$$\frac{2x+1}{2\sin 2C\cos C}=\frac{x}{\sin C}$$

即

$$\frac{2x+1}{2\cdot 2\sin C\cos^2 C}=\frac{x}{\sin C}$$

因为

$$\sin C\neq 0$$

所以

$$\frac{2x+1}{4\cos^2 C}=x$$

故

$$\cos^2 C=\frac{2x+1}{4x}$$

又

$$\frac{x+2}{\sin 2C}=\frac{x}{\sin C}$$

即

$$\frac{x+2}{2\sin C\cos C}=\frac{x}{\sin C}$$

所以

$$\cos C=\frac{x+2}{2x}$$

从而有

$$\left(\frac{x+2}{2x}\right)^2=\frac{2x+1}{4x}$$
$$x^2-3x-4=0$$

所以

解三角形

$$x=4, x=-1(舍去)$$

所以
$$c=4, b=5, a=6$$

> 在 $\triangle ABC$ 中,$a:b:c=2:\sqrt{6}:(1+\sqrt{3})$,求各角.

解 由已知条件,可设
$$a=2k, b=\sqrt{6}k, c=(1+\sqrt{3})k$$

由余弦定理,得

$$\cos A = \frac{b^2+c^2-a^2}{2bc}$$

$$= \frac{6k^2+(\sqrt{3}+1)^2k^2-4k^2}{2\sqrt{6}(\sqrt{3}+1)k^2}$$

$$= \frac{6+2\sqrt{3}}{2\sqrt{6}(\sqrt{3}+1)}$$

$$= \frac{2\sqrt{3}(\sqrt{3}+1)}{2\sqrt{6}(\sqrt{3}+1)}$$

$$= \frac{1}{\sqrt{2}} = \frac{\sqrt{2}}{2}$$

又 $0°<A<180°$,所以 $A=45°$.

同样

$$\cos B = \frac{c^2+a^2-b^2}{2ca}$$

$$= \frac{(\sqrt{3}+1)^2k^2+4k^2-6k^2}{2\times 2(\sqrt{3}+1)k^2}$$

$$= \frac{2+2\sqrt{3}}{4(\sqrt{3}+1)}$$

$$= \frac{2(\sqrt{3}+1)}{4(\sqrt{3}+1)}$$

$$= \frac{1}{2}$$

又
$$0°<B<180°$$
所以
$$B=60°$$
而
$$C=180°-(45°+60°)=75°$$

> 在 $\triangle ABC$ 中,$a=x^2+x+1$,$b=x^2-1$,$c=2x+1$,求最大角.

解 因为 a,b,c 是 $\triangle ABC$ 的三边,所以
$$a>0,b>0,c>0$$
从而 x 应满足下列不等式
$$\begin{cases} x^2+x+1>0 & (1) \\ x^2-1>0 & (2) \\ 2x+1>0 & (3) \end{cases}$$
由(1),得
$$x^2+x+1=(x+\frac{1}{2})^2+\frac{3}{4}>0$$
所以 x 为任意实数都满足(1).

由(2),得

解三角形

$$(x-1)(x+1)>0$$

所以

$$x<-1 \text{ 或 } x>1$$

由(3),得

$$x>-\frac{1}{2}$$

从而不等式组的解为 $x>1$,即 x 只能取大于 1 的实数.
而

$$x^2+x+1-(x^2-1)=x+2>0$$
$$x^2+x+1-(2x+1)=x^2-x=x(x-1)>0$$

所以 $a=x^2+x+1$ 为最大的边.

由大边对大角,得

$$\cos A = \frac{b^2+c^2-a^2}{2bc}$$

$$=\frac{(x^2-1)^2+(2x+1)^2-(x^2+x+1)^2}{2(2x+1)(x^2-1)}$$

$$=(x^4-2x^2+1+4x^2+4x+1-x^4-x^2-1-2x^3-2x^2-2x)/$$
$$[2(2x+1)(x^2-1)]$$

$$=\frac{-2x^3-x^2+2x+1}{2(2x^3+x^2-2x-1)}$$

$$=-\frac{1}{2}$$

又因为 $0°<A<180°$,所以 $A=120°$.

2. 等式证明问题

> 在 $\triangle ABC$ 中,求证: $a\cos A+b\cos B+c\cos C=4R\sin A\sin B\sin C.$

证明 由正弦定理

$$a=2R\sin A, b=2R\sin B, c=2R\sin C$$

所以

$$a\cos A+b\cos B+c\cos C$$
$$=2R\sin A\cos A+2R\sin B\cos B+2R\sin C\cos C$$
$$=R(\sin 2A+\sin 2B+\sin 2C)$$
$$=R[2\sin(A+B)\cos(A-B)+2\sin C\cos C]$$
$$=2R[\sin C\cos(A-B)+2\sin C\cos C]$$
$$=2R\sin C[\cos(A-B)+\cos C]$$
$$=2R\sin C[\cos(A-B)-\cos(A+B)]$$
$$=2R\sin C\cdot 2\sin A\sin B$$
$$=4R\sin A\sin B\sin C$$

所以

$$a\cos A+b\cos B+c\cos C=4R\sin A\sin B\sin C$$

注意,在以上的证明用到. 因为

$$A+B+C=\pi$$

所以

$$C=\pi-(A+B)$$

故

$$\sin C=\sin(A+B)$$
$$\cos C=-\cos(A+B)$$

若 △ABC 的外接圆半径为 R,三角形的周长为 $2S$,求证: $4R\cos\dfrac{A}{2}\cos\dfrac{B}{2}\cos\dfrac{C}{2}=S.$

证明 因为 $A+B+C=\pi$,所以

解三角形

$$4R\cos\frac{A}{2}\cos\frac{B}{2}\cos\frac{C}{2}=\sin A\sin B\sin C$$

所以

$$4R\cos\frac{A}{2}\cos\frac{B}{2}\cos\frac{C}{2}$$
$$=R(\sin A+\sin B+\sin C)$$
$$=\frac{2R\sin A}{2}+\frac{2R\sin B}{2}+\frac{2R\sin C}{2}$$
$$=\frac{a+b+c}{2}=\frac{2S}{2}=S$$

所以

$$4R\cos\frac{A}{2}\cos\frac{B}{2}\cos\frac{C}{2}=S$$

在$\triangle ABC$中,求证$b^2\cos 2C+2bc\cos(B-C)+c^2\cos 2B=a^2$.

证明 $b^2\cos 2C+2bc\cos(B-C)+c^2\cos 2B$
$=b^2(\cos^2 C-\sin^2 C)+2bc(\cos B\cos C+\sin B\sin C)+c^2(\cos^2 B-\sin^2 B)$
$=b^2(\cos^2 C+2bc\cos B\cos C+c^2\cos^2 B)-(b^2\sin^2 C-2bc\sin B\sin C+c^2\sin^2 B)$
$=(b\cos C+c\cos B)^2-(b\sin C-c\sin B)^2$

因为

$$a=b\cos C+c\cos B$$

及

$$\frac{b}{\sin B}=\frac{c}{\sin C}$$

从而
$$b\sin C = c\sin B$$
所以
$$上式 = a^2 - 0 = a^2$$
所以
$$b^2\cos 2C + 2bc\cos(B-C) + c^2\cos 2B = a^2$$

> 在 $\triangle ABC$ 中,已知:$2\cos A + \cos B + \cos C = 2$,求证:$2a = b+c$.

证明 根据余弦定理和已知条件,得
$$2 \cdot \frac{b^2+c^2-a^2}{2bc} + \frac{c^2+a^2-b^2}{2ac} + \frac{a^2+b^2-c^2}{2ab} = 2$$

去分母,移项,得
$$2a(b^2+c^2-a^2) + b(c^2+a^2-b^2) +$$
$$c(a^2+b^2-c^2) - 4abc = 0$$
$$2a(b^2+c^2-2bc-a^2) + (ba^2+ca^2) +$$
$$(bc^2+cb^2) - (b^3+c^3) = 0$$
$$2a[(b-c)^2-a^2] + a^2(b+c) + bc(b+c) -$$
$$(b+c)(b^2-bc+c^2) = 0$$
$$2a[(b-c)^2-a^2] + (b+c)[a^2-(b-c)^2] = 0$$
$$[(b-c)^2-a^2](2a-b-c) = 0$$
$$(b-c+a)(b-c-a)(2a-b-c) = 0$$

但是
$$a+b > c, c+a > b$$
从而
$$2a-b-c = 0$$

解三角形

所以
$$2a = b+c$$

> 在 $\triangle ABC$ 中,已知 a^2, b^2, c^2 成等差数列,求证:$\cot A, \cot B, \cot C$ 也成等差数列.

证明 由正弦定理,因为 a^2, b^2, c^2 成等差数列,所以 $\sin^2 A, \sin^2 B, \sin^2 C$ 也成等差数列,即
$$2\sin^2 B = \sin^2 A + \sin^2 C$$

所以
$$\sin^2 B + \sin B \sin(A+C)$$
$$= \sin A \sin(B+C) + \sin C \sin(A+B)$$

所以
$$\sin^2 B + \sin B \sin A \cos C + \sin B \cos A \sin C$$
$$= \sin A \sin B \cos C + \sin A \cos B \sin C +$$
$$\sin C \sin A \cos B + \sin C \sin B \cos A$$

所以
$$\sin^2 B = 2 \sin A \sin C \cos B$$
$$\sin B = 2 \sin A \sin C \cot B$$

所以
$$2 \cot B = \frac{\sin B}{\sin A \sin C} = \frac{\sin(A+C)}{\sin A \sin C}$$
$$= \frac{\sin A \cos C + \cos A \sin C}{\sin A \sin C}$$
$$= \cot C + \cot A$$

所以

238

$$2\cot B = \cot A + \cot C$$

所以,$\cot A, \cot B, \cot C$ 成等差数列.

3. 确定三角形形状问题

> 在 $\triangle ABC$ 中,已知 $a\cos A = b\cos B$,求证:$\triangle ABC$ 为等腰三角形或直角三角形.

证明 因为

$$a\cos A = b\cos B$$

而

$$\cos A = \frac{b^2+c^2-a^2}{2bc}$$

$$\cos B = \frac{a^2+c^2-b^2}{2ac}$$

所以

$$a \cdot \frac{b^2+c^2-a^2}{2bc} = b \cdot \frac{a^2+c^2-b^2}{2ac}$$

$$a^2(b^2+c^2-a^2) = b^2(c^2+a^2-b^2)$$

$$c^2(a^2-b^2) - (a^4-b^4) = 0$$

所以

$$(a+b)(a-b)(c^2-a^2-b^2) = 0$$

但

$$a+b > 0$$

所以 $a=b$ 或 $c^2 = a^2+b^2$.

所以,$\triangle ABC$ 为等腰三角形或直角三角形.

解三角形

> 在 $\triangle ABC$ 中,若 $(a^2+b^2)\sin(A-B) = (a^2-b^2)\sin(A+B)$,试确定 $\triangle ABC$ 的形状.

解 因为

$$(a^2+b^2)\sin(A-B) = (a^2-b^2)\sin(A+B)$$

$$\frac{a^2+b^2}{a^2-b^2} = \frac{\sin(A+B)}{\sin(A-B)}$$

由合分比定理,得

$$\frac{a^2}{b^2} = \frac{\sin(A+B)+\sin(A-B)}{\sin(A+B)-\sin(A-B)} = \frac{\sin A\cos B}{\cos A\sin B}$$

又根据正弦定理,得

$$\frac{a^2}{b^2} = \frac{\sin^2 A}{\sin^2 B}$$

所以

$$\frac{\sin^2 A}{\sin^2 B} = \frac{\sin A\cos B}{\cos A\sin B}$$

$$\sin A\cos A = \sin B\cos B$$

$$\sin 2A = \sin 2B$$

所以

$$2A = 2B \text{ 或 } 2A = 180°-2B$$

即

$$A = B \text{ 或 } A+B = 90°$$

所以 $\triangle ABC$ 为等腰三角形或直角三角形.

4. 半角定理和三角形面积公式

> A,B,C 为 $\triangle ABC$ 的三个内角,a,b,c 分别为 A,B,C 角的对边,设 $s=\dfrac{1}{2}(a+b+c)$,求证:$\sin\dfrac{A}{2}=\sqrt{\dfrac{(s-b)(s-c)}{bc}}$,$\sin\dfrac{B}{2}=\sqrt{\dfrac{(s-a)(s-c)}{ac}}$,$\sin\dfrac{C}{2}=\sqrt{\dfrac{(s-a)(s-b)}{ab}}$.

证明 因为 $0°<A<180°$,所以 $\sin\dfrac{A}{2}>0$.

由半角公式,得

$$\sin\dfrac{A}{2}=\sqrt{\dfrac{1-\cos A}{2}}=\sqrt{\dfrac{1}{2}\left(1-\dfrac{b^2+c^2-a^2}{2bc}\right)}$$

$$=\sqrt{\dfrac{1}{2}\left(\dfrac{2bc-b^2-c^2+a^2}{2bc}\right)}$$

$$=\sqrt{\dfrac{a^2-(b-c)^2}{4bc}}$$

$$=\sqrt{\dfrac{(a+b-c)(a-b+c)}{4bc}}$$

因为

$$2s=a+b+c$$

所以

$$a+b-c=a+b+c-2c=2s-2c$$
$$=2(s-c)$$
$$a-b+c=a+b+c-2b=2s-2b$$
$$=2(s-b)$$

解三角形

所以
$$\sin\frac{A}{2}=\sqrt{\frac{2(s-c)\cdot 2(s-b)}{4bc}}$$
$$=\sqrt{\frac{(s-c)(s-b)}{bc}}$$

同理
$$\sin\frac{B}{2}=\sqrt{\frac{(s-a)(s-c)}{ac}}$$
$$\sin\frac{C}{2}=\sqrt{\frac{(s-a)(s-b)}{ab}}$$

> A,B,C 为 $\triangle ABC$ 的三个内角,a,b,c 分别为 A,B,C 角的对边,设 $s=\frac{1}{2}(a+b+c)$,求证: $\cos\frac{A}{2}=\sqrt{\frac{s(s-a)}{bc}}$,$\cos\frac{B}{2}=\sqrt{\frac{s(s-b)}{ca}}$,$\cos\frac{C}{2}=\sqrt{\frac{s(s-c)}{ab}}$.

证明 因为 $0°<A<180°$,所以 $\cos\frac{A}{2}>0$.

由半角公式,得
$$\cos\frac{A}{2}=\sqrt{\frac{1+\cos A}{2}}$$
$$=\sqrt{\frac{1}{2}\left(1+\frac{b^2+c^2-a^2}{2bc}\right)}$$
$$=\sqrt{\frac{1}{2}\cdot\frac{2bc+b^2+c^2-a^2}{2bc}}$$

242

$$= \sqrt{\frac{(b+c)^2-a^2}{4bc}}$$

$$= \sqrt{\frac{(b+c+a)(b+c-a)}{4bc}}$$

因为

$$2s = a+b+c$$
$$b+c-a = 2(s-a)$$

所以

$$\cos\frac{A}{2}\sqrt{\frac{2s \cdot 2(s-a)}{4bc}} = \sqrt{\frac{s(s-a)}{bc}}$$

同理

$$\cos\frac{B}{2} = \sqrt{\frac{s(s-b)}{ac}}$$

$$\cos\frac{C}{2} = \sqrt{\frac{s(s-c)}{ab}}$$

> A, B, C 为 $\triangle ABC$ 的三个内角，a, b, c 分别为 A, B, C 角的对边，设 $s=\frac{1}{2}(a+b+c)$，求证：
>
> $\tan\frac{A}{2}\sqrt{\frac{(s-b)(s-c)}{s(s-a)}}$，$\tan\frac{B}{2} = \sqrt{\frac{(s-c)(s-a)}{s(s-b)}}$，
>
> $\tan\frac{C}{2}\sqrt{\frac{(s-a)(s-b)}{s(s-c)}}$。

证明 $\tan\dfrac{A}{2} = \dfrac{\sin\dfrac{A}{2}}{\cos\dfrac{A}{2}}$

解三角形

$$=\sqrt{\frac{(s-b)(s-c)}{bc}}\bigg/\sqrt{\frac{s(s-a)}{bc}}$$

$$=\sqrt{\frac{(s-b)(s-c)}{s(s-a)}}$$

同理

$$\tan\frac{B}{2}=\sqrt{\frac{(s-c)(s-a)}{s(s-b)}}$$

$$\tan\frac{C}{2}=\sqrt{\frac{(s-a)(s-b)}{s(s-c)}}$$

> a,b,c 分别为 $\triangle ABC$ 的 A,B,C 角的对边,设 $s=\frac{1}{2}(a+b+c)$,R 为 $\triangle ABC$ 外接圆半径,S 为 $\triangle ABC$ 的面积. 求证:(1) $S=\sqrt{s(s-a)(s-b)(s-c)}$;(2) $S=\frac{abc}{4R}$.

证明 (1) $S=\frac{1}{2}bc\sin A$

$$=bc\sin\frac{A}{2}\cos\frac{A}{2}$$

$$=bc\sqrt{\frac{(s-b)(s-c)}{bc}}\cdot\sqrt{\frac{s(s-a)}{bc}}$$

$$=\sqrt{s(s-a)(s-b)(s-c)}$$

(2) 由正弦定理,得

$$\sin A=\frac{a}{2R}$$

所以

$$S = \frac{1}{2}bc\sin A = \frac{1}{2}bc \cdot \frac{a}{2R} = \frac{abc}{4R}$$

> A,B,C 为 $\triangle ABC$ 的三个内角，a,b,c 分别是角 A,B,C 的对边，设 $s = \frac{1}{2}(a+b+c)$，r 是 $\triangle ABC$ 的外接圆半径，求证：（1）$S = sr$；（2）$r = (s-a)\tan\frac{A}{2} = (s-b)\tan\frac{B}{2} = (s-c)\tan\frac{C}{2}$.

解 （1）如图 4，设 $\triangle ABC$ 的内切的圆心为 O，则圆 O 与 AB,BC,CA 分别切于 D,E,F，联结 OA,OB,OC,OD,OE,OF，则

$$OE = OD = OF = r$$

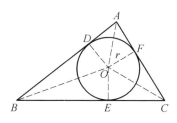

图 4

所以 $\triangle ABC$ 的面积为

$$S_{\triangle ABC} = S_{\triangle BOC} + S_{\triangle COA} + S_{\triangle AOB}$$

所以

$$S = \frac{1}{2}ar + \frac{1}{2}br + \frac{1}{2}cr$$
$$= \frac{1}{2}(a+b+c) \cdot r$$
$$= sr$$

解三角形

所以
$$S = sr$$

（2）因为
$$\tan\frac{A}{2} = \sqrt{\frac{(s-b)(s-c)}{s(s-a)}}$$
$$= \sqrt{\frac{s(s-a)(s-b)(s-c)}{s^2(s-a)^2}}$$
$$= \frac{S}{s(s-a)} = \frac{sr}{s(s-a)} = \frac{r}{s-a}$$

所以
$$r = (s-a)\tan\frac{A}{2}$$

同理
$$r = (s-b)\tan\frac{B}{2}$$
$$r = (s-c)\tan\frac{C}{2}$$

所以
$$r = (s-a)\tan\frac{A}{2} = (s-b)\tan\frac{B}{2} = (s-c)\tan\frac{C}{2}$$

> A, B, C 为 $\triangle ABC$ 的三个内角，R, r 分别为 $\triangle ABC$ 的外接圆和内切圆的半径，求证：$r = 4R\sin\frac{A}{2}\sin\frac{B}{2}\sin\frac{C}{2} \leqslant \frac{1}{2}R.$

证明 因为
$$S = \frac{abc}{4R}$$

所以
$$4R = \frac{abc}{S}$$

所以
$$4R\sin\frac{A}{2}\sin\frac{B}{2}\sin\frac{C}{2}$$
$$=\frac{abc}{S}\sqrt{\frac{(s-b)(s-c)}{bc}} \cdot \sqrt{\frac{(s-a)(s-c)}{ac}} \cdot \sqrt{\frac{(s-a)(s-b)}{ab}}$$
$$=\frac{abc}{S} \cdot \frac{(s-a)(s-b)(s-c)}{abc}$$
$$=\frac{(s-a)(s-b)(s-c)}{S}$$
$$=\frac{s(s-a)(s-b)(s-c)}{sS}$$
$$=\frac{S^2}{sS}=\frac{S}{s}$$
$$=r(因为 S=sr)$$

又因为
$$\sin\frac{A}{2}\sin\frac{B}{2}\sin\frac{C}{2}\leqslant\frac{1}{8}$$

所以
$$r\leqslant 4R\cdot\frac{1}{8}=\frac{1}{2}R$$

所以
$$r=4R\sin\frac{A}{2}\sin\frac{B}{2}\sin\frac{C}{2}\leqslant\frac{1}{2}R$$

解三角形

> A,B,C 为 $\triangle ABC$ 的三个内角，a,b,c 分别为 A,B,C 的对边，设 $s=\dfrac{1}{2}(a+b+c)$，R,r 分别为 $\triangle ABC$ 的外接圆及内切圆的半径，若 $s=R+r$，求证：$\cos 2A+\cos 2B+\cos 2C=2\cos A+2\cos B+2\cos C$.

证明 由题意

$$s=R+r$$

所以

$$\frac{s}{R}=1+\frac{r}{R} \qquad (1)$$

因为

$$\frac{a}{\sin A}=\frac{b}{\sin B}=\frac{c}{\sin C}=2R$$

所以

$$\frac{a+b+c}{\sin A+\sin B+\sin C}=2R$$

所以

$$\frac{s}{R}=\sin A+\sin B+\sin C \qquad (2)$$

因为

$$\frac{r}{R}=4\sin\frac{A}{2}\sin\frac{B}{2}\sin\frac{C}{2}\,(\text{参看前面的题})$$

所以

$$\frac{r}{R}+1=4\sin\frac{A}{2}\sin\frac{B}{2}\sin\frac{C}{2}+1$$

$$=\cos A+\cos B+\cos C \qquad (3)$$

由(1)(2)(3),得

$$\sin A+\sin B+\sin C=\cos A+\cos B+\cos C$$

将上式两边平方,并移项,得

$$(\cos^2 A-\sin^2 A)+(\cos^2 B-\sin^2 B)+$$
$$(\cos^2 C-\sin^2 C)$$
$$=-2(\cos A\cos B-\sin A\sin B)-$$
$$2(\cos B\cos C-\sin B\sin C)-$$
$$2(\cos C\cos A-\sin C\sin A)$$

所以

$$\cos 2A+\cos 2B+\cos 2C$$
$$=-2\cos(A+B)-2\cos(B+C)-2\cos(C+A)$$
$$=2\cos C+2\cos A+2\cos B$$

我们可以看出半角定理给出了三角形边角关系的一种,利用半角公式可将三角形各边之间的关系化为其内角的三角函数间的关系.或者相反,将角之间的关系化为三角形边之间的关系.结合正弦定理和余弦定理,使我们可以更方便地处理有关三角形的问题.

三角形的面积公式除了 $S=\dfrac{1}{2}bc\sin A$ 外,还有其他的形式,如海伦公式 $S=\sqrt{s(s-a)(s-b)(s-c)}$,以及 $S=\dfrac{abc}{4R}$ 等.熟记这些公式,往往提高解答问题的效率.

在解三角形时难免会用到一些三角恒等式,这些恒等式真的很难被记住,最近有一位网名叫"围城里的猫"的读者发现它们与线性变换之间有联系,借着二乘二的旋转矩阵,我们可以推导出一些简单的三角

解三角形

恒等式.

首先我们给出二乘二的旋转矩阵

$$R(\theta) = \begin{pmatrix} \cos\theta & -\sin\theta \\ \sin\theta & \cos\theta \end{pmatrix}$$

当我们将任意二维列向量 v_1 与旋转矩阵相乘,会得到另一个长度相同但旋转了 θ 度的二维列向量 v_2. 再次将该向量与旋转矩阵相乘,会输出另一个向量 v_3,相对于 v_2 旋转了 θ,相对于 v_1 旋转了 2θ,数学上用下面的式子来表述我刚才说的,即

$$R(Rv_1)$$

我们也可以从几何角度来看一下,如图 5,括号内的运算将绿色向量变为橙色向量,旋转 θ;再次乘以 R 则将橙色向量变为紫色向量,相对于 v_1 旋转 2θ.

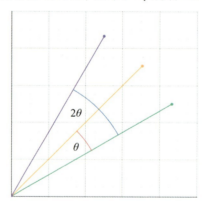

图 5

现在你理解旋转矩阵的作用吗?我们也知道矩阵的乘法是满足的结合律,因我们可以有下面的推论.

$$R(Rv_1) = (RR)v_1 = R^2 v_1, RR \equiv R^2$$

现在我们将旋转矩阵求平方——换句话说,将其乘以自身——我们得到

$$\begin{pmatrix} \cos\theta & -\sin\theta \\ \sin\theta & \cos\theta \end{pmatrix} \begin{pmatrix} \cos\theta & -\sin\theta \\ \sin\theta & \cos\theta \end{pmatrix}$$

$$= \begin{pmatrix} \cos^2\theta - \sin^2\theta & -2\cos\theta\sin\theta \\ 2\cos\theta\sin\theta & \cos^2\theta - \sin^2\theta \end{pmatrix}$$

但是旋转矩阵平方是什么呢,回想一下前面的记号,是不是就是从 $R(2\theta)$,这里 R 理解成一个函数,从旋转矩阵的定义来看,$R(2\theta)$ 也是以下矩阵

$$R(2\theta) = \begin{pmatrix} \cos 2\theta & -\sin 2\theta \\ \sin 2\theta & \cos 2\theta \end{pmatrix}$$

现在,由于这两个矩阵的效果是一样的,矩阵完全相等,对应的元素也一样,我们就可以得到熟知的三角恒等式

$$\cos 2\theta = \cos^2\theta - \sin^2\theta$$
$$\sin 2\theta = 2\cos\theta\sin\theta$$

一些读者可能已经注意到,对于任何 $R(n\theta)$ 来说,这都是正确的,其中 n 是自然数. 毕竟,反复将一个向量乘以一个矩阵只不过是反复对其应用相同的线性变换——在本例中,就是旋转某个角度 θ. 以此为论据我们可以得到任何 $n\theta$ 的正弦和余弦表达式,只不过那个会长得比较丑陋.

现在我们常听到一个词叫"降维打击". 这种用高等数学的方法重温初等数学就是典型的一种!

解三角形

目前,中国青年爱国热情高涨,这是好事.但有些人走了极端认为世界上的一切学问均出自中国古代.这就有点不切实际了,据数学史专家特古斯研究①:中算家的三角术直到1905年仍然"中学为体",但是此后情况发生了变化,变化是由教育改革引起的.废除科举制度后三角学的结构发生了变化,譬如,《平面三角法》与《三角术》,均为"西体西用",内容和形式上均与国际接轨.至民国时期,三角级数论走向现代函数论,结果更加一般化.

1.《平面三角法》

陈文(20世纪),连江人,全盘西化的先锋.所编写的《平面三角法》注明"中等教科",由上海科学会编译部刊行.在东京印刷,疑资料来源于日本.

《平面三角法》共10章,内容是三角函数的概念、性质与应用,包括基本关系、和较关系及边角关系,均为"西体西用".第一章是"角之计法",首先给出三角学的定义:

> 三角法者,讲三角函数之性质及应用之学科也,而依其应用之区域分为平面、球面二部.

---

① 摘编自:特古斯,尚利峰.清代三角学的数理化历程[M].北京:科学出版社,2014.

编辑手记

这是中国学者关注三角学定义的最初例证之一. 然后介绍角度单位与换算,所用弧与度的关系与今者完全一致.

第二章是"锐角之三角函数",首先给出八线的定义,然后给出比例数的定义,由此说明了两者的联系与区别. 三角函数采用"通用之记号",它们"原本于拉丁语

sinus,cosinus,tangens,cotangens,secans,cosecans

为各国所通用. 唯或以 csc 代 cosec,不无少异".

基本关系被区分为二重关系、三重关系与平方关系,由此可得四重关系,只需恒等变形. 设 $0<\alpha<\frac{\pi}{2}$,则 $\frac{\pi}{2}-\alpha$ 与 α 的三角函数"其同数之项"互为余函数. 特殊角的三角函数值不难逐个求出,但是"后之四个可由前二个导出".

第三章是"直角三角形"的定义、性质与解法.

第四章是"任意角之三角函数". 首先给出"角之定义",然后给出三角函数的"普通定义",有关概念随之一般化. 角生于"廻线之运动",角度为"廻转之量",要点在于"角之值无制限"并且可正可负. 普通定义基于直角坐标系,重点是"直线之方向",三角函数在各象限的正负变化由此得到说明.

$2n\pi+\alpha$ 与 α 之"二边相合",故三角函数皆有周期 $2n\pi$,前述基本关系在普通定义下"亦皆合理". 设 $A=$

解三角形

$\dfrac{k\pi}{2}\pm\alpha$,则 A 的三角函数"恒依下二例"

(1) k 为偶数(0 属于此例),则其数值等于 α 之各同名函数之数值.(2) k 为奇数,则其数值等于 α 之各余函数之数值.

若 $\alpha<\dfrac{\pi}{2}$,则 A 的三角函数符号"依象限定之".

第五章是"关于两角之公式".两角和的正弦、余弦公式为"三角函数论之大本",称为"加法定理",亦称"基础公式".通过恒等变形,由基础公式得到两角和的正切公式,再由正切公式得到余切公式.此外,基础公式还说明了倍角与半角公式、积化和差与和差化积公式,甚至可化二项式为单项式.事实上,如令 $\tan\beta=\dfrac{b}{a}$,则

$$a\cos\alpha+b\sin\alpha=\sqrt{a^2+b^2}\cos(\alpha-\beta)$$

关于加法定理或基础公式的证明,我们稍后讨论.

第六章是"对数"的定义、性质与应用.

第七章是"任意三角形",性质包括内角关系及边角关系.正弦定理取决于三角形与外圆的关系

$$a=2R\sin A, b=2R\sin B, c=2R\sin C$$

余弦定理及正切定理由此被逻辑地导出,不再依赖于几何证据.这不同于传统方法,也比《三角数理》简捷、明快.半角公式取决于三角形与内圆的关系,但是与割

圆术无关,而且提供了代数证明方法.

至于内角的三角函数关系,可由内角和得到说明. 令

$$A+B=\frac{\pi}{2}$$

则

$$a = c\sin A = c\cos B$$
$$b = c\cos A = c\sin B$$

直角三角形的性质由此得到说明.

第八章是"逆三角函数",称

$$\alpha = \sin^{-1} a$$

为"a 之逆正弦",如果 $\sin \alpha = a$. 逆余弦、逆正切、逆余切、逆正割及逆余割"准此",统称"逆三角函数(或反函数)".

反三角函数"有无数之值",其中的最小数值"谓之主值". 若有"正负相同之数值",则以正值为主. 反函数的"一切值"取决于"廻线之位置",由于廻线位置"只有两种",故

$$\sin^{-1} a = n\pi + (-1)^n \alpha_0$$
$$\cos^{-1} a = 2n\pi \pm \alpha_0$$
$$\tan^{-1} a = n\pi + \alpha_0$$

右端是"一切值",α_0 为主值,由此可解三角方程式.

第九章是"三角方程式",三角方程被定义为"显未知角之三角函数与已知数之关系之方程式". 所谓解,就是"求其适于此式之角",所得之角即为"所求之

解三角形

解".方程的解法分为两步,第一步"求其未知角之三角函数之值",第二步则"求其逆三角函数之一切值".

第十章是"真弧度法",讨论真弧度与"常度"的关系.

由此可见,《平面三角法》的内容全盘西化,表现形式也与国际接轨.三角函数由汉字改为各国"通用之记号",分数亦由上法下实改为通用记法.由角度引起的函数变化,涉及"三角法之高等部分",譬如,定理"角之小变化,与其各三角函数应此之变化,殆成比例".因其"理论高尚,运算繁杂",故"本书不具论"[1].

陈文与薛光锜同为"算学界中改良之先驱",同样主张中算西化,但他们的西化工作却有不同的表现.《新三角问题正解》属于"中体西用",《平面三角法》则为西体西用.两部书分别在1903年与1907年出版,制度创新的作用[2]由此可见一斑.

薛光锜的三角学"正解"以几何为体代数为用,他接受了代数方法但拒绝了形式主义,因此三角数理的一些典型的方面没有涉及.在解释和较关系时,欧拉公式往往最适用,却未被用于"正解".例如,倍角的三角函数

$$\sin 2\alpha = 2\sin \alpha \cos \alpha$$
$$\cos 2\alpha = \cos^2 \alpha - \sin^2 \alpha$$

---

[1] 论此定理之由来及界限,不适于本书之程度,故略之.
[2] 1905年科举制度废除,同年学部成立,数学教育走向现代.

编辑手记

薛光锜不用欧拉公式,因为欧拉公式无法"中学为体".

薛光锜以为,数理不能确立命题,只有几何直观才能说明三角学的基本原理.这里表现出华蘅芳本人对数理观念的模糊认识.除了基本前提之外,三角数理无须任何几何证据,这使华蘅芳感到数理未能"深求其理".《新三角问题正解》的结构由此限定,和较关系的基本公式未经论证,基本概念未经定义,这是体用分离的结果.

陈文的《平面三角法》也未涉及欧拉公式,但不是"中学为体"所限,而是"中等教科"所限.事实上,他认为数理足以确立命题,因此《平面三角法》的体用是统一的.倍角公式系由和角公式所得,三倍角公式亦然,半角公式系由倍角公式所得.他没有为倍角公式提供几何解释,因为它们并不依赖于这样的解释.关于半角的正切公式,虽然通过内圆半径说明了几何意义,却又特别指出,它可作为代数结果.

不同于薛光锜的三角学"正解",陈文三角学的体与用皆为代数,虽由直观所引导,却不为直观所支配.唯三角函数概念、加法定理与正弦定理,作为基本前提来自几何,在此基础上的其他结果均为代数关系.有关概念都有明确的定义,所有公式都有严格的论证.论证方法虽有别于《三角数理》,形式上与之完全一致.例如,加法定理,证明方法是归纳的,论证形式则是代数的.

解三角形

论证分为四种情形:至少一角为零的情形;两个锐角之和为锐角、直角或钝角的情形;两个任意正角的情形;至少一角为负的情形.① 如此归纳的论证不同于《三角数理》,却很像王锡阐的论证.不过,陈文证明只有三角皆锐的情形借助于几何,其余皆为恒等变形.而且,他的几何论证与割圆术无关,代数推导则与《三角数理》一致.和差与积的关系是由加法定理"作和及差"所得,由此给出代数结果

$$\sin(n+1)\alpha = 2\sin n\alpha \cos\alpha - \sin(n-1)\alpha$$
$$\cos(n+1)\alpha = 2\cos n\alpha \cos\alpha - \cos(n-1)\alpha$$

说明了割圆连比例法的基本原理.陈文不仅实现了中算知识的数理化,而且完成了西化,这是卢靖想到而没有做到的.

关于正弦定理,薛光锜"正解"与《三角数理》相同,陈文的证明则别具一格.设三角 A,B,C 的对边为 a,b,c,O 为外圆中心,R 为半径.显然

$$A = \frac{\pi}{2} \Rightarrow a = 2R\sin A$$

若 $A \neq \frac{\pi}{2}$,延长 BO 交圆于 A' 并联结 $A'C$,则"A,A' 相等或互为补角",故

$$\sin A = \sin A' = \frac{a}{2R} \Rightarrow a = 2R\sin A$$

同理

---

① 两角差的正弦、余弦公式由此得到说明.

$$b = 2R\sin B, c = 2R\sin C$$

正弦定理由此得到说明.

《平面三角法》的结构与《三角法公式》一脉相承,内容虽然不及《三角数理》全面,但是基本概念的建设却有过之而无不及.不过,他的全盘西化主张并没有被普遍接受,仍有人迷恋图解,有关概念的发展依然任重道远.

2.《三角术》

谢洪赉(1873—1916),山阴人,翻译或者编译多种西方数学著作,譬如,几何学、代数学、三角学与微积分学.《三角术》是根据耶鲁大学"算学教员"费烈伯、史德朗两位博士的 *Elements of Trigonometry* 所编译,1907年由商务印书馆印行.

《三角术》由"平三角术"与"弧三角术"两个部分组成,共11章,书后有各种数表、三角公式汇录与附录.平三角术共7章,第一章是"三角函数",讨论基本概念与性质.角度为线之旋转量,逆时针旋转"其角为正",顺时针旋转则为负角,度量单位及其表达与今同.

三角函数者数也,而解之如诸线之比例.

令角为天,则其对边与斜边之比为天之正弦,写为"正弦天".各边可按比例伸缩,而正弦天之同数不变,它"只随角而变".如令斜边为1,则对边"可代表天之

解三角形

正弦".

类似地,三角比例数皆"可以线代表之",线的长短"代表数之大小",线的方向"代表数之正负".于是,各比例数都被解释为线段.线的正负,由其方向而定.角的邻边从原点向右为正、向左为负,对边自横轴向上为正、向下为负,斜边则恒为正.三角函数在四个象限的符号由此决定.

图解说明了"函数之相关",基本关系皆为线段关系,虽然它们可由定义直接导出.锐角的三角函数"以本形之边成比例显之".类似地,四个象限内的三角函数及特殊角的三角函数,皆以图显之.这里没有涉及任意角的三角函数.

第二章解"正三角形",用到基本关系,边与角满足

$$a^2+b^2=c^2,\alpha+\beta=\frac{\pi}{2}$$

第三章是"三角公式",讨论和较关系,以两角和的正弦、余弦公式为基本.根据图解,若

$$\alpha<\frac{\pi}{2},\beta<\frac{\pi}{2}$$

则

$$\sin(\alpha+\beta)=\sin\alpha\cos\beta+\cos\alpha\sin\beta$$
$$\cos(\alpha+\beta)=\cos\alpha\cos\beta-\sin\alpha\sin\beta$$

根据代数恒等关系,二角"任有何正同数",上式"恒为真确".又,以$-\beta$代β,则

$$\sin(\alpha-\beta)=\sin\alpha\cos\beta-\cos\alpha\sin\beta$$

$$\cos(\alpha-\beta) = \cos\alpha\cos\beta + \sin\alpha\sin\beta$$

由此得出"和角、较角之正切""倍角之函数""半角之函数"及"函数和较之公式",都是恒等变形所得.

设 $\sin x = a$,则
$$x = \sin^{-1} a$$
此类表达式统称为"三角反函数". 由于
$$-1 \leqslant \sin x \leqslant 1$$
若 $|a|>1$,则上式无解.

第四章解"斜三角形",用边角关系,以正弦定理为基本. 根据图解,任取一边为底,则两边相比若对角正弦相比
$$\frac{a}{b} = \frac{\sin A}{\sin B}, \frac{b}{c} = \frac{\sin B}{\sin C}, \frac{c}{a} = \frac{\sin C}{\sin A}$$

以下各式"俱可仿此迭变之". 上式"约而并之",可得
$$\frac{a-b}{a+b} = \frac{\sin A - \sin B}{\sin A + \sin B} = \frac{\tan\frac{1}{2}(A-B)}{\tan\frac{1}{2}(A+B)}$$

根据图解,无论角 A 为锐、为钝,均有
$$a^2 = b^2 + c^2 - 2bc\cos A$$
由此可得
$$2\sin^2\frac{1}{2}A = \frac{(a-b+c)(a+b-c)}{2bc}$$
令 $s = \frac{a+b+c}{2}$,则
$$\sin\frac{1}{2}A = \sqrt{\frac{(s-b)(s-c)}{bc}}$$

解三角形

类似地,有
$$\cos\frac{1}{2}A = \sqrt{\frac{s(s-a)}{bc}}$$

以约上式,则
$$\tan\frac{1}{2}A = \frac{1}{s-a}\sqrt{\frac{(s-a)(s-b)(s-c)}{s}}$$

第五章是"曲线代表法".首先讨论"真弧度",给出弪与度的关系.然后说明了三角函数的周期性,最后给出三角函数与反三角函数的图形.

第六章是若干补充公式,涉及"推对数术、推三角函数术、棣美弗之例、双曲线函数".对数值的求法用到

$$\ln(1+x) = x - \frac{1}{2}x^2 + \frac{1}{3}x^3 - \cdots$$

指出它的收敛区间,并实行级数变换"以推任一真数之纳对".三角函数值的求法用到

$$\sin x = x - \frac{1}{3!}x^3 + \frac{1}{5!}x^5 - \cdots$$

$$\cos x = 1 - \frac{1}{2!}x^2 + \frac{1}{4!}x^4 - \cdots$$

双曲函数用到

$$e^x = 1 + x + \frac{1}{2!}x^2 + \cdots$$

书中指出,上述无穷级数都是由"微分术"所确立.至于棣美弗之例,是由代数学中"杂糅数"所得.由此不仅"可以正弦天与余弦天为主,而得正弦卯天与余弦卯天之详式",而且可得"单数之根".事实上,设

编辑手记

$$x^n = 1$$

则

$$x_k = \cos\frac{2k\pi}{n} + \mathrm{i}\sin\frac{2k\pi}{n}, 0 \leq k \leq n-1$$

双曲线函数可表为

$$\sinh x = \frac{\mathrm{e}^x - \mathrm{e}^{-x}}{2}, \cosh x = \frac{\mathrm{e}^x + \mathrm{e}^{-x}}{2}$$

之所以称为"双线函数",是因为"此二者与双线之相关,一如正、余弦与平圆之相关也". 由于 e^x 的无穷级数"当天有杂糅同数时"亦成立,故有"欧拉所得之要术"

$$\mathrm{e}^{\mathrm{i}x} = \cos x + \mathrm{i}\sin x$$

若以 $\pm \mathrm{i}x$ 代其 x,则

$$\mathrm{e}^{\mp x} = \cos \mathrm{i}x \pm \mathrm{i}\sin \mathrm{i}x$$

故

$$\cos \mathrm{i}x = \frac{1}{2}(\mathrm{e}^x + \mathrm{e}^{-x}) = \cosh x$$

$$\sin \mathrm{i}x = \frac{\mathrm{i}}{2}(\mathrm{e}^x - \mathrm{e}^{-x}) = \mathrm{i}\sinh x$$

据此,凡"寻常"三角公式,皆有双线函数公式与之相应.

第七章是"杂题",供学生练习之用,涉及"函数之相关、正三角形、等腰三角形与有法多边形、三角方程、斜三角形",兹不赘述.

弧三角术共四章,第一章是正弧三角术. 首先,根据图解,说明了"正三角形公式之来由". 设 A 为正角,

解三角形

由体角的性质得出边角关系七式,"合之"又得三式

$$\cos B = \sin C \cos b, \cos C = \sin B \cos c$$

$$\cos a = \cot B \cot C$$

它们被归结为纳氏之术:令

$$b, c, \frac{\pi}{2}-a, \frac{\pi}{2}-B, \frac{\pi}{2}-C$$

为"弧角分件",任取一件为中件,则两旁者为倚件,其余两件为对件.于是,中件之正弦必等于两倚件正切之积,又等于两对件余弦之积.称弧三角为"象限三角形",如果有边"适为一象限".由于它的极三角为正三角形,故可用纳氏之术解之.

第二章是斜弧三角术,根据图解,得出正弦定理,说明了公式之来由.由体角的性质得出边的余弦定理,由极三角之理得出角的余弦定理,并给出"以对数推算之公式".

由边的余弦定理,有

$$\cos A = \frac{\cos a - \cos b \cos c}{\sin b \sin c}$$

但

$$\cos A = 1 - 2\sin^2 \frac{1}{2}A = 2\cos^2 \frac{1}{2}A - 1$$

故

$$\sin \frac{1}{2}A = \sqrt{\frac{\sin(s-b)\sin(s-c)}{\sin b \sin c}}$$

$$\cos \frac{1}{2}A = \sqrt{\frac{\sin s \sin(s-a)}{\sin b \sin c}}$$

其中 $s=\dfrac{a+b+c}{2}$. 于是

$$\tan\frac{1}{2}A=\sqrt{\frac{\sin(s-b)\sin(s-c)}{\sin s\sin(s-a)}}$$

"递升一元字",则

$$\tan\frac{1}{2}B=\sqrt{\frac{\sin(s-a)\sin(s-c)}{\sin s\sin(s-b)}}$$

由此可得

$$\frac{\tan\dfrac{1}{2}A}{\tan\dfrac{1}{2}B}=\frac{\sin(s-b)}{\sin(s-a)}$$

"合之约之"则

$$\frac{\tan\dfrac{1}{2}A+\tan\dfrac{1}{2}B}{\tan\dfrac{1}{2}A-\tan\dfrac{1}{2}B}=\frac{\sin(s-b)+\sin(s-a)}{\sin(s-b)-\sin(s-a)}$$

所以

$$\frac{\sin\dfrac{1}{2}(A+B)}{\sin\dfrac{1}{2}(A-B)}=\frac{\tan\dfrac{1}{2}c}{\tan\dfrac{1}{2}(a-b)}$$

两个半角正切乘而化之,则

$$\tan\frac{1}{2}A\tan\frac{1}{2}B=\frac{\sin(s-c)}{\sin s}$$

所以

$$\frac{\cos\dfrac{1}{2}(A+B)}{\cos\dfrac{1}{2}(A-B)}=\frac{\tan\dfrac{1}{2}c}{\tan\dfrac{1}{2}(a+b)}$$

解三角形

类似地,有

$$\frac{\sin\frac{1}{2}(a+b)}{\sin\frac{1}{2}(a-b)}=\frac{\cot\frac{1}{2}C}{\tan\frac{1}{2}(A-B)}$$

$$\frac{\cos\frac{1}{2}(a+b)}{\cos\frac{1}{2}(a-b)}=\frac{\cot\frac{1}{2}C}{\tan\frac{1}{2}(A+B)}$$

第三章是"算题",涉及"天文地舆".第四章是弧三角的"实验解法",以实物演示解题过程,兹不赘述.

附录说明了平三角、弧三角与"假弧三角"的关系.平面区别于球面的特点在于曲率,平面曲率为零,而球面曲率为正.曲率为负,则为"假球",其上三角谓之"假弧三角".假球是以一种曲线"环绕地轴而成者",曲线之式为

$$y=r\ln\frac{r+\sqrt{r^2-x^2}}{x}-\sqrt{r^2-x^2}$$

其中 r 为"假球之底半径".

假弧三角术可由弧三角术导出,例如

$$\sin\frac{c}{r}=\sin\frac{a}{r}\sin C \Rightarrow \sinh\frac{c}{r}=\sinh\frac{a}{r}\sin C$$

平三角术可由弧三角术或者假弧三角术导出,只需"令函数成级数",并使 $r\to\infty$. 此时曲率"渐近于无",球面"渐近平面,而以之为限".曲率"自球面过平面,而至假球面",由正变负,而平三角术为"余二种三角术之限端".

《三角术》"只供中学教授而已,非为专家研究之用",故"力求简捷、清楚".正如"作者原序"所述,《三角术》的特点可以概括如下:所论三角术"俱极简明",而且"演习"丰富,公式"特为表出".三角函数、反函数与双线函数用"曲线代表法",弧三角用图解,并以"新法描摹,显豁异常".所论"杂糅数"与双线函数"俱极新颖自在".

角度概念与陈文的定义略同,不同的是,谢洪赉立足于图解.三角函数都被解释为线段,基本关系皆为线段关系,表现形式不同于《平面三角法》,而与《三角数理》一致.对于形式化进程而言,这似乎是反的.

另外,图解仅限于基本前提,在此基础上的其他结果都是代数的.在内容上,欧拉之法为平三角术提供了数理基础,纳氏之法为弧三角术提供了形式基础.而在表达形式上,分数改为上实下法,已同国际接轨.

近年中国数学教育界流行着一个词叫"秒杀".稍有数学常识的人都知道,这是错误的.但它对应试教育的热衷者很受用.于是在网上便有了如下这篇"解三角形"的四大秒杀公式.

秒杀公式 1:角平分线长公式

如图 6,已知 $\triangle ABC$ 的三个内角 A,B,C 的对边分别为 a,b,c,AD 平分 $\angle BAC$,则有

$$AD = \frac{2bc\cos\frac{\angle BAC}{2}}{b+c}$$

解三角形

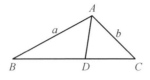

图 6

例 1 在 $\triangle ABC$ 中,角 A,B,C 所对的边分别为 a, b,c,$\angle ABC = 120°$,$\angle ABC$ 的角平分线交 AC 于点 D,$BD=1$,则 $4a+c$ 的最小值为_____.

解 如图 7,因为 BD 平分 $\angle ABC$,所以由秒杀公式得

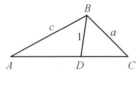

图 7

$$BD = \frac{2ac \cdot \cos\frac{120°}{2}}{a+c}$$

即

$$1 = \frac{2ac \cdot \frac{1}{2}}{a+c}$$

所以

$$ac = a+c$$

所以

$$\frac{1}{a} + \frac{1}{c} = 1$$

故

$$4a+c = (4a+c)\left(\frac{1}{a}+\frac{1}{c}\right)$$

$$=5+\frac{c}{a}+\frac{4a}{c}$$

$$\geqslant 5+2\sqrt{\frac{c}{a}\cdot\frac{4a}{c}}$$

$$\geqslant 9(当且仅当\frac{c}{a}\cdot\frac{4a}{c}时取等号)$$

所以 $4a+c$ 的最小值为 9.

秒杀公式 2：内角平分线定理

内角平分线定理，指的是三角形内角平分线分对边所得的两条线段和这个角的两条边对应成比例.

已知 $\triangle ABC$ 的三个内角 A,B,C 的对边分别为 a,b,c，AD 平分 $\angle BAC$，则有

$$\frac{AB}{BD}=\frac{AC}{CD}$$

例 2 在 $\triangle ABC$ 中，点 D 在线段 BC 上，AD 平分 $\angle BAC$，若 $AB=3$，$AC=1$，$\angle BAC=60°$，则有 $AD=$ _____.

解 在 $\triangle ABC$ 中，因为

$$BC^2 = AB^2+AC^2-2AB\cdot AC\cos\angle BAC$$
$$=3^2+1^2-2\times 3\times 1\times\cos 60°$$
$$=7$$

所以

$$BC=\sqrt{7}$$

解三角形

因为 AD 平分 $\angle BAC$，由内角平分线定理得

$$\frac{AB}{BD}=\frac{AC}{CD}$$

即

$$\frac{3}{BD}=\frac{1}{\sqrt{7}-BD}$$

所以

$$BD=\frac{3\sqrt{7}}{4}$$

故

$$CD=\frac{\sqrt{7}}{4}$$

因为在 $\triangle ABC$ 中

$$\cos B = \frac{AB^2+BC^2-AC^2}{2AB\cdot BC}$$

$$=\frac{3^2+(\sqrt{7})^2-1^2}{2\times 3\times \sqrt{7}}$$

$$=\frac{5\sqrt{7}}{14}$$

在 $\triangle ABD$ 中，所以

$$AD^2 = AB^2+BD^2-2AB\cdot BD\cos B$$

$$=3^2+\left(\frac{3\sqrt{7}}{4}\right)^2-2\times 3\times \frac{3\sqrt{7}}{4}\times \frac{5\sqrt{7}}{14}$$

$$=\frac{27}{16}$$

所以

$$AD = \frac{3\sqrt{3}}{4}$$

秒杀公式3：库斯顿定理

已知 $\triangle ABC$ 的三个内角 A,B,C 的对边分别为 a,b,c，AD 平分 $\angle BAC$，则有 $AD^2 = AB \cdot AC - BD \cdot CD$.（记忆方法：中间的平方＝上积－下积）

例3 在 $\triangle ABC$ 中，$AB=5$，$AC=7$，$BC=6$，$\angle BAC$ 的角平分线交 BC 于点 D，则 $AD=$ _____.

解 因为

$$BC = BD + CD = 6$$

所以

$$BD = 6 - CD$$

因为 BD 平分 $\angle ABC$，所以由内角平分线定理得

$$\frac{AB}{BD} = \frac{AC}{CD}$$

即

$$\frac{5}{BD} = \frac{7}{6-BD}$$

所以

$$BD = \frac{5}{2}$$

故

$$CD = 6 - \frac{5}{2} = \frac{7}{2}$$

所以由库斯顿定理得

$$AD^2 = AB \cdot AC - BD \cdot CD$$

即

解三角形

$$AD^2 = 5 \times 7 - \frac{5}{2} \times \frac{7}{2} = \frac{105}{4}$$

所以

$$AD = \frac{\sqrt{105}}{2}$$

秒杀公式4：三角形边与面积的比值

已知 $\triangle ABC$ 的三个内角 A, B, C 的对边分别为 a, b, c，AD 平分 $\angle BAC$，则有 $\dfrac{AB}{AC} = \dfrac{S_{\triangle ABD}}{S_{\triangle ACD}}$.

例 4 在 $\triangle ABC$ 中，$AB = 3$，$BC = 4$，BD 平分 $\angle ABC$，且 $S_{\triangle ABD} = 6$，则 $\triangle BCD$ 的面积为_____.

解 如图8，因为 BD 平分 $\angle ABC$，所以由秒杀公式4得

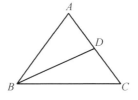

图8

$$\frac{S_{\triangle ABD}}{S_{\triangle BCD}} = \frac{AB}{BC} = \frac{3}{4}$$

即

$$\frac{6}{S_{\triangle BCD}} = \frac{3}{4}$$

所以

$$S_{\triangle BCD} = 8$$

2024年高考刚刚结束，人们对此的热情比以前淡

编辑手记

了许多.年轻的时候,我们相信日拱一卒,但现在已经少有人提了,可能是因为卒越来越难拱了.其实未必一定是为了什么,或者非要改变什么,但不管怎样,做一点事情总比什么都不做好.而那些河对岸的灯火,似乎能把人从普遍性的沮丧和具体的消磨中拎出来,站起身做点什么,往前走几步!

刘培杰
2024 年 6 月 12 日
于哈工大

刘培杰数学工作室
已出版(即将出版)图书目录——初等数学

书 名	出版时间	定 价	编号
新编中学数学解题方法全书(高中版)上卷(第2版)	2018—08	58.00	951
新编中学数学解题方法全书(高中版)中卷(第2版)	2018—08	68.00	952
新编中学数学解题方法全书(高中版)下卷(一)(第2版)	2018—08	58.00	953
新编中学数学解题方法全书(高中版)下卷(二)(第2版)	2018—08	58.00	954
新编中学数学解题方法全书(高中版)下卷(三)(第2版)	2018—08	68.00	955
新编中学数学解题方法全书(初中版)上卷	2008—01	28.00	29
新编中学数学解题方法全书(初中版)中卷	2010—07	38.00	75
新编中学数学解题方法全书(高考复习卷)	2010—01	48.00	67
新编中学数学解题方法全书(高考真题卷)	2010—01	38.00	62
新编中学数学解题方法全书(高考精华卷)	2011—03	68.00	118
新编平面解析几何解题方法全书(专题讲座卷)	2010—01	18.00	61
新编中学数学解题方法全书(自主招生卷)	2013—08	88.00	261
数学奥林匹克与数学文化(第一辑)	2006—05	48.00	4
数学奥林匹克与数学文化(第二辑)(竞赛卷)	2008—01	48.00	19
数学奥林匹克与数学文化(第二辑)(文化卷)	2008—07	58.00	36'
数学奥林匹克与数学文化(第三辑)(竞赛卷)	2010—01	48.00	59
数学奥林匹克与数学文化(第四辑)(竞赛卷)	2011—08	58.00	87
数学奥林匹克与数学文化(第五辑)	2015—06	98.00	370
世界著名平面几何经典著作钩沉——几何作图专题卷(共3卷)	2022—01	198.00	1460
世界著名平面几何经典著作钩沉(民国平面几何老课本)	2011—03	38.00	113
世界著名平面几何经典著作钩沉(建国初期平面三角老课本)	2015—08	38.00	507
世界著名解析几何经典著作钩沉——平面解析几何卷	2014—01	38.00	264
世界著名数论经典著作钩沉(算术卷)	2012—01	28.00	125
世界著名数学经典著作钩沉——立体几何卷	2011—02	28.00	88
世界著名三角学经典著作钩沉(平面三角卷Ⅰ)	2010—06	28.00	69
世界著名三角学经典著作钩沉(平面三角卷Ⅱ)	2011—01	38.00	78
世界著名初等数论经典著作钩沉(理论和实用算术卷)	2011—07	38.00	126
世界著名几何经典著作钩沉(解析几何卷)	2022—10	68.00	1564
发展你的空间想象力(第3版)	2021—01	98.00	1464
空间想象力进阶	2019—05	68.00	1062
走向国际数学奥林匹克的平面几何试题诠释.第1卷	2019—07	88.00	1043
走向国际数学奥林匹克的平面几何试题诠释.第2卷	2019—09	78.00	1044
走向国际数学奥林匹克的平面几何试题诠释.第3卷	2019—09	78.00	1045
走向国际数学奥林匹克的平面几何试题诠释.第4卷	2019—09	98.00	1046
平面几何证明方法全书	2007—08	48.00	1
平面几何证明方法全书习题解答(第2版)	2006—12	18.00	10
平面几何天天练上卷·基础篇(直线型)	2013—01	58.00	208
平面几何天天练中卷·基础篇(涉及圆)	2013—01	28.00	234
平面几何天天练下卷·提高篇	2013—01	58.00	237
平面几何专题研究	2013—07	98.00	258
平面几何解题之道.第1卷	2022—05	38.00	1494
几何学习题集	2020—10	48.00	1217
通过解题学习代数几何	2021—04	88.00	1301
圆锥曲线的奥秘	2022—06	88.00	1541

刘培杰数学工作室
已出版(即将出版)图书目录——初等数学

书　　名	出版时间	定　价	编号
最新世界各国数学奥林匹克中的平面几何试题	2007—09	38.00	14
数学竞赛平面几何典型题及新颖解	2010—07	48.00	74
初等数学复习及研究(平面几何)	2008—09	68.00	38
初等数学复习及研究(立体几何)	2010—06	38.00	71
初等数学复习及研究(平面几何)习题解答	2009—01	58.00	42
几何学教程(平面几何卷)	2011—03	68.00	90
几何学教程(立体几何卷)	2011—07	68.00	130
几何变换与几何证题	2010—06	88.00	70
计算方法与几何证题	2011—06	28.00	129
立体几何技巧与方法(第2版)	2022—10	168.00	1572
几何瑰宝——平面几何500名题暨1500条定理(上、下)	2021—07	168.00	1358
三角形的解法与应用	2012—07	18.00	183
近代的三角形几何学	2012—07	48.00	184
一般折线几何学	2015—08	48.00	503
三角形的五心	2009—06	28.00	51
三角形的六心及其应用	2015—10	68.00	542
三角形趣谈	2012—08	28.00	212
解三角形	2014—01	28.00	265
探秘三角形:一次数学旅行	2021—10	68.00	1387
三角学专门教程	2014—09	28.00	387
图天下几何新题试卷.初中(第2版)	2017—11	58.00	855
圆锥曲线习题集(上册)	2013—06	68.00	255
圆锥曲线习题集(中册)	2015—01	78.00	434
圆锥曲线习题集(下册·第1卷)	2016—10	78.00	683
圆锥曲线习题集(下册·第2卷)	2018—01	98.00	853
圆锥曲线习题集(下册·第3卷)	2019—10	128.00	1113
圆锥曲线的思想方法	2021—08	48.00	1379
圆锥曲线的八个主要问题	2021—10	48.00	1415
论九点圆	2015—05	88.00	645
近代欧氏几何学	2012—03	48.00	162
罗巴切夫斯基几何学及几何基础概要	2012—07	28.00	188
罗巴切夫斯基几何学初步	2015—06	28.00	474
用三角、解析几何、复数、向量计算解数学竞赛几何题	2015—03	48.00	455
用解析法研究圆锥曲线的几何理论	2022—05	48.00	1495
美国中学几何教程	2015—04	88.00	458
三线坐标与三角形特征点	2015—04	98.00	460
坐标几何学基础.第1卷,笛卡儿坐标	2021—08	48.00	1398
坐标几何学基础.第2卷,三线坐标	2021—09	28.00	1399
平面解析几何方法与研究(第1卷)	2015—05	28.00	471
平面解析几何方法与研究(第2卷)	2015—06	38.00	472
平面解析几何方法与研究(第3卷)	2015—07	28.00	473
解析几何研究	2015—01	38.00	425
解析几何学教程.上	2016—01	38.00	574
解析几何学教程.下	2016—01	38.00	575
几何学基础	2016—01	58.00	581
初等几何研究	2015—02	58.00	444
十九和二十世纪欧氏几何学中的片段	2017—01	58.00	696
平面几何中考.高考.奥数一本通	2017—07	28.00	820
几何学简史	2017—08	28.00	833
四面体	2018—01	48.00	880
平面几何证明方法思路	2018—12	68.00	913
折纸中的几何练习	2022—09	48.00	1559
中学新几何学(英文)	2022—10	98.00	1562
线性代数与几何	2023—04	68.00	1633
四面体几何学引论	2023—06	68.00	1648

— 2 —

刘培杰数学工作室
已出版(即将出版)图书目录——初等数学

书　名	出版时间	定　价	编号
平面几何图形特性新析.上篇	2019—01	68.00	911
平面几何图形特性新析.下篇	2018—06	88.00	912
平面几何范例多解探究.上篇	2018—04	48.00	910
平面几何范例多解探究.下篇	2018—12	68.00	914
从分析解题过程学解题:竞赛中的几何问题研究	2018—07	68.00	946
从分析解题过程学解题:竞赛中的向量几何与不等式研究(全2册)	2019—06	138.00	1090
从分析解题过程学解题:竞赛中的不等式问题	2021—01	48.00	1249
二维、三维欧氏几何的对偶原理	2018—12	38.00	990
星形大观及闭折线论	2019—03	68.00	1020
立体几何的问题和方法	2019—11	58.00	1127
三角代换论	2021—05	58.00	1313
俄罗斯平面几何问题集	2009—08	88.00	55
俄罗斯立体几何问题集	2014—03	58.00	283
俄罗斯几何大师——沙雷金论数学及其他	2014—01	48.00	271
来自俄罗斯的5000道几何习题及解答	2011—03	58.00	89
俄罗斯初等数学问题集	2012—05	38.00	177
俄罗斯函数问题集	2011—03	38.00	103
俄罗斯组合分析问题集	2011—01	48.00	79
俄罗斯初等数学万题选——三角卷	2012—11	38.00	222
俄罗斯初等数学万题选——代数卷	2013—08	68.00	225
俄罗斯初等数学万题选——几何卷	2014—01	68.00	226
俄罗斯《量子》杂志数学征解问题100题选	2018—08	48.00	969
俄罗斯《量子》杂志数学征解问题又100题选	2018—08	48.00	970
俄罗斯《量子》杂志数学征解问题	2020—05	48.00	1138
463个俄罗斯几何老问题	2012—01	28.00	152
《量子》数学短文精粹	2018—09	38.00	972
用三角、解析几何等计算解来自俄罗斯的几何题	2019—11	88.00	1119
基谢廖夫平面几何	2022—01	48.00	1461
基谢廖夫立体几何	2023—04	48.00	1599
数学:代数、数学分析和几何(10—11年级)	2021—01	48.00	1250
直观几何学:5—6年级	2022—04	58.00	1508
几何学:第2版.7—9年级	2023—08	68.00	1684
平面几何:9—11年级	2022—10	48.00	1571
立体几何.10—11年级	2022—01	58.00	1472
谈谈素数	2011—03	18.00	91
平方和	2011—03	18.00	92
整数论	2011—05	38.00	120
从整数谈起	2015—10	28.00	538
数与多项式	2016—01	38.00	558
谈谈不定方程	2011—05	28.00	119
质数漫谈	2022—07	68.00	1529
解析不等式新论	2009—06	68.00	48
建立不等式的方法	2011—03	98.00	104
数学奥林匹克不等式研究(第2版)	2020—07	68.00	1181
不等式研究(第三辑)	2023—08	198.00	1673
不等式的秘密(第一卷)(第2版)	2014—02	38.00	286
不等式的秘密(第二卷)	2014—01	38.00	268
初等不等式的证明方法	2010—06	38.00	123
初等不等式的证明方法(第二版)	2014—11	38.00	407
不等式・理论・方法(基础卷)	2015—07	38.00	496
不等式・理论・方法(经典不等式卷)	2015—07	38.00	497
不等式・理论・方法(特殊类型不等式卷)	2015—07	48.00	498
不等式探究	2016—03	38.00	582
不等式探秘	2017—01	88.00	689
四面体不等式	2017—01	68.00	715
数学奥林匹克中常见重要不等式	2017—09	38.00	845

刘培杰数学工作室
已出版(即将出版)图书目录——初等数学

书 名	出版时间	定价	编号
三正弦不等式	2018—09	98.00	974
函数方程与不等式：解法与稳定性结果	2019—04	68.00	1058
数学不等式.第1卷,对称多项式不等式	2022—05	78.00	1455
数学不等式.第2卷,对称有理不等式与对称无理不等式	2022—05	88.00	1456
数学不等式.第3卷,循环不等式与非循环不等式	2022—05	88.00	1457
数学不等式.第4卷,Jensen不等式的扩展与加细	2022—05	88.00	1458
数学不等式.第5卷,创建不等式与解不等式的其他方法	2022—05	88.00	1459
不定方程及其应用.上	2018—12	58.00	992
不定方程及其应用.中	2019—01	78.00	993
不定方程及其应用.下	2019—02	98.00	994
Nesbitt不等式加强式的研究	2022—06	128.00	1527
最值定理与分析不等式	2023—02	78.00	1567
一类积分不等式	2023—02	88.00	1579
邦费罗尼不等式及概率应用	2023—05	58.00	1637
同余理论	2012—05	38.00	163
[x]与{x}	2015—04	48.00	476
极值与最值.上卷	2015—06	28.00	486
极值与最值.中卷	2015—06	38.00	487
极值与最值.下卷	2015—06	28.00	488
整数的性质	2012—11	38.00	192
完全平方数及其应用	2015—08	78.00	506
多项式理论	2015—10	88.00	541
奇数、偶数、奇偶分析法	2018—01	98.00	876
历届美国中学生数学竞赛试题及解答(第一卷)1950—1954	2014—07	18.00	277
历届美国中学生数学竞赛试题及解答(第二卷)1955—1959	2014—04	18.00	278
历届美国中学生数学竞赛试题及解答(第三卷)1960—1964	2014—06	18.00	279
历届美国中学生数学竞赛试题及解答(第四卷)1965—1969	2014—04	28.00	280
历届美国中学生数学竞赛试题及解答(第五卷)1970—1972	2014—06	18.00	281
历届美国中学生数学竞赛试题及解答(第六卷)1973—1980	2017—07	18.00	768
历届美国中学生数学竞赛试题及解答(第七卷)1981—1986	2015—01	18.00	424
历届美国中学生数学竞赛试题及解答(第八卷)1987—1990	2017—05	18.00	769
历届国际数学奥林匹克试题集	2023—09	158.00	1701
历届中国数学奥林匹克试题集(第3版)	2021—10	58.00	1440
历届加拿大数学奥林匹克试题集	2012—08	38.00	215
历届美国数学奥林匹克试题集	2023—08	98.00	1681
历届波兰数学竞赛试题集.第1卷,1949～1963	2015—03	18.00	453
历届波兰数学竞赛试题集.第2卷,1964～1976	2015—03	18.00	454
历届巴尔干数学奥林匹克试题集	2015—05	38.00	466
保加利亚数学奥林匹克	2014—10	38.00	393
圣彼得堡数学奥林匹克试题集	2015—01	38.00	429
匈牙利奥林匹克数学竞赛题解.第1卷	2016—05	28.00	593
匈牙利奥林匹克数学竞赛题解.第2卷	2016—05	28.00	594
历届美国数学邀请赛试题集(第2版)	2017—10	78.00	851
普林斯顿大学数学竞赛	2016—06	38.00	669
亚太地区数学奥林匹克竞赛题	2015—07	18.00	492
日本历届(初级)广中杯数学竞赛试题及解答.第1卷(2000～2007)	2016—05	28.00	641
日本历届(初级)广中杯数学竞赛试题及解答.第2卷(2008～2015)	2016—05	38.00	642
越南数学奥林匹克题选:1962—2009	2021—07	48.00	1370
360个数学竞赛问题	2016—08	58.00	677
奥数最佳实战题.上卷	2017—06	38.00	760
奥数最佳实战题.下卷	2017—05	58.00	761
哈尔滨市早期中学数学竞赛试题汇编	2016—07	28.00	672
全国高中数学联赛试题及解答:1981—2019(第4版)	2020—07	138.00	1176
2024年全国高中数学联合竞赛模拟题集	2024—01	38.00	1702

刘培杰数学工作室
已出版(即将出版)图书目录——初等数学

书 名	出版时间	定 价	编号
20世纪50年代全国部分城市数学竞赛试题汇编	2017—07	28.00	797
国内外数学竞赛题及精解:2018~2019	2020—08	45.00	1192
国内外数学竞赛题及精解:2019~2020	2021—11	58.00	1439
许康华竞优学精选集.第一辑	2018—08	68.00	949
天问叶班数学问题征解100题.Ⅰ,2016—2018	2019—05	88.00	1075
天问叶班数学问题征解100题.Ⅱ,2017—2019	2020—07	98.00	1177
美国初中数学竞赛:AMC8准备(共6卷)	2019—07	138.00	1089
美国高中数学竞赛:AMC10准备(共6卷)	2019—08	158.00	1105
王连笑教你怎样学数学:高考选择题解题策略与客观题实用训练	2014—01	48.00	262
王连笑教你怎样学数学:高考数学高层次讲座	2015—02	48.00	432
高考数学的理论与实践	2009—08	38.00	53
高考数学核心题型解题方法与技巧	2010—01	28.00	86
高考思维新平台	2014—03	38.00	259
高考数学压轴题解题诀窍(上)(第2版)	2018—01	58.00	874
高考数学压轴题解题诀窍(下)(第2版)	2018—01	48.00	875
北京市五区文科数学三年高考模拟题详解:2013~2015	2015—08	48.00	500
北京市五区理科数学三年高考模拟题详解:2013~2015	2015—09	68.00	505
向量法巧解数学高考题	2009—08	28.00	54
高中数学课堂教学的实践与反思	2021—11	48.00	791
数学高考参考	2016—01	78.00	589
新课程标准高考数学解答题各种题型解法指导	2020—08	78.00	1196
全国及各省市高考数学试题审题要津与解法研究	2015—02	48.00	450
高中数学章节起始课的教学研究与案例设计	2019—05	28.00	1064
新课标高考数学——五年试题分章详解(2007~2011)(上、下)	2011—10	78.00	140,141
全国中考数学压轴审题要津与解法研究	2013—04	78.00	248
新编全国及各省市中考数学压轴题审题要津与解法研究	2014—05	58.00	342
全国及各省市5年中考数学压轴题审题要津与解法研究(2015版)	2015—04	58.00	462
中考数学专题总复习	2007—04	28.00	6
中考数学较难题常考题型解题方法与技巧	2016—09	48.00	681
中考数学难题常考题型解题方法与技巧	2016—09	48.00	682
中考数学中档题常考题型解题方法与技巧	2017—08	68.00	835
中考数学选择填空压轴好题妙解365	2024—01	80.00	1698
中考数学:三类重点考题的解法例析与习题	2020—04	48.00	1140
中小学数学的历史文化	2019—11	48.00	1124
初中平面几何百题多思创新解	2020—01	58.00	1125
初中数学中考备考	2020—01	58.00	1126
高考数学之九章演义	2019—08	68.00	1044
高考数学之难题谈笑间	2022—06	68.00	1519
化学可以这样学:高中化学知识方法智慧感悟疑难辨析	2019—07	58.00	1103
如何成为学习高手	2019—09	58.00	1107
高考数学:经典真题分类解析	2020—04	78.00	1134
高考数学解答题破解策略	2020—11	58.00	1221
从分析解题过程学解题:高考压轴题与竞赛题之关系探究	2020—08	88.00	1179
教学新思考:单元整体视角下的初中数学教学设计	2021—03	58.00	1278
思维再拓展:2020年经典几何题的多解探究与思考	即将出版		1279
中考数学小压轴汇编初讲	2017—07	48.00	788
中考数学大压轴专题微言	2017—09	48.00	846
怎么解中考平面几何探索题	2019—06	48.00	1093
北京中考数学压轴题解题方法突破(第9版)	2024—01	78.00	1645
助你高考成功的数学解题智慧:知识是智慧的基础	2016—01	58.00	596
助你高考成功的数学解题智慧:错误是智慧的试金石	2016—04	58.00	643
助你高考成功的数学解题智慧:方法是智慧的推手	2016—04	68.00	657
高考数学奇思妙解	2016—04	38.00	610
高考数学解题策略	2016—05	48.00	670
数学解题泄天机(第2版)	2017—10	48.00	850

刘培杰数学工作室
已出版(即将出版)图书目录——初等数学

书 名	出版时间	定价	编号
高中物理教学讲义	2018-01	48.00	871
高中物理教学讲义:全模块	2022-03	98.00	1492
高中物理答疑解惑65篇	2021-11	48.00	1462
中学物理基础问题解析	2020-08	48.00	1183
初中数学、高中数学脱节知识补缺教材	2017-06	48.00	766
高考数学客观题解题方法和技巧	2017-10	38.00	847
十年高考数学精品试题审题要津与解法研究	2021-10	98.00	1427
中国历届高考数学试题及解答.1949—1979	2018-01	38.00	877
历届中国高考数学试题及解答.第二卷,1980—1989	2018-10	28.00	975
历届中国高考数学试题及解答.第三卷,1990—1999	2018-10	48.00	976
跟我学解高中数学题	2018-07	58.00	926
中学数学研究的方法及案例	2018-05	58.00	869
高考数学抢分技能	2018-07	68.00	934
高一新生常用数学方法和重要数学思想提升教材	2018-06	38.00	921
高考数学全国卷六道解答题常考题型解题诀窍:理科(全2册)	2019-07	78.00	1101
高考数学全国卷16道选择、填空题常考题型解题诀窍.理科	2018-09	88.00	971
高考数学全国卷16道选择、填空题常考题型解题诀窍.文科	2020-01	88.00	1123
高中数学一题多解	2019-06	58.00	1087
历届中国高考数学试题及解答:1917—1999	2021-08	98.00	1371
2000~2003年全国及各省市高考数学试题及解答	2022-05	88.00	1499
2004年全国及各省市高考数学试题及解答	2023-08	78.00	1500
2005年全国及各省市高考数学试题及解答	2023-08	78.00	1501
2006年全国及各省市高考数学试题及解答	2023-08	88.00	1502
2007年全国及各省市高考数学试题及解答	2023-08	98.00	1503
2008年全国及各省市高考数学试题及解答	2023-08	88.00	1504
2009年全国及各省市高考数学试题及解答	2023-08	88.00	1505
2010年全国及各省市高考数学试题及解答	2023-08	98.00	1506
2011~2017年全国及各省市高考数学试题及解答	2024-01	78.00	1507
2018~2023年全国及各省市高考数学试题及解答	2024-03	78.00	1709
突破高原:高中数学解题思维探究	2021-08	48.00	1375
高考数学中的"取值范围"	2021-10	48.00	1429
新课程标准高中数学各种题型解法大全.必修一分册	2021-06	58.00	1315
新课程标准高中数学各种题型解法大全.必修二分册	2022-01	68.00	1471
高中数学各种题型解法大全.选择性必修一分册	2022-06	68.00	1525
高中数学各种题型解法大全.选择性必修二分册	2023-01	58.00	1600
高中数学各种题型解法大全.选择性必修三分册	2023-04	48.00	1643
历届全国初中数学竞赛经典试题详解	2023-04	88.00	1624
孟祥礼高考数学精刷精解	2023-06	98.00	1663

书 名	出版时间	定价	编号
新编 640个世界著名数学智力趣题	2014-01	88.00	242
500个最新世界著名数学智力趣题	2008-06	48.00	3
400个最新世界著名数学最值问题	2008-09	48.00	36
500个世界著名数学征解问题	2009-06	48.00	52
400个中国最佳初等数学征解老问题	2010-01	48.00	60
500个俄罗斯数学经典老题	2011-01	28.00	81
1000个国外中学物理好题	2012-04	48.00	174
300个日本高考数学题	2012-05	38.00	142
700个早期日本高考数学试题	2017-02	88.00	752
500个前苏联早期高考数学试题及解答	2012-05	28.00	185
546个早期俄罗斯大学生数学竞赛题	2014-03	38.00	285
548个来自美苏的数学好问题	2014-11	28.00	396
20所苏联著名大学早期入学试题	2015-02	18.00	452
161道德国工科大学生必做的微分方程习题	2015-05	28.00	469
500个德国工科大学生必做的高数习题	2015-06	28.00	478
360个数学竞赛问题	2016-08	58.00	677
200个趣味数学故事	2018-02	48.00	857
470个数学奥林匹克中的最值问题	2018-10	88.00	985
德国讲义日本考题.微积分卷	2015-04	48.00	456
德国讲义日本考题.微分方程卷	2015-04	38.00	457
二十世纪中叶中、英、美、日、法、俄高考数学试题精选	2017-06	38.00	783

刘培杰数学工作室
已出版(即将出版)图书目录——初等数学

书　名	出版时间	定　价	编号
中国初等数学研究　2009卷(第1辑)	2009—05	20.00	45
中国初等数学研究　2010卷(第2辑)	2010—05	30.00	68
中国初等数学研究　2011卷(第3辑)	2011—07	60.00	127
中国初等数学研究　2012卷(第4辑)	2012—07	48.00	190
中国初等数学研究　2014卷(第5辑)	2014—02	48.00	288
中国初等数学研究　2015卷(第6辑)	2015—06	68.00	493
中国初等数学研究　2016卷(第7辑)	2016—04	68.00	609
中国初等数学研究　2017卷(第8辑)	2017—01	98.00	712
初等数学研究在中国.第1辑	2019—03	158.00	1024
初等数学研究在中国.第2辑	2019—10	158.00	1116
初等数学研究在中国.第3辑	2021—05	158.00	1306
初等数学研究在中国.第4辑	2022—06	158.00	1520
初等数学研究在中国.第5辑	2023—07	158.00	1635
几何变换(Ⅰ)	2014—07	28.00	353
几何变换(Ⅱ)	2015—06	28.00	354
几何变换(Ⅲ)	2015—01	38.00	355
几何变换(Ⅳ)	2015—12	38.00	356
初等数论难题集(第一卷)	2009—05	68.00	44
初等数论难题集(第二卷)(上、下)	2011—02	128.00	82,83
数论概貌	2011—03	18.00	93
代数数论(第二版)	2013—08	58.00	94
代数多项式	2014—06	38.00	289
初等数论的知识与问题	2011—02	28.00	95
超越数论基础	2011—03	28.00	96
数论初等教程	2011—03	28.00	97
数论基础	2011—03	18.00	98
数论基础与维诺格拉多夫	2014—03	18.00	292
解析数论基础	2012—08	28.00	216
解析数论基础(第二版)	2014—01	48.00	287
解析数论问题集(第二版)(原版引进)	2014—05	88.00	343
解析数论问题集(第二版)(中译本)	2016—04	88.00	607
解析数论基础(潘承洞,潘承彪著)	2016—07	98.00	673
解析数论导引	2016—07	58.00	674
数论入门	2011—03	38.00	99
代数数论入门	2015—03	38.00	448
数论开篇	2012—07	28.00	194
解析数论引论	2011—03	48.00	100
Barban Davenport Halberstam 均值和	2009—01	40.00	33
基础数论	2011—03	28.00	101
初等数论 100 例	2011—05	18.00	122
初等数论经典例题	2012—07	18.00	204
最新世界各国数学奥林匹克中的初等数论试题(上、下)	2012—01	138.00	144,145
初等数论(Ⅰ)	2012—01	18.00	156
初等数论(Ⅱ)	2012—01	18.00	157
初等数论(Ⅲ)	2012—01	28.00	158

刘培杰数学工作室
已出版(即将出版)图书目录——初等数学

书　名	出版时间	定　价	编号
平面几何与数论中未解决的新老问题	2013—01	68.00	229
代数数论简史	2014—11	28.00	408
代数数论	2015—09	88.00	532
代数、数论及分析习题集	2016—11	98.00	695
数论导引提要及习题解答	2016—01	48.00	559
素数定理的初等证明.第2版	2016—09	48.00	686
数论中的模函数与狄利克雷级数(第二版)	2017—11	78.00	837
数论:数学导引	2018—01	68.00	849
范氏大代数	2019—02	98.00	1016
解析数学讲义.第一卷,导来式及微分、积分、级数	2019—04	88.00	1021
解析数学讲义.第二卷,关于几何的应用	2019—04	68.00	1022
解析数学讲义.第三卷,解析函数论	2019—04	78.00	1023
分析・组合・数论纵横谈	2019—04	58.00	1039
Hall代数:民国时期的中学数学课本:英文	2019—08	88.00	1106
基谢廖夫初等代数	2022—07	38.00	1531
数学精神巡礼	2019—01	58.00	731
数学眼光透视(第2版)	2017—06	78.00	732
数学思想领悟(第2版)	2018—01	68.00	733
数学方法溯源(第2版)	2018—08	68.00	734
数学解题引论	2017—05	58.00	735
数学史话览胜(第2版)	2017—01	48.00	736
数学应用展观(第2版)	2017—08	68.00	737
数学建模尝试	2018—04	48.00	738
数学竞赛采风	2018—01	68.00	739
数学测评探营	2019—05	58.00	740
数学技能操握	2018—03	48.00	741
数学欣赏拾趣	2018—02	48.00	742
从毕达哥拉斯到怀尔斯	2007—10	48.00	9
从迪利克雷到维斯卡尔迪	2008—01	48.00	21
从哥德巴赫到陈景润	2008—05	98.00	35
从庞加莱到佩雷尔曼	2011—08	138.00	136
博弈论精粹	2008—03	58.00	30
博弈论精粹.第二版(精装)	2015—01	88.00	461
数学 我爱你	2008—01	28.00	20
精神的圣徒　别样的人生——60位中国数学家成长的历程	2008—09	48.00	39
数学史概论	2009—06	78.00	50
数学史概论(精装)	2013—03	158.00	272
数学史选讲	2016—01	48.00	544
斐波那契数列	2010—02	28.00	65
数学拼盘和斐波那契魔方	2010—07	38.00	72
斐波那契数列欣赏(第2版)	2018—08	58.00	948
Fibonacci数列中的明珠	2018—06	58.00	928
数学的创造	2011—02	48.00	85
数学美与创造力	2016—01	48.00	595
数海拾贝	2016—01	48.00	590
数学中的美(第2版)	2019—04	68.00	1057
数论中的美学	2014—12	38.00	351

刘培杰数学工作室
已出版(即将出版)图书目录——初等数学

书　　名	出版时间	定　价	编号
数学王者　科学巨人——高斯	2015—01	28.00	428
振兴祖国数学的圆梦之旅:中国初等数学研究史话	2015—06	98.00	490
二十世纪中国数学史料研究	2015—10	48.00	536
数字谜、数阵图与棋盘覆盖	2016—01	58.00	298
数学概念的进化:一个初步的研究	2023—07	68.00	1683
数学发现的艺术:数学探索中的合情推理	2016—07	58.00	671
活跃在数学中的参数	2016—07	48.00	675
数海趣史	2021—05	98.00	1314
玩转幻中之幻	2023—08	88.00	1682
数学艺术品	2023—09	98.00	1685
数学博弈与游戏	2023—10	68.00	1692
数学解题——靠数学思想给力(上)	2011—07	38.00	131
数学解题——靠数学思想给力(中)	2011—07	48.00	132
数学解题——靠数学思想给力(下)	2011—07	38.00	133
我怎样解题	2013—01	48.00	227
数学解题中的物理方法	2011—06	28.00	114
数学解题的特殊方法	2011—06	48.00	115
中学数学计算技巧(第2版)	2020—10	48.00	1220
中学数学证明方法	2012—01	58.00	117
数学趣题巧解	2012—03	28.00	128
高中数学教学通鉴	2015—05	58.00	479
和高中生漫谈:数学与哲学的故事	2014—08	28.00	369
算术问题集	2017—03	38.00	789
张教授讲数学	2018—07	38.00	933
陈永明实话实说数学教学	2020—04	68.00	1132
中学数学学科知识与教学能力	2020—06	58.00	1155
怎样把课讲好:大罕数学教学随笔	2022—03	58.00	1484
中国高考评价体系下高考数学探秘	2022—03	48.00	1487
数苑漫步	2024—01	58.00	1670
自主招生考试中的参数方程问题	2015—01	28.00	435
自主招生考试中的极坐标问题	2015—04	28.00	463
近年全国重点大学自主招生数学试题全解及研究.华约卷	2015—02	38.00	441
近年全国重点大学自主招生数学试题全解及研究.北约卷	2016—05	38.00	619
自主招生数学解证宝典	2015—09	48.00	535
中国科学技术大学创新班数学真题解析	2022—03	48.00	1488
中国科学技术大学创新班物理真题解析	2022—03	58.00	1489
格点和面积	2012—07	18.00	191
射影几何趣谈	2012—04	28.00	175
斯潘纳尔引理——从一道加拿大数学奥林匹克试题谈起	2014—01	28.00	228
李普希兹条件——从几道近年高考数学试题谈起	2012—10	18.00	221
拉格朗日中值定理——从一道北京高考试题的解法谈起	2015—10	18.00	197
闵科夫斯基定理——从一道清华大学自主招生试题谈起	2014—01	28.00	198
哈尔测度——从一道冬令营试题的背景谈起	2012—08	28.00	202
切比雪夫逼近问题——从一道中国台北数学奥林匹克试题谈起	2013—04	38.00	238
伯恩斯坦多项式与贝齐尔曲面——从一道全国高中数学联赛试题谈起	2013—03	38.00	236
卡塔兰猜想——从一道普特南竞赛试题谈起	2013—06	18.00	256
麦卡锡函数和阿克曼函数——从一道前南斯拉夫数学奥林匹克试题谈起	2012—08	18.00	201
贝蒂定理与拉姆斯贝克莫斯尔定理——从一个拣石子游戏谈起	2012—08	18.00	217
皮亚诺曲线和豪斯道夫分球定理——从无限集谈起	2012—08	18.00	211
平面凸图形与凸多面体	2012—10	28.00	218
斯坦因豪斯问题——从一道二十五省市自治区中学数学竞赛试题谈起	2012—07	18.00	196

刘培杰数学工作室
已出版(即将出版)图书目录——初等数学

书　名	出版时间	定　价	编号
纽结理论中的亚历山大多项式与琼斯多项式——从一道北京市高一数学竞赛试题谈起	2012—07	28.00	195
原则与策略——从波利亚"解题表"谈起	2013—04	38.00	244
转化与化归——从三大尺规作图不能问题谈起	2012—08	28.00	214
代数几何中的贝祖定理(第一版)——从一道IMO试题的解法谈起	2013—08	18.00	193
成功连贯理论与约当块理论——从一道比利时数学竞赛试题谈起	2012—04	18.00	180
素数判定与大数分解	2014—08	18.00	199
置换多项式及其应用	2012—10	18.00	220
椭圆函数与模函数——从一道美国加州大学洛杉矶分校(UCLA)博士资格考题谈起	2012—10	28.00	219
差分方程的拉格朗日方法——从一道2011年全国高考理科试题的解法谈起	2012—08	28.00	200
力学在几何中的一些应用	2013—01	38.00	240
从根式解到伽罗华理论	2020—01	48.00	1121
康托洛维奇不等式——从一道全国高中联赛试题谈起	2013—03	28.00	337
西格尔引理——从一道第18届IMO试题的解法谈起	即将出版		
罗斯定理——从一道前苏联数学竞赛试题谈起	即将出版		
拉克斯定理和阿廷定理——从一道IMO试题的解法谈起	2014—01	58.00	246
毕卡大定理——从一道美国大学数学竞赛试题谈起	2014—07	18.00	350
贝齐尔曲线——从一道全国高中联赛试题谈起	即将出版		
拉格朗日乘子定理——从一道2005年全国高中联赛试题的高等数学解法谈起	2015—05	28.00	480
雅可比定理——从一道日本数学奥林匹克试题谈起	2013—04	48.00	249
李天岩—约克定理——从一道波兰数学竞赛试题谈起	2014—06	28.00	349
受控理论与初等不等式:从一道IMO试题的解法谈起	2023—03	48.00	1601
布劳维不动点定理——从一道前苏联数学奥林匹克试题谈起	2014—01	38.00	273
伯恩赛德定理——从一道英国数学奥林匹克试题谈起	即将出版		
布查特—莫斯特定理——从一道上海市初中竞赛试题谈起	即将出版		
数论中的同余数问题——从一道普特南竞赛试题谈起	即将出版		
范·德蒙行列式——从一道美国数学奥林匹克试题谈起	即将出版		
中国剩余定理:总数法构建中国历史年表	2015—01	28.00	430
牛顿程序与方程求根——从一道全国高考试题解法谈起	即将出版		
库默尔定理——从一道IMO预选试题谈起	即将出版		
卢丁定理——从一道冬令营试题的解法谈起	即将出版		
沃斯滕霍姆定理——从一道IMO预选试题谈起	即将出版		
卡尔松不等式——从一道莫斯科数学奥林匹克试题谈起	即将出版		
信息论中的香农熵——从一道近年高考压轴题谈起	即将出版		
约当不等式——从一道希望杯竞赛试题谈起	即将出版		
拉比诺维奇定理	即将出版		
刘维尔定理——从一道《美国数学月刊》征解问题的解法谈起	即将出版		
卡塔兰恒等式与级数求和——从一道IMO试题的解法谈起	即将出版		
勒让德猜想与素数分布——从一道爱尔兰竞赛试题谈起	即将出版		
天平称重与信息论——从一道基辅市数学奥林匹克试题谈起	即将出版		
哈密尔顿—凯莱定理:从一道高中数学联赛试题的解法谈起	2014—09	18.00	376
艾思特曼定理——从一道CMO试题的解法谈起	即将出版		

刘培杰数学工作室
已出版（即将出版）图书目录——初等数学

书　名	出版时间	定　价	编号
阿贝尔恒等式与经典不等式及应用	2018—06	98.00	923
迪利克雷除数问题	2018—07	48.00	930
幻方、幻立方与拉丁方	2019—08	48.00	1092
帕斯卡三角形	2014—03	18.00	294
蒲丰投针问题——从2009年清华大学的一道自主招生试题谈起	2014—01	38.00	295
斯图姆定理——从一道"华约"自主招生试题的解法谈起	2014—01	18.00	296
许瓦兹引理——从一道加利福尼亚大学伯克利分校数学系博士生试题谈起	2014—08	18.00	297
拉姆塞定理——从王诗宬院士的一个问题谈起	2016—04	48.00	299
坐标法	2013—12	28.00	332
数论三角形	2014—04	38.00	341
毕克定理	2014—07	18.00	352
数林掠影	2014—09	48.00	389
我们周围的概率	2014—10	38.00	390
凸函数最值定理：从一道华约自主招生题的解法谈起	2014—10	28.00	391
易学与数学奥林匹克	2014—10	38.00	392
生物数学趣谈	2015—01	18.00	409
反演	2015—01	28.00	420
因式分解与圆锥曲线	2015—01	18.00	426
轨迹	2015—01	28.00	427
面积原理：从常庚哲命的一道CMO试题的积分解法谈起	2015—01	48.00	431
形形色色的不动点定理：从一道28届IMO试题谈起	2015—01	38.00	439
柯西函数方程：从一道上海交大自主招生的试题谈起	2015—02	28.00	440
三角恒等式	2015—02	28.00	442
无理性判定：从一道2014年"北约"自主招生试题谈起	2015—01	38.00	443
数学归纳法	2015—03	18.00	451
极端原理与解题	2015—04	28.00	464
法雷级数	2014—08	18.00	367
摆线族	2015—01	38.00	438
函数方程及其解法	2015—05	38.00	470
含参数的方程和不等式	2012—09	28.00	213
希尔伯特第十问题	2016—01	38.00	543
无穷小量的求和	2016—01	28.00	545
切比雪夫多项式：从一道清华大学金秋营试题谈起	2016—01	38.00	583
泽肯多夫定理	2016—03	38.00	599
代数等式证题法	2016—01	28.00	600
三角等式证题法	2016—01	28.00	601
吴大任教授藏书中的一个因式分解公式：从一道美国数学邀请赛试题的解法谈起	2016—06	28.00	656
易卦——类万物的数学模型	2017—08	68.00	838
"不可思议"的数与数系可持续发展	2018—01	38.00	878
最短线	2018—01	38.00	879
数学在天文、地理、光学、机械力学中的一些应用	2023—03	88.00	1576
从阿基米德三角形谈起	2023—01	28.00	1578
幻方和魔方（第一卷）	2012—05	68.00	173
尘封的经典——初等数学经典文献选读（第一卷）	2012—07	48.00	205
尘封的经典——初等数学经典文献选读（第二卷）	2012—07	38.00	206
初级方程式论	2011—03	28.00	106
初等数学研究（Ⅰ）	2008—09	68.00	37
初等数学研究（Ⅱ）（上、下）	2009—05	118.00	46,47
初等数学专题研究	2022—10	68.00	1568

刘培杰数学工作室
已出版(即将出版)图书目录——初等数学

书　　名	出版时间	定　价	编号
趣味初等方程妙题集锦	2014—09	48.00	388
趣味初等数论选美与欣赏	2015—02	48.00	445
耕读笔记(上卷):一位农民数学爱好者的初数探索	2015—04	28.00	459
耕读笔记(中卷):一位农民数学爱好者的初数探索	2015—05	28.00	483
耕读笔记(下卷):一位农民数学爱好者的初数探索	2015—05	28.00	484
几何不等式研究与欣赏.上卷	2016—01	88.00	547
几何不等式研究与欣赏.下卷	2016—01	48.00	552
初等数列研究与欣赏·上	2016—01	48.00	570
初等数列研究与欣赏·下	2016—01	48.00	571
趣味初等函数研究与欣赏.上	2016—09	48.00	684
趣味初等函数研究与欣赏.下	2018—09	48.00	685
三角不等式研究与欣赏	2020—10	68.00	1197
新编平面解析几何解题方法研究与欣赏	2021—10	78.00	1426
火柴游戏(第2版)	2022—05	38.00	1493
智力解谜.第1卷	2017—07	38.00	613
智力解谜.第2卷	2017—07	38.00	614
故事智力	2016—07	48.00	615
名人们喜欢的智力问题	2020—01	48.00	616
数学大师的发现、创造与失误	2018—01	48.00	617
异曲同工	2018—09	48.00	618
数学的味道(第2版)	2023—10	68.00	1686
数学千字文	2018—10	68.00	977
数贝偶拾——高考数学题研究	2014—04	28.00	274
数贝偶拾——初等数学研究	2014—04	38.00	275
数贝偶拾——奥数题研究	2014—04	48.00	276
钱昌本教你快乐学数学(上)	2011—12	48.00	155
钱昌本教你快乐学数学(下)	2012—03	58.00	171
集合、函数与方程	2014—01	28.00	300
数列与不等式	2014—01	38.00	301
三角与平面向量	2014—01	28.00	302
平面解析几何	2014—01	38.00	303
立体几何与组合	2014—01	28.00	304
极限与导数、数学归纳法	2014—01	38.00	305
趣味数学	2014—03	28.00	306
教材教法	2014—04	68.00	307
自主招生	2014—05	58.00	308
高考压轴题(上)	2015—01	48.00	309
高考压轴题(下)	2014—10	68.00	310
从费马到怀尔斯——费马大定理的历史	2013—10	198.00	I
从庞加莱到佩雷尔曼——庞加莱猜想的历史	2013—10	298.00	II
从切比雪夫到爱尔特希(上)——素数定理的初等证明	2013—07	48.00	III
从切比雪夫到爱尔特希(下)——素数定理100年	2012—12	98.00	III
从高斯到盖尔方特——二次域的高斯猜想	2013—10	198.00	IV
从库默尔到朗兰兹——朗兰兹猜想的历史	2014—01	98.00	V
从比勃巴赫到德布朗斯——比勃巴赫猜想的历史	2014—02	298.00	VI
从麦比乌斯到陈省身——麦比乌斯变换与麦比乌斯带	2014—02	298.00	VII
从布尔到豪斯道夫——布尔方程与格论漫谈	2013—10	198.00	VIII
从开普勒到阿诺德——三体问题的历史	2014—05	298.00	IX
从华林到华罗庚——华林问题的历史	2013—10	298.00	X

刘培杰数学工作室
已出版(即将出版)图书目录——初等数学

书　名	出版时间	定　价	编号
美国高中数学竞赛五十讲.第1卷(英文)	2014—08	28.00	357
美国高中数学竞赛五十讲.第2卷(英文)	2014—08	28.00	358
美国高中数学竞赛五十讲.第3卷(英文)	2014—09	28.00	359
美国高中数学竞赛五十讲.第4卷(英文)	2014—09	28.00	360
美国高中数学竞赛五十讲.第5卷(英文)	2014—10	28.00	361
美国高中数学竞赛五十讲.第6卷(英文)	2014—11	28.00	362
美国高中数学竞赛五十讲.第7卷(英文)	2014—12	28.00	363
美国高中数学竞赛五十讲.第8卷(英文)	2015—01	28.00	364
美国高中数学竞赛五十讲.第9卷(英文)	2015—01	28.00	365
美国高中数学竞赛五十讲.第10卷(英文)	2015—02	38.00	366
三角函数(第2版)	2017—04	38.00	626
不等式	2014—01	38.00	312
数列	2014—01	38.00	313
方程(第2版)	2017—04	38.00	624
排列和组合	2014—01	28.00	315
极限与导数(第2版)	2016—04	38.00	635
向量(第2版)	2018—08	58.00	627
复数及其应用	2014—08	28.00	318
函数	2014—01	38.00	319
集合	2020—01	48.00	320
直线与平面	2014—01	28.00	321
立体几何(第2版)	2016—04	38.00	629
解三角形	即将出版		323
直线与圆(第2版)	2016—11	38.00	631
圆锥曲线(第2版)	2016—09	48.00	632
解题通法(一)	2014—07	38.00	326
解题通法(二)	2014—07	38.00	327
解题通法(三)	2014—05	38.00	328
概率与统计	2014—01	28.00	329
信息迁移与算法	即将出版		330
IMO 50年.第1卷(1959—1963)	2014—11	28.00	377
IMO 50年.第2卷(1964—1968)	2014—11	28.00	378
IMO 50年.第3卷(1969—1973)	2014—09	28.00	379
IMO 50年.第4卷(1974—1978)	2016—04	38.00	380
IMO 50年.第5卷(1979—1984)	2015—04	38.00	381
IMO 50年.第6卷(1985—1989)	2015—04	58.00	382
IMO 50年.第7卷(1990—1994)	2016—01	48.00	383
IMO 50年.第8卷(1995—1999)	2016—06	38.00	384
IMO 50年.第9卷(2000—2004)	2015—04	58.00	385
IMO 50年.第10卷(2005—2009)	2016—01	48.00	386
IMO 50年.第11卷(2010—2015)	2017—03	48.00	646

刘培杰数学工作室
已出版(即将出版)图书目录——初等数学

书　名	出版时间	定　价	编号
数学反思(2006—2007)	2020—09	88.00	915
数学反思(2008—2009)	2019—01	68.00	917
数学反思(2010—2011)	2018—05	58.00	916
数学反思(2012—2013)	2019—01	58.00	918
数学反思(2014—2015)	2019—03	78.00	919
数学反思(2016—2017)	2021—03	58.00	1286
数学反思(2018—2019)	2023—01	88.00	1593
历届美国大学生数学竞赛试题集.第一卷(1938—1949)	2015—01	28.00	397
历届美国大学生数学竞赛试题集.第二卷(1950—1959)	2015—01	28.00	398
历届美国大学生数学竞赛试题集.第三卷(1960—1969)	2015—01	28.00	399
历届美国大学生数学竞赛试题集.第四卷(1970—1979)	2015—01	18.00	400
历届美国大学生数学竞赛试题集.第五卷(1980—1989)	2015—01	28.00	401
历届美国大学生数学竞赛试题集.第六卷(1990—1999)	2015—01	28.00	402
历届美国大学生数学竞赛试题集.第七卷(2000—2009)	2015—08	18.00	403
历届美国大学生数学竞赛试题集.第八卷(2010—2012)	2015—01	18.00	404
新课标高考数学创新题解题诀窍:总论	2014—09	28.00	372
新课标高考数学创新题解题诀窍:必修1~5分册	2014—08	38.00	373
新课标高考数学创新题解题诀窍:选修2—1,2—2,1—1,1—2分册	2014—09	38.00	374
新课标高考数学创新题解题诀窍:选修2—3,4—4,4—5分册	2014—09	18.00	375
全国重点大学自主招生英文数学试题全攻略:词汇卷	2015—07	48.00	410
全国重点大学自主招生英文数学试题全攻略:概念卷	2015—01	28.00	411
全国重点大学自主招生英文数学试题全攻略:文章选读卷(上)	2016—09	38.00	412
全国重点大学自主招生英文数学试题全攻略:文章选读卷(下)	2017—01	58.00	413
全国重点大学自主招生英文数学试题全攻略:试题卷	2015—07	38.00	414
全国重点大学自主招生英文数学试题全攻略:名著欣赏卷	2017—03	48.00	415
劳埃德数学趣题大全.题目卷.1:英文	2016—01	18.00	516
劳埃德数学趣题大全.题目卷.2:英文	2016—01	18.00	517
劳埃德数学趣题大全.题目卷.3:英文	2016—01	18.00	518
劳埃德数学趣题大全.题目卷.4:英文	2016—01	18.00	519
劳埃德数学趣题大全.题目卷.5:英文	2016—01	18.00	520
劳埃德数学趣题大全.答案卷:英文	2016—01	18.00	521
李成章教练奥数笔记.第1卷	2016—01	48.00	522
李成章教练奥数笔记.第2卷	2016—01	48.00	523
李成章教练奥数笔记.第3卷	2016—01	38.00	524
李成章教练奥数笔记.第4卷	2016—01	38.00	525
李成章教练奥数笔记.第5卷	2016—01	38.00	526
李成章教练奥数笔记.第6卷	2016—01	38.00	527
李成章教练奥数笔记.第7卷	2016—01	38.00	528
李成章教练奥数笔记.第8卷	2016—01	48.00	529
李成章教练奥数笔记.第9卷	2016—01	28.00	530

刘培杰数学工作室
已出版(即将出版)图书目录——初等数学

书　名	出版时间	定　价	编号
第19～23届"希望杯"全国数学邀请赛试题审题要津详细评注(初一版)	2014—03	28.00	333
第19～23届"希望杯"全国数学邀请赛试题审题要津详细评注(初二、初三版)	2014—03	38.00	334
第19～23届"希望杯"全国数学邀请赛试题审题要津详细评注(高一版)	2014—03	28.00	335
第19～23届"希望杯"全国数学邀请赛试题审题要津详细评注(高二版)	2014—03	38.00	336
第19～25届"希望杯"全国数学邀请赛试题审题要津详细评注(初一版)	2015—01	38.00	416
第19～25届"希望杯"全国数学邀请赛试题审题要津详细评注(初二、初三版)	2015—01	58.00	417
第19～25届"希望杯"全国数学邀请赛试题审题要津详细评注(高一版)	2015—01	48.00	418
第19～25届"希望杯"全国数学邀请赛试题审题要津详细评注(高二版)	2015—01	48.00	419
物理奥林匹克竞赛大题典——力学卷	2014—11	48.00	405
物理奥林匹克竞赛大题典——热学卷	2014—04	28.00	339
物理奥林匹克竞赛大题典——电磁学卷	2015—07	48.00	406
物理奥林匹克竞赛大题典——光学与近代物理卷	2014—06	28.00	345
历届中国东南地区数学奥林匹克试题集(2004～2012)	2014—06	18.00	346
历届中国西部地区数学奥林匹克试题集(2001～2012)	2014—07	18.00	347
历届中国女子数学奥林匹克试题集(2002～2012)	2014—08	18.00	348
数学奥林匹克在中国	2014—06	98.00	344
数学奥林匹克问题集	2014—01	38.00	267
数学奥林匹克不等式散论	2010—06	38.00	124
数学奥林匹克不等式欣赏	2011—09	38.00	138
数学奥林匹克超级题库(初中卷上)	2010—01	58.00	66
数学奥林匹克不等式证明方法和技巧(上、下)	2011—08	158.00	134,135
他们学什么:原民主德国中学数学课本	2016—09	38.00	658
他们学什么:英国中学数学课本	2016—09	38.00	659
他们学什么:法国中学数学课本.1	2016—09	38.00	660
他们学什么:法国中学数学课本.2	2016—09	28.00	661
他们学什么:法国中学数学课本.3	2016—09	38.00	662
他们学什么:苏联中学数学课本	2016—09	28.00	679
高中数学题典——集合与简易逻辑·函数	2016—07	48.00	647
高中数学题典——导数	2016—07	48.00	648
高中数学题典——三角函数·平面向量	2016—07	48.00	649
高中数学题典——数列	2016—07	58.00	650
高中数学题典——不等式·推理与证明	2016—07	38.00	651
高中数学题典——立体几何	2016—07	48.00	652
高中数学题典——平面解析几何	2016—07	78.00	653
高中数学题典——计数原理·统计·概率·复数	2016—07	48.00	654
高中数学题典——算法·平面几何·初等数论·组合数学·其他	2016—07	68.00	655

刘培杰数学工作室
已出版(即将出版)图书目录——初等数学

书 名	出版时间	定 价	编号
台湾地区奥林匹克数学竞赛试题.小学一年级	2017—03	38.00	722
台湾地区奥林匹克数学竞赛试题.小学二年级	2017—03	38.00	723
台湾地区奥林匹克数学竞赛试题.小学三年级	2017—03	38.00	724
台湾地区奥林匹克数学竞赛试题.小学四年级	2017—03	38.00	725
台湾地区奥林匹克数学竞赛试题.小学五年级	2017—03	38.00	726
台湾地区奥林匹克数学竞赛试题.小学六年级	2017—03	38.00	727
台湾地区奥林匹克数学竞赛试题.初中一年级	2017—03	38.00	728
台湾地区奥林匹克数学竞赛试题.初中二年级	2017—03	38.00	729
台湾地区奥林匹克数学竞赛试题.初中三年级	2017—03	28.00	730
不等式证题法	2017—04	28.00	747
平面几何培优教程	2019—08	88.00	748
奥数鼎级培优教程.高一分册	2018—09	88.00	749
奥数鼎级培优教程.高二分册.上	2018—04	68.00	750
奥数鼎级培优教程.高二分册.下	2018—04	68.00	751
高中数学竞赛冲刺宝典	2019—04	68.00	883
初中尖子生数学超级题典.实数	2017—07	58.00	792
初中尖子生数学超级题典.式、方程与不等式	2017—08	58.00	793
初中尖子生数学超级题典.圆、面积	2017—08	38.00	794
初中尖子生数学超级题典.函数、逻辑推理	2017—08	48.00	795
初中尖子生数学超级题典.角、线段、三角形与多边形	2017—07	58.00	796
数学王子——高斯	2018—01	48.00	858
坎坷奇星——阿贝尔	2018—01	48.00	859
闪烁奇星——伽罗瓦	2018—01	58.00	860
无穷统帅——康托尔	2018—01	48.00	861
科学公主——柯瓦列夫斯卡娅	2018—01	48.00	862
抽象代数之母——埃米·诺特	2018—01	48.00	863
电脑先驱——图灵	2018—01	58.00	864
昔日神童——维纳	2018—01	48.00	865
数坛怪侠——爱尔特希	2018—01	68.00	866
传奇数学家徐利治	2019—09	88.00	1110
当代世界中的数学.数学思想与数学基础	2019—01	38.00	892
当代世界中的数学.数学问题	2019—01	38.00	893
当代世界中的数学.应用数学与数学应用	2019—01	38.00	894
当代世界中的数学.数学王国的新疆域(一)	2019—01	38.00	895
当代世界中的数学.数学王国的新疆域(二)	2019—01	38.00	896
当代世界中的数学.数林撷英(一)	2019—01	38.00	897
当代世界中的数学.数林撷英(二)	2019—01	48.00	898
当代世界中的数学.数学之路	2019—01	38.00	899

刘培杰数学工作室
已出版(即将出版)图书目录——初等数学

书　名	出版时间	定　价	编号
105个代数问题:来自AwesomeMath夏季课程	2019—02	58.00	956
106个几何问题:来自AwesomeMath夏季课程	2020—07	58.00	957
107个几何问题:来自AwesomeMath全年课程	2020—07	58.00	958
108个代数问题:来自AwesomeMath全年课程	2019—01	68.00	959
109个不等式:来自AwesomeMath夏季课程	2019—04	58.00	960
110个几何问题:选自各国数学奥林匹克竞赛	2024—04	58.00	961
111个代数和数论问题	2019—05	58.00	962
112个组合问题:来自AwesomeMath夏季课程	2019—05	58.00	963
113个几何不等式:来自AwesomeMath夏季课程	2020—08	58.00	964
114个指数和对数问题:来自AwesomeMath夏季课程	2019—09	48.00	965
115个三角问题:来自AwesomeMath夏季课程	2019—09	58.00	966
116个代数不等式:来自AwesomeMath全年课程	2019—04	58.00	967
117个多项式问题:来自AwesomeMath夏季课程	2021—09	58.00	1409
118个数学竞赛不等式	2022—08	78.00	1526
紫色彗星国际数学竞赛试题	2019—02	58.00	999
数学竞赛中的数学:为数学爱好者、父母、教师和教练准备的丰富资源.第一部	2020—04	58.00	1141
数学竞赛中的数学:为数学爱好者、父母、教师和教练准备的丰富资源.第二部	2020—07	48.00	1142
和与积	2020—10	38.00	1219
数论:概念和问题	2020—12	68.00	1257
初等数学问题研究	2021—03	48.00	1270
数学奥林匹克中的欧几里得几何	2021—10	68.00	1413
数学奥林匹克题解新编	2022—01	58.00	1430
图论入门	2022—09	58.00	1554
新的、更新的、最新的不等式	2023—07	58.00	1650
数学竞赛中奇妙的多项式	2024—01	78.00	1646
120个奇妙的代数问题及20个奖励问题	2024—04	48.00	1647
澳大利亚中学数学竞赛试题及解答(初级卷)1978～1984	2019—02	28.00	1002
澳大利亚中学数学竞赛试题及解答(初级卷)1985～1991	2019—02	28.00	1003
澳大利亚中学数学竞赛试题及解答(初级卷)1992～1998	2019—02	28.00	1004
澳大利亚中学数学竞赛试题及解答(初级卷)1999～2005	2019—02	28.00	1005
澳大利亚中学数学竞赛试题及解答(中级卷)1978～1984	2019—03	28.00	1006
澳大利亚中学数学竞赛试题及解答(中级卷)1985～1991	2019—03	28.00	1007
澳大利亚中学数学竞赛试题及解答(中级卷)1992～1998	2019—03	28.00	1008
澳大利亚中学数学竞赛试题及解答(中级卷)1999～2005	2019—03	28.00	1009
澳大利亚中学数学竞赛试题及解答(高级卷)1978～1984	2019—05	28.00	1010
澳大利亚中学数学竞赛试题及解答(高级卷)1985～1991	2019—05	28.00	1011
澳大利亚中学数学竞赛试题及解答(高级卷)1992～1998	2019—05	28.00	1012
澳大利亚中学数学竞赛试题及解答(高级卷)1999～2005	2019—05	28.00	1013
天才中小学生智力测验题.第一卷	2019—03	38.00	1026
天才中小学生智力测验题.第二卷	2019—03	38.00	1027
天才中小学生智力测验题.第三卷	2019—03	38.00	1028
天才中小学生智力测验题.第四卷	2019—03	38.00	1029
天才中小学生智力测验题.第五卷	2019—03	38.00	1030
天才中小学生智力测验题.第六卷	2019—03	38.00	1031
天才中小学生智力测验题.第七卷	2019—03	38.00	1032
天才中小学生智力测验题.第八卷	2019—03	38.00	1033
天才中小学生智力测验题.第九卷	2019—03	38.00	1034
天才中小学生智力测验题.第十卷	2019—03	38.00	1035
天才中小学生智力测验题.第十一卷	2019—03	38.00	1036
天才中小学生智力测验题.第十二卷	2019—03	38.00	1037
天才中小学生智力测验题.第十三卷	2019—03	38.00	1038

刘培杰数学工作室
已出版(即将出版)图书目录——初等数学

书 名	出版时间	定 价	编号
重点大学自主招生数学备考全书:函数	2020—05	48.00	1047
重点大学自主招生数学备考全书:导数	2020—08	48.00	1048
重点大学自主招生数学备考全书:数列与不等式	2019—10	78.00	1049
重点大学自主招生数学备考全书:三角函数与平面向量	2020—08	68.00	1050
重点大学自主招生数学备考全书:平面解析几何	2020—07	58.00	1051
重点大学自主招生数学备考全书:立体几何与平面几何	2019—08	48.00	1052
重点大学自主招生数学备考全书:排列组合·概率统计·复数	2019—09	48.00	1053
重点大学自主招生数学备考全书:初等数论与组合数学	2019—08	48.00	1054
重点大学自主招生数学备考全书:重点大学自主招生真题.上	2019—04	68.00	1055
重点大学自主招生数学备考全书:重点大学自主招生真题.下	2019—04	58.00	1056
高中数学竞赛培训教程:平面几何问题的求解方法与策略.上	2018—05	68.00	906
高中数学竞赛培训教程:平面几何问题的求解方法与策略.下	2018—06	78.00	907
高中数学竞赛培训教程:整除与同余以及不定方程	2018—01	88.00	908
高中数学竞赛培训教程:组合计数与组合极值	2018—04	48.00	909
高中数学竞赛培训教程:初等代数	2019—04	78.00	1042
高中数学讲座:数学竞赛基础教程(第一册)	2019—06	48.00	1094
高中数学讲座:数学竞赛基础教程(第二册)	即将出版		1095
高中数学讲座:数学竞赛基础教程(第三册)	即将出版		1096
高中数学讲座:数学竞赛基础教程(第四册)	即将出版		1097
新编中学数学解题方法1000招丛书.实数(初中版)	2022—05	58.00	1291
新编中学数学解题方法1000招丛书.式(初中版)	2022—05	48.00	1292
新编中学数学解题方法1000招丛书.方程与不等式(初中版)	2021—04	58.00	1293
新编中学数学解题方法1000招丛书.函数(初中版)	2022—05	38.00	1294
新编中学数学解题方法1000招丛书.角(初中版)	2022—05	48.00	1295
新编中学数学解题方法1000招丛书.线段(初中版)	2022—05	48.00	1296
新编中学数学解题方法1000招丛书.三角形与多边形(初中版)	2021—04	48.00	1297
新编中学数学解题方法1000招丛书.圆(初中版)	2022—05	48.00	1298
新编中学数学解题方法1000招丛书.面积(初中版)	2021—07	28.00	1299
新编中学数学解题方法1000招丛书.逻辑推理(初中版)	2022—06	48.00	1300
高中数学题典精编.第一辑.函数	2022—01	58.00	1444
高中数学题典精编.第一辑.导数	2022—01	68.00	1445
高中数学题典精编.第一辑.三角函数·平面向量	2022—01	68.00	1446
高中数学题典精编.第一辑.数列	2022—01	58.00	1447
高中数学题典精编.第一辑.不等式·推理与证明	2022—01	58.00	1448
高中数学题典精编.第一辑.立体几何	2022—01	58.00	1449
高中数学题典精编.第一辑.平面解析几何	2022—01	68.00	1450
高中数学题典精编.第一辑.统计·概率·平面几何	2022—01	58.00	1451
高中数学题典精编.第一辑.初等数论·组合数学·数学文化·解题方法	2022—01	58.00	1452
历届全国初中数学竞赛试题分类解析.初等代数	2022—09	98.00	1555
历届全国初中数学竞赛试题分类解析.初等数论	2022—09	48.00	1556
历届全国初中数学竞赛试题分类解析.平面几何	2022—09	38.00	1557
历届全国初中数学竞赛试题分类解析.组合	2022—09	38.00	1558

刘培杰数学工作室
已出版(即将出版)图书目录——初等数学

书 名	出版时间	定 价	编号
从三道高三数学模拟题的背景谈起:兼谈傅里叶三角级数	2023-03	48.00	1651
从一道日本东京大学的入学试题谈起:兼谈 π 的方方面面	即将出版		1652
从两道2021年福建高三数学测试题谈起:兼谈球面几何学与球面三角学	即将出版		1653
从一道湖南高考数学试题谈起:兼谈有界变差数列	2024-01	48.00	1654
从一道高校自主招生试题谈起:兼谈詹森函数方程	即将出版		1655
从一道上海高考数学试题谈起:兼谈有界变差函数	即将出版		1656
从一道北京大学金秋营数学试题的解法谈起:兼谈伽罗瓦理论	即将出版		1657
从一道北京高考数学试题的解法谈起:兼谈毕克定理	即将出版		1658
从一道北京大学金秋营数学试题的解法谈起:兼谈帕塞瓦尔恒等式	即将出版		1659
从一道高三数学模拟测试题的背景谈起:兼谈等周问题与等周不等式	即将出版		1660
从一道2020年全国高考数学试题的解法谈起:兼谈斐波那契数列和纳卡穆拉定理及奥斯图达定理	即将出版		1661
从一道高考数学附加题谈起:兼谈广义斐波那契数列	即将出版		1662
代数学教程.第一卷,集合论	2023-08	58.00	1664
代数学教程.第二卷,抽象代数基础	2023-08	68.00	1665
代数学教程.第三卷,数论原理	2023-08	58.00	1666
代数学教程.第四卷,代数方程式论	2023-08	48.00	1667
代数学教程.第五卷,多项式理论	2023-08	58.00	1668

联系地址:哈尔滨市南岗区复华四道街10号　哈尔滨工业大学出版社刘培杰数学工作室
邮　　编:150006
联系电话:0451-86281378　　　13904613167
E-mail:lpj1378@163.com